AF343532

OVNI

Les 12 dossiers que le Pentagone ne s'explique pas

Egon Kragel

OVNI
Les 12 dossiers que le Pentagone ne s'explique pas

BTLV
MYSTÈRE ET INEXPLIQUÉ

À Colette et James,
Mes blondes et précieuses constellations.
À Armande.

Citations

« La lumière des mystères pénètre mieux chez ceux
qui ne s'y attendent pas. »
Saint Ambroise de Milan

« On a vite fait de dire : c'est puéril. Ce qui est puéril, c'est de se figurer qu'en se
bandant les yeux devant l'Inconnu, on supprime l'Inconnu. »
Victor Hugo, Contemplation suprême.

« Sous couvert de secret, les Forces aériennes des États-Unis se sont engagées
dans un jeu dangereux. Elles décrédibilisent les Ovnis qui en dépit des dénégations
de l'état-major opèrent dans notre ciel.
Dès les années 1970, ces manifestations se sont multipliées.
Au même moment, les avions d'interception, sur ordres de L'Aerospace Defense
Command (ADC), tentaient d'abattre ces objets inconnus. »
Major Donald Keyhoe (anciennement affecté au Pentagone, à la division
Entraînement de l'Aviation navale).

Sommaire

Avant-propos

Histoires d'Ovnis. Histoires vraies. Qui défient toute logique et toute raison. Longtemps, elles furent taxées de récits burlesques, loufoques, sans queue ni tête. Une geste romanesque aux vertus distrayantes. Militaires, scientifiques et journalistes tentèrent bien souvent de les tourner en dérision. Mais ne sont-elles pas plutôt une immersion fortuite dans la complexité de notre monde ? Chacun – avec son droit de penser au-delà – choisira ce qui lui sied.

Depuis toujours, j'aime fouiller les chroniques : vieux journaux, magazines, livres usés, passés de main en main. Que de trésors. Que de récits, lus en hâte, avec une gourmandise et une ardeur égales. Un long voyage, gréé comme un navire, où mer, ciel et terre se confondent. Où l'improbable, l'effroi et l'inconnu font office de scène libre, de cosmos capricieux.

Ce sont les Ovnis, ces fieffés clandestins, qui, depuis toujours, ont eu ma préférence. Aux confins de l'absurde, ils prirent, à mon corps défendant, forme de passion. Je tentais d'abord – avec une jeune immodestie, je l'avoue – d'y chercher une logique. Ou mieux encore, d'en extraire un groupement sériel, un motif flagrant, une homogénéité manifeste. Mais bien vite, j'appris à mes dépens que je m'attaquais à bien plus grand que moi. Que l'inclassable, l'impossible et même l'absurde sont illusions humaines. Qu'ils sont faillite, étroitesse, limites de nos regards. Que l'univers, depuis toujours, déploie ses lois en se gaussant de nous. Qu'il n'est pas raisonnable, même au cœur de l'été, de mettre en équation le miracle des astres contemplés.

De ce désenchantement, je tirais ma première leçon. Sois humble désormais. Et rabats ton caquet. Qui peut savoir ? Et qui sait ? Alors, sans vouloir abdiquer, comment aborder désormais ce drôle de phénomène ?

Les récits justement. S'en tenir à eux. Des histoires qui contiennent ce que nous sommes. D'une infinie richesse, tout y passe. Spiritualité, théâtralité, psychologie. Une pincée de science, de morale, d'expérience historique. N'est-ce pas là suffisant ? Ajoutons à cela la beauté – j'emploie ce terme à dessein – de la fragilité humaine, de la parole vivante, du face-à-face avec le mystère. Et l'humour, indispensable antidote à la crédulité du profane que je suis.

Une radio non conformiste, préoccupée de libertés – BTLV pour ne pas la nommer[1] – me proposa dès sa naissance de conter des histoires. Des histoires d'Ovnis justement. Vraies à poser question. À dépayser l'auditeur lesté de ses fatigues. À retrouver l'étonnement merveilleux des contes d'autrefois.

J'acceptai. J'y pris goût. Le micro a souvent cette magie de ressusciter les faits.

Voici donc, rassemblées, quelques histoires que j'eus le plaisir de conter sur les ondes. Si certaines peuvent sembler familières aux plus férus d'entre vous, je gage qu'elles feront – à une génération nouvelle – office de découvertes.

Et les Ovnis dans tout ça ?

Le phénomène Ovni existe. Y croire ou pas ne change rien à l'affaire.

Depuis des décennies, voire davantage, nos cieux sont parcourus de phénomènes étranges, de lumières invasives et fugaces, d'objets à la manœuvrabilité inédite. Que sont-ils ? D'où viennent-ils ? Quelles sont leurs intentions ?

Ils portent un nom étrange : objets volants non identifiés. Leur acronyme, par son point d'articulation labio-dental, imite parfaitement l'air froissé d'une trajectoire de bolide.

Depuis peu, les scientifiques préfèrent les appeler « PAN », ou phénomènes aérospatiaux non identifiés. Qu'importe. D'un nom à l'autre, il est toujours question d'apparitions non prédictibles, de figures libres, de vitesses foudroyantes.

Ils apparaissent indifféremment aux quatre coins de notre planète, sous forme de soucoupes, de cigares, de triangles ou parfois de formes si hétéroclites qu'on peut aisément parler, à l'instar de l'écrivain et ufologue français Aimé Michel, d'un « festival d'absurdités ».

Ce phénomène défie nos lois physiques, ignore nos contraintes de propulsion, de gravité. On raconte que ces Ovnis peuvent pénétrer ou surgir des océans avec la même célérité, la même souplesse.

Leur haut indice d'étrangeté les relègue depuis des lunes au rang de mystères, de diableries, de prodiges paranormaux. Pour les plus cartésiens, ce ne sont

---

1. Fondée en 2013, BTLV est une plateforme multimédia, dont l'adresse est btlv.fr ; en 2018, le ministère de la Culture lui a octroyé son agrément de site de presse en ligne (n° 0326 W 93621).

que des phénomènes naturels concrets, atmosphériques ou astronomiques (météores, planètes, foudre en boule...). D'autres y voient des fables de l'après-guerre, un mythe à peine pubère, contemporain. Ou des rêves un peu fous tout droit issus de fictions spéculatives. Chacun piochera où bon lui semble.

Ça bouge en ciel Ovni

Agissant depuis toujours dans un espace d'apparence, les Ovnis gagnent pourtant, depuis peu, un statut plus « officiel ». Ça bouge en ciel Ovni !

Résumons les faits.

Le 16 décembre 2017, le quotidien *New York Times* révèle que le Pentagone reconnaît l'existence d'un programme occulte chargé d'enquêter sur les Ovnis. Le ministère de la Défense américain confirme que ce programme, baptisé *Advanced Aerospace Threat Identification Program* ou *ATIP* (« Programme d'identification des menaces aérospatiales avancées »), a débuté en 2007 et s'est clos en 2012. Son but : enquêter sur des rencontres en vol entre appareils de combat et objets volants inconnus évoluant à grande vitesse sans propulsion visible ou en position station-naire sans moyen apparent de portance.

Cependant *The New York Times* lâche un scud : il maintient que les enquêtes sur des incidents impliquant ces Ovnis perdurent. Il précise qu'entre 2007 et 2012, ce programme, seulement connu d'un petit nombre de responsables, était doté d'un budget de 22 millions de dollars, sur les 600 milliards de dollars alloués par an à l'armée. Il fut mis en place par l'ancien sénateur démocrate du Nevada, Harry Reid, alors chef de file de la majorité au Sénat, qui s'intéresse à ces phéno-mènes inexpliqués.

Toujours selon *The New York Times*, la majeure partie de l'argent du programme est allée à une société de recherche aérospatiale dirigée par Robert Bigelow, un entrepreneur milliardaire et un ami de longue date de Harry Reid. « Nous n'avons pas les réponses, mais nous avons beaucoup d'éléments pour justifier de nous poser_des questions », a expliqué le sénateur sur son compte Twitter après la publication de l'enquête du *New York Times*. « C'est une question scientifique et de sécurité nationale. Si l'Amérique ne se charge pas de répondre à ces questions, d'autres le feront. »

The New York Times a également publié trois vidéos issues de l'armée améri-caine. Un de ces documents, devenu rapidement viral, pose de vraies questions. Il montre, en novembre 2004, un avion de chasse américain (un F/A-18 Super Hornet) poursuivant un objet ovale, en forme de bonbon Tic Tac de la taille d'un avion de ligne, au large de San Diego, près de la côte californienne. Le pilote a affirmé avoir d'abord observé un grand objet immergé qui causait un remous à la surface des flots. Et au-dessus, se déplaçant de façon erratique et réalisant des manœuvres défiant toute logique, ce Tic Tac de 40 pieds de longueur (12 mètres).

Ces nouvelles, rendues publiques, créèrent une grande agitation dans les couloirs du pouvoir à Washington. Des sénateurs très influents, des membres du Pentagone et d'anciens directeurs de la CIA se mirent soudain à parler d'Ovnis avec calme et sérieux. Finis les lazzis, les menaces, les « circulez, il n'y a rien à voir ». John Podesta, ancien chef de cabinet du président Clinton, a déclaré : « Autrefois, ça pouvait mettre fin à une carrière. Mieux valait ne pas être surpris en train d'en parler... » Tout ceci semble changer. Voilà soudain qu'on officialise ces Ovnis qui longtemps embarrassèrent les huiles du Pentagone.

Un rapport qui change tout !

Suite à une demande du Sénat, le 25 juin 2021, un rapport préliminaire, délivré par l'ODNI, le Bureau du Directeur du renseignement national, est rendu public. Ce document de 9 pages, baptisé *Preliminary Assessment: Unidentified Aerial Phenomena*, concerne les UAP (« phénomènes aériens non identifiés »). Il est principalement destiné aux responsables de l'armée américaine (terre, air et mer).

Le document se base sur 144 cas répertoriés entre 2004 et 2021. On y apprend que 80 d'entre eux ont été confirmés par plusieurs moyens de détection : radars, matériel infrarouge et électro-optique. La plupart de ces incidents impliquent des objets « probablement » physiques (*physical objects*), cela étant justement corroboré par les détecteurs en question. La majorité de ces phénomènes, nous dit-on, ont interrompu des manœuvres ou des activités militaires !

Sur ces 144 cas, 18 incidents ont fait l'objet de 21 rapports, car les phénomènes observés se comportaient de façon étonnante, en dehors de caractéristiques de vol connues. Stationnaires dans des vents violents en altitude, ils pouvaient se déplacer contre ces vents et atteindre des vitesses considérables, cela sans moyens de propulsion. La majeure partie de ces données provient des États-Unis. Un seul de ces cas fut formellement identifié : il s'agissait d'un ballon qui se dégonflait.

« Avons-nous affaire à des technologies hypersoniques testées par la Chine ou la Russie ? », interrogent les services de renseignement sans toutefois parvenir à y répondre, laissant du coup la part belle aux hypothèses extraterrestres ou multidimensionnelles.

Suite à la remise de ce rapport, des personnages influents osent enfin s'exprimer. Comme John Ratcliffe – directeur du Renseignement national sous Donald Trump qui supervisa les 18 agences de renseignement américaines. Il déclara sur la chaîne Fox News : « Franchement, il y a beaucoup plus d'observations que ce qui a été rendu public. Certaines d'entre elles ont été déclassifiées. Nous parlons d'objets qui ont été vus par des pilotes de la Marine ou de l'armée de l'air, ou qui ont été repérés par des images satellites, qui s'engagent franchement dans des actions difficiles à expliquer, qui ont des mouvements difficiles à reproduire, pour lesquels nous n'avons pas la technologie nécessaire ou qui se déplacent à des vitesses dépassant le mur du son sans bang sonique. »

Dans un fracas assourdissant de communications, le XXIe siècle ne cesse pourtant de vanter ses victoires, ses avancées techniques. Mais de la périphérie de l'univers à son centre, qu'avons-nous appris ? Et que savons-nous ? Peu de choses, visiblement. Nous tentons de dompter atomes et virus, sans vraiment les maîtriser. Tandis que le réel déploie ses prodiges bien au-delà de nous, de nos perceptions et compréhensions.

Et les Ovnis dans tout ça, qui défient nos pilotes, violent nos espaces aériens et dansent, non inquiétés, au nez des superpuissances ? Depuis leur avènement en juin 1947, la question reste immuablement la même, pour les militaires qui ne savent qu'en faire et les civils que nous sommes. À l'arrivée, que sont-ils vraiment ? Manifestations d'un autre monde, extravagance au cœur même de la matière, mirages ou réalités tangibles ?

En lisant ces histoires, parions que pour l'heure, leur principale vertu consiste à nous interroger sur le « qui » du « qui sommes-nous ? », car épicuriens et stoïciens s'accordent sur un point : seul « autrui », d'un extérieur bien distinct, semble capable de nous en fournir la réponse.

I. Le cône velu de Vins-sur-Caramy

Nous sommes tous d'un pays. Le mien court à fleur de garrigues, de guérets en collines, sous un beau ciel sevré de pluies. De rares averses, c'est certain, mais un vent capricieux, le grand *maistre*, ce mistral à l'épaisse encolure, qui soulève vagues et poussière. Et gifle pins et mimosas.

Mon pays, pailleté d'ocre, est la Provence. Les trains qui, aux jours de canicule, transportent les touristes ne les préviennent pas des mystères qu'on y trouve. Car ma terre, insolite et secrète, en possède « autant qu'un pape peut en bénir ». Comme on le dit chez nous.

Enfant, sur cette terre de lumière, tout vous prépare au merveilleux : la grotte de Marie-Madeleine et ses prodiges, le bras de saint Pierre à Cuers ou la porte du Pardon de l'église de Correns. Mais c'est vers le ciel – au revers d'une vie d'écolier –, que j'ai très tôt levé les yeux. Je jouais encore aux billes lorsqu'on me parla de lumières, d'engins extraordinaires qui survolaient Carcès, Vins-sur-Caramy et Toulon... À 13 ans, j'allais camper à Valensole, plantant ma tente au milieu des lavandes. Point d'Ovni, mais le pli était pris. Scruter, autant que possible nos ciels d'un bleu fécond. Et y traquer de singulières lumières qui dansent.

Depuis, les années ont passé. Je savais ma Provence riche en mystères. J'en parlais à voix basse. Mais aujourd'hui, ce n'est plus moi qui l'affirme. Le très sérieux quotidien *Var-Matin* affichait en une, le 15 mars 2015 (ce n'est pas si vieux), les apparitions d'Ovnis aux quatre coins du Midi. En introduction de ce papier, le journaliste Éric Marmottans posait la question suivante : « L'attractivité du premier département touristique de France s'exerce-t-elle au-delà des frontières de notre système solaire ? »

Eh oui, cette Provence de cigales et de feu dévorant, fort convoitée des estivants, sema même le trouble chez les hautes instances d'Amérique... avec un Ovni de forme singulière qui les décontenança. Voici son histoire.

Date : 14 avril 1957.

Lieu : Vins-sur-Caramy dans le Var, un petit village près de Brignoles.

Il est 15 heures. C'est une journée fort agréable. Marie Garcin se promène avec son amie, Julia Rami, à proximité du château de Vins, sur la départementale 24.

Soudain, à une centaine de mètres, elles aperçoivent un curieux objet métallique qui perd de l'altitude et vient pratiquement atterrir sur la route. L'objet est de forme conique, sa pointe dirigée vers le bas. Comme sa partie supérieure est convexe, il ressemble un peu à une grosse toupie. Il mesure environ 1,5 mètre de hauteur. Étrange... il est hérissé de tigelles d'aspect métallique animées de vibrations rapides. « Ces tiges, précise Julia Rami, ressemblaient à des antennes d'automobile. Elles étaient multicolores. »

Les deux promeneuses observent l'objet durant dix bonnes minutes. À l'instant où cette drôle de « toupie » manœuvre pour se poser, nos deux témoins perçoivent un vacarme assourdissant. En fait, ce bruit est produit par un panneau de signalisation situé à 5 mètres, qui se met à osciller et vibrer brutalement, comme si quelqu'un le secouait énergiquement. Mesdames Rami et Garcin poussent alors des cris d'effroi.

Alerté par ce tumulte, Jules Boglio, conseiller municipal de Vins – qui s'occupait de ses ruches, 200 mètres plus haut sur la colline –, se précipite. Il pense qu'un accident de voiture vient de se produire. Interloqué, il découvre un tout autre spectacle : un objet conique décolle en faisant de grands bonds au-dessus de la route, puis va se poser sur un petit chemin tout proche.

« Je me suis précipité, raconte Jules Boglio, vers le lieu présumé de l'accident et là, j'ai vu un engin qui faisait un bond énorme. Il est redescendu dans un champ où il s'est immobilisé. Il est resté là quelques secondes, puis il est allé se poser sur un petit chemin de terre. Il était gris et hérissé d'antennes ».

Pour effectuer cette manœuvre, le « cône velu » a survolé un second panneau signalisateur. Ce panneau, à son tour, s'est mis à vibrer. Et soumis à de brutales oscillations, a émis une forte résonnance. Nos trois témoins n'en croient ni leurs oreilles ni leurs yeux.

Enfin l'engin finit par s'éloigner vers le sud-est à une vitesse modérée, totalement silencieux, tanguant étrangement. Avant de disparaître au ras des collines.

Nos trois témoins rentrent chez eux quelque peu remués. Dans un premier temps, ils préfèrent se taire, craignant le ridicule. Ce n'est que le lendemain matin que Julia Rami – qui n'a pas fermé l'œil de la nuit ! – décide de tout raconter à son mari, le garde champêtre. Puis dans la foulée, va se confier à monsieur Ventre, maire du village.

Le maire alerte alors la gendarmerie de Brignoles, qui se rend rapidement sur les lieux. À l'endroit précis de l'atterrissage, les gendarmes constatent que, sur le bord de la route, la terre a été violemment balayée, « comme sous l'effet d'un souffle puissant ». Même chose sur le petit chemin où la terre est éparpillée sur un diamètre d'environ 1,5 mètre. Et l'herbe est roussie.

48 heures après l'observation, la vicomtesse Marie-Laure de Noailles, de passage à Vins, ramasse sur les lieux un morceau de métal « gros comme une olive et de forme tourmentée, comme s'il avait été porté à une très haute température ».

Elle le présente successivement au personnel de la mine d'électrochimie toute proche, puis à un ami capitaine de la base du Palyvestre à Hyères. Elle le confie ensuite à monsieur Roteley, un ami dentiste qui tente en vain de le scier, et à monsieur Rouiller, plombier de la ville. Aucune de ces personnes n'est en mesure de dire de quoi il s'agit.

Après analyse, monsieur Cartoux, chef du laboratoire d'électrothermie de la Compagnie Pechiney, pense que le fragment métallique en question est un sous-produit du corindon, un alliage peu courant fabriqué à Paris. Que viendrait faire en Provence un tel éclat de corindon provenant d'une usine située à quelques 600 kilomètres de là ?

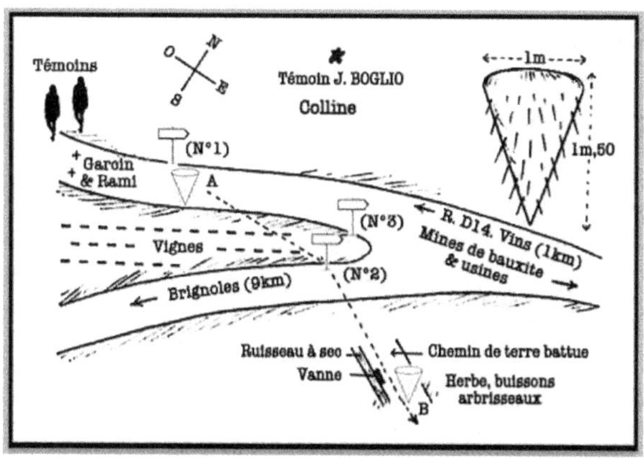

Reconstitution de l'observation du « cône velu » de Vins-sur-Caramy

Jimmy Guieu[2] mène l'enquête

Le 17 avril 1957, Jimmy Guieu se rend sur les lieux. Il est accompagné de Pierre Ayraud, ingénieur du son du studio de Radio Monte Carlo.

Les deux hommes sont reçus par un adjudant de la gendarmerie. L'homme de loi, fort courtoisement, leur résume l'affaire, précisant que les témoins sont « des personnes de bonne foi, au-dessus de tout soupçon de supercherie ».

L'enquête s'avère toutefois difficile. Impossible de localiser les témoins qui, redoutant toute médiatisation, ont « pris le maquis ». Les villageois ne sont guère plus coopératifs. On claque portes et volets au nez de nos investigateurs.

Débarque une Citroën sur la place du village, avec à son bord un brigadier et un gendarme. Le brigadier déclare, péremptoire, que l'affaire est résolue. L'engin « téléguidé » vient certainement de la base de l'île du Levant. Un vif échange s'engage. Jimmy Guieu conteste cette hypothèse. « Aucune nation ne possède d'aéronef mû silencieusement ! rétorque-t-il. De plus, si les panneaux de signalisation se sont mis à vibrer avec un tel vacarme, c'est qu'ils ont dû être pris dans le champ magnétique propulseur de l'engin. » Les gendarmes, quelque peu dépassés par ces considérations, restent bouche bée.

« Voyons s'il existe sur place des rémanences magnétiques ! », propose alors Jimmy Guieu. Perplexes mais tout de même intrigués, les gendarmes s'exécutent.

« Là, raconte Jimmy Guieu, en présence des gendarmes qui, sur ma demande, surveillèrent attentivement mon expérience, j'approchai ma boussole contre la carrosserie de ma 4 CV et fis constater l'amplitude de la déviation de l'aiguille : 3 à 4 degrés maximum. Ensuite, j'allai poser ma boussole à l'endroit exact de l'atterrissage : résultat négatif, point de rémanence magnétique.

» Par contre, à 5 mètres de là, le panneau signalisateur fit faire un bond à l'aiguille de la boussole (approchée à 5 cm), marquant ainsi une déviation de 15 degrés ! Un instant plus tard, nous suivîmes sur la route la "ligne de survol" de l'engin qui, à 100 mètres de là environ, passait au-dessus d'un autre panneau signalisateur. Ce panneau (indiquant Brignoles) était également "magnétisé" et faisait dévier de 15 degrés l'aiguille de la boussole. »

---

2. Jimmy Guieu (1926-2000) : à la fois romancier de science fiction, homme de radio et ufologue, il intégra la Commission Ouranos fondée en 1951, l'un des premiers groupes français de recherches sur les Ovnis. Il rédigea de nombreux articles pour la revue *Ouranos* dont il fut le chef de service d'enquêtes. Puis, en 1980, co-fonda l'IMSA (institut mondial des Sciences avancées).

Les gendarmes sont bluffés. Quelle technologie – en ces années 1950 – pourrait occasionner de telles perturbations magnétiques, se demandent-ils ?

De retour au village, Jimmy Guieu rencontre monsieur Rami, le garde champêtre. Après discussion, celui-ci consent à aller chercher son épouse ainsi que Marie Garcin qui se sont cachées dans la colline ! Une aubaine, car mises en confiance, les deux femmes acceptent finalement de parler. L'entretien est alors enregistré par Pierre Ayraud et diffusé le soir même – le 17 avril – à 19 heures sur les ondes de Radio Monte Carlo. Les auditeurs sont médusés. Les soucoupes volantes ont décidément une prédilection pour cette belle région qu'est la Provence !

La presse régionale s'empare du fait-divers. Elle annonce que tous les services de renseignement du pays sont sur les dents. La préfecture de Toulon, les services scientifiques de Lyon et de Paris ont en effet dépêché des enquêteurs. Et la police de l'air s'est déplacée (l'inspecteur Rochu, de cette formation, confirmera effectivement qu'un de leurs hommes s'est rendu sur les lieux le 18 avril).

Au final, la gendarmerie de Brignoles rédige un rapport précis et circonstancié qu'elle remet à la police de l'air, au ministère de l'Intérieur, au commandement de la IVe région aérienne ainsi qu'à plusieurs organismes officiels. Conclusion : objet inconnu « ne provenant d'aucune puissance française ou étrangère » !

L'état-major américain s'y intéresse

Ce cas étonnamment solide a également eu un retentissement international. Il atterrit dans les archives américaines de l'US Air Force, notamment dans celles du projet *Blue Book* (la plus vaste enquête officielle jamais lancée sur les Ovnis) ! Il fut consigné dans un rapport de 60 pages rédigé par la division de Technologie étrangère de la base de l'armée de l'air de Wright-Patterson.

Le Dr J. Allen Hynek, astronome et père de l'ufologie scientifique, précise que ce cas français intéressa les militaires américains. Mais ceux-ci conclurent officiellement qu'il s'agissait d'une « mystification ». Selon Hynek, le haut indice d'étrangeté et l'aspect inédit de l'engin désarçonnèrent le personnel de l'US Air Force qui, pour cela, renonça à mener une enquête sur place.

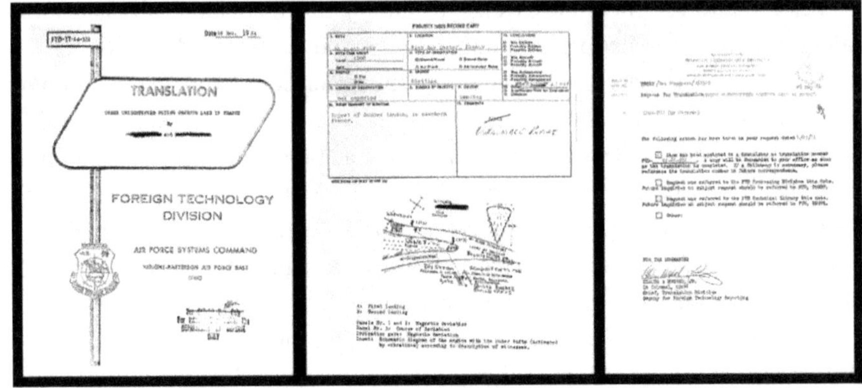

Document de l'US Air Force concernant le cas de Vins-sur-Caramy

Steven Spielberg entre en scène

En réouvrant, des années plus tard, le dossier de Vins-sur-Caramy, un enquêteur émit l'hypothèse que l'Ovni aperçu en avril 1957 n'était en fait qu'un petit hélicoptère. Ce à quoi l'ufologue René Fouéré rétorqua : « Nous remarquons aussi que, selon des renseignements pris aux meilleures sources, au moment où la "toupie" commença à s'élever, les témoins ont vu un tourbillon de poussière s'élever également. René Hardy souligne qu'un hélicoptère aurait, au contraire, rejeté la poussière dans tous les sens. »

Malgré ces débats, le « cône velu » provençal connut une reconnaissance tardive et inédite puisqu'il inspira l'un des chefs-d'œuvre du cinéma américain. Dans les années 1970, lorsque Jacques Vallée rencontra le réalisateur Steven Spielberg, il lui raconta en détail l'affaire vécue par mesdames Rami et Garcin en 1957. Plus tard, lorsque le metteur en scène réalisa son emblématique *Rencontres du troisième type*, il se servit d'un détail très précis. Lors d'une scène devenue culte, à l'apparition d'un Ovni, il fit vibrer l'un des panneaux signalisateurs situé sur le bord de la route !

Sources

Var-Matin, 18 avril 1957 • *Var-Matin*, 26 avril 1957 • *Ouranos* n° 21, 3ᵉ trimestre 1957, pp. 50-52 • *Ouranos* n° 28, septembre 1961, pp. 17-18 • *Three Unidentified Flying Objects Land in France*, rapport de la Foreign Technology Division, base de l'US Air Force de Wright-Patterson, 22 décembre 1964 • Reportage télévisé « Actualités de Provence », diffusé le 22 avril 1965 • Aimé Michel, *À propos des soucoupes volantes*, Planète, 1966, pp. 247-248 • *Phénomènes spatiaux* n° 17, 3ᵉ trimestre 1968, pp. 6-7 • *Lumières dans la nuit* n° 104, février 1970, pp. 8-9 • *Var-Matin La République*, Draguignan, 15 janvier 1972 • J. Allen Hynek, *Les Objets volants non identifiés, mythe ou réalité ?*, J'ai Lu, 1972, pp. 215-217 • *Inforespace* n° 12, 1973, p. 4 • *Fenómenos Aéreos* n° 3, juillet-septembre 1980, p. 13 • *Awareness*, vol. 14, n° 4, saison 1985-6, pp. 20-22 • *MUFON UFO Journal* n° 288, avril 1992, p. 17 • Henri Julien et Michel Figuet, *Ovni en Provence*, Éditions de Haute-Provence, 1993, pp. 186-188 • *Les Mystères de l'Est* n° 5, année 1999, pp. 21-23 • *Var-Matin*, 15 mars 2015 • *El Ojo Critico* n° 85-86, décembre 2017, p. 67.

II. La vague des *foo fighters* de la Seconde Guerre mondiale

1er septembre 1939 : la Seconde Guerre mondiale est déclarée, mobilisant durant 6 années 61 nations et plus de 100 millions de combattants.

L'aviation a connu d'énormes progrès. L'invention du radar, l'armement de bord, la puissance des moteurs de chasse, les communications radio font que l'aéronautique s'impose comme une composante essentielle de ce conflit.

À l'été 1939, les forces aériennes allemandes sont sans équivalent. Elles comptent 4 021 avions d'exploitation, dont 1 191 bombardiers, le tout entretenu et piloté par 2 millions d'hommes. En comparaison, la France et l'Angleterre n'en possèdent que la moitié.

Durant ces années de guerre, 850 000 aéronefs vont être produits. Pas étonnant que les humains découvrent des espaces encore vierges et colonisent le ciel ! Ces pionniers vont alors croiser, au cours de raids offensifs, de singuliers phénomènes. Si l'on en croit les pilotes de la Seconde Guerre mondiale, il se passe des choses étranges dans ces ciels d'affrontement. Dès 1940, des sphères fluorescentes, « douées de raison », escortent les avions de chasse et les bombardiers. D'une extraordinaire vélocité, ces « engins » inconnus s'approchent des avions militaires sans causer de dégâts. Et aucun belligérant n'en revendique la conception ni l'usage.

Portrait du phénomène

Les pilotes décrivent des boules lumineuses de taille plutôt modeste. De couleur rouge, orange, verte ou blanche, leur éclat est très intense. Les militaires parlent de « boules de cristal », de « sphères phosphorescentes dorées » ou de « boules de Noël ». Leur apparence varie : certaines semblent métalliques, argentées, alors que d'autres sont décrites comme étant translucides « comme du verre ».

On les observe au-dessus de l'Europe (France, Allemagne, Belgique, Italie, Sicile), mais également au-dessus de la Norvège, de la Tunisie, de l'océan Pacifique, du Japon, de Ceylan, de l'océan Indien, de la Birmanie... Il s'agit sans conteste d'un phénomène mondial.

L'origine du nom

Les Allemands les appellent *Kraut Bolids*. Les pilotes anglais : *The Light* (« la lumière ») ou *The Thing* (« la chose »). Les Français les taxent de *chasseurs fantômes*.

Mais ce sont les Américains qui vont inscrire ce phénomène dans l'histoire. La 415e escadrille des chasseurs de nuit baptisent ces « boules de feu » *foo fighters*. Ils s'inspirent alors de la bande dessinée *Smokey Stover*, très populaire à l'époque, mettant en scène un pompier plutôt cinglé. Le terme *foo* dériverait du français « feu » (le phénomène étant souvent décrit comme « une boule de feu »).

D'autres pilotes contestent cette origine et prétendent que ce nom viendrait de l'exclamation *Phooey !* qui signifie : « Oh non ! Ça alors ! » Alors que les militaires en mission en Corée préfèrent les baptiser *Gremlins*.

Exemplaire de la bande-dessinée nord-américaine Smokey Stover

Comportement du phénomène

D'une extraordinaire vélocité, ces sphères lumineuses montent parfois du sol à la rencontre des avions. Ou surgissent de nulle part. Elles escortent alors les bombardiers, changeant de couleur, passant de l'orange au rouge puis au blanc.

Elles ne sont jamais offensives et ne représentent aucune menace pour les appareils en vol. Comme elles semblent « observer » et « jouer » avec les pilotes, ceux-ci leur attribuent « un comportement intelligent ». La plupart d'entre elles ne sont pas repérées par les radars. On les observe de jour comme de nuit.

Ce qui déconcerte et préoccupe les militaires, c'est qu'elles sont, de très loin, plus rapides et plus agiles que les avions britanniques, allemands, japonais ou français.

Un vétéran, ex-pilote de B-17, résume parfaitement leur mode opératoire : « Soudain, elles apparaissaient contre l'aile de votre avion. Il y en avait 6 ou 8. Elles volaient en formation parfaite. Vous viriez de bord, elles viraient avec vous. Vous preniez de l'altitude, elles faisaient de même. Vous plongiez, elles plongeaient de concert. Impossible de s'en débarrasser. C'était de petits objets en aluminium, d'un gris sale. Ils mesuraient entre 2 et 3 mètres de diamètre... Ni cockpit, ni hublot, ni signe de vie. Quand ces engins en avaient assez de jouer, ils filaient dans l'espace et disparaissaient à une vitesse prodigieuse. »

Une première manifestation

25 juin 1942. Le lieutenant Roman Sabinski, plus tard commandant du 301e escadron de bombardiers de la Royale Air Force britannique (RAF), rapporte l'observation d'un objet sphérique au-dessus de la Hollande.

Ce soir-là, le temps est doux, le ciel parfaitement dégagé. Le lieutenant Sabinski – soldat de la division polonaise rattachée à la RAF – revient de mission. Il a participé au bombardement de sites stratégiques allemands dans la vallée de la Ruhr. Soudain, le mitrailleur de queue informe qu'un avion ennemi vient de les prendre en chasse. Sabinski quitte son siège pour observer l'intrus. Il aperçoit effectivement « une lumière très vive » qui les talonne. « Si l'engin se rapproche, ouvre le feu ! », lance-t-il au mitrailleur en poste. Sabinski est inquiet. Il pense qu'il s'agit là d'un chasseur allemand ayant placé une lumière sur son nez. Inhabituel, car d'habitude les appareils ennemis sont équipés de lumières sur leurs ailes.

« L'objet » se rapproche progressivement. Et ce n'est pas un avion. Il s'agit d'un « engin » rond, de la taille d'une pleine lune vue du sol. Il n'est pas blanc, et semble composé de cuivre lustré, « plutôt terne comme un soleil couchant ». Ses contours sont imprécis, vaporeux. « Descends-le ! », ordonne Sabinski. Quatre mitrailleuses font alors feu de concert.

Les balles traçantes atteignent parfaitement leur cible. Mais voilà « qu'elles pénètrent dans l'objet sans en ressortir. Et au lieu de retomber ensuite sur le sol, elles se volatilisent ! » L'équipage est atterré. L'étrange phénomène ne semble nullement affecté par le tir nourri qu'il vient de subir. Toujours intacte, la sphère se déplace alors à une vitesse prodigieuse et vient se positionner à 180 mètres de l'aile du bombardier. Les mitrailleurs de tête et de queue vident à nouveau leurs armes sur l'intrus. Sans aucun résultat. Sabinski se souvient : « Je suis retourné m'asseoir dans le cockpit, j'ai repris les commandes et j'ai tenté une manœuvre d'évitement car cet engin m'inquiétait vraiment. De plus, je n'avais aucune idée de ce que c'était. J'ai manœuvré de façon assez violente mais l'objet restait collé à l'aile de mon appareil. Cela signifie qu'il se déplaçait extrêmement vite pour ne pas nous lâcher. »

Puis soudain, l'objet bondit et devance le bombardier. « Il a filé à une vitesse prodigieuse, selon un angle de 45 degrés, pour se fondre parmi les étoiles. »

Une fois posé, Roman Sabinski rapporta son observation au Bureau de renseignement de son unité. Il fut accueilli par de grands éclats de rire. « Combien de bières avez-vous bues ? », lui demanda-t-on.

Plus tard, en discutant avec un capitaine de l'unité des bombardiers Wellington, Sabinski apprit que d'autres pilotes avaient été confrontés au même phénomène. Mais ces hommes préféraient se taire pour éviter les remarques à la fois moqueuses et humiliantes de leur hiérarchie.

Sources

UFO NYT, septembre 1962, p. 186 • Henry Durrant, *Le Livre noir des soucoupes volantes*, Robert Laffont, 1970, p. 76 • *UFODATA Magazine*, septembre-octobre 2007, p. 35 • Keith Chester, *Strange Company*, Anomalist Books, 2007.

Une flotte de 150

12 août 1942, 10 heures du matin.

Toutes les observations de mystérieux objets célestes ne sont pas faites uniquement par des pilotes. Ainsi un soldat de la 1re division de Marines, en bivouac avec son escouade dans l'île de Tulagi (au sud des îles Salomon), a pu observer des engins métalliques depuis le sol. De veille à l'ouest de Guadalcanal, le sergent Stephen J. Brickner raconte :

« C'était une matinée tropicale lumineuse, avec de hauts bancs de nuages blancs et laineux. Je nettoyais mon fusil sur le bord de ma tranchée, lorsque soudain la sirène annonçant un raid aérien a retenti.

» Je me suis immédiatement glissé dans ma tranchée, dos au sol et visage tourné vers le ciel. J'ai entendu la formation avant de la voir. Et le son que j'ai perçu m'a intrigué. C'était un rugissement puissant qui semblait résonner dans le ciel. Cela ne ressemblait pas du tout au bruit de "machine à coudre" des formations aériennes japonaises. Quelques secondes plus tard, j'ai vu une flotte d'objets argentés apparaître directement au-dessus de ma tête.

» J'étais très tendu car c'était mon 5e jour de combat chez les Marines. Il était donc facile de prendre tout ce qui croisait en altitude pour des avions japonais. Au début, j'ai pensé que c'était le cas. Mais ces objets volaient très haut au-dessus des nuages, trop haut pour être un escadron venu bombarder notre petite île. Quelqu'un, dans une tranchée proche, a crié que c'étaient des avions japonais en quête de notre flotte. J'ai accepté cette explication avec quelques réserves. Premièrement, la formation était énorme. Je dirais qu'il y avait là plus de 150 objets. Au lieu du "V" serré habituellement formé par 25 avions, cette formation progressait en lignes droites de 10 à 12 objets, les uns derrière les autres. Leur vitesse était un peu plus rapide que celle des avions japonais. D'ailleurs, ils furent assez rapidement hors de vue.

» Certains détails m'ont laissé perplexe. Je n'ai distingué ni ailes ni queue sur ces objets. Ils semblaient voler en vacillant légèrement. Chaque fois qu'ils vacillaient, ils scintillaient sous le soleil. Leur couleur faisait penser à de l'argent poli. Évidemment, aucune bombe ne fut larguée. Ce fut le spectacle le plus impressionnant et le plus effrayant qu'il m'ait été donné de voir de toute ma vie. »

On retrouvera, dans de futures observations d'Ovnis, ce mode de déplacement « oscillatoire » (*cf.* l'observation de Kenneth Arnold en 1947 et bien d'autres).

Description de la formation aperçue :

```
* * * * * * *
******************
*****************
*****************
****************
*****************
*****************
***************
* * * * * * *
```

Sincerely,
Stephen J. Brickner
ex-Co. A, 1st Para. Bn.
1st Marine Div., U.S.M.C."

Reconstitution de Stephen J. Brickner

Sources

Civilian Saucer Intelligence of New York n° 22, 15 décembre 1957, p. 28 • Timothy Good, *Above Top Secret,* Quill William Morrow 1988, p. 18 • *MUFON UFO Journal* n° 476, décembre 2007, p. 12.

Le ministère de l'Air s'inquiète

Une journée de décembre 1942. 19 heures.

B.C. Lumsden prend les commandes de son Hurricane et décolle d'Angleterre. Ce pilote britannique de la RAF doit effectuer une mission de contrôle au-dessus des côtes françaises.

20 heures. Lumsden survole l'embouchure de la Somme à une altitude de 2 000 mètres. Le vol se déroule sans encombre. Quand soudain notre pilote aperçoit 2 lumières orange qui montent du sol à sa rencontre... et se mettent aussitôt à le suivre !

Sur le coup, Lumsden pense qu'il s'agit d'un tir traçant de DCA. Mais il change rapidement d'avis. Ces projectiles se déplacent trop lentement. Il amorce alors un demi-tour serré. À bâbord, les lumières paraissent soudain plus grosses et gagnent en intensité. Elles stoppent leur ascension et se maintiennent au niveau de l'appareil. Notre pilote panique. Il négocie un second virage serré. Peine perdue, les lumières le talonnent ! Lumsden amorce alors un piqué, plongeant jusqu'à 1 200 mètres. Les lumières sont toujours là, collant à son sillage. Lorsqu'il redresse son appareil, les deux sphères se positionnent 300 mètres sous lui, puis d'un seul élan, rattrapent l'appareil, reprenant leur traque. En désespoir de cause, Lumsden accélère. Et finit par semer ce curieux phénomène.

« J'ai eu du mal à convaincre les membres de mon unité », a déclaré plus tard Lumsden, « mais la nuit suivante, l'un des commandants de l'escadrille a vécu, dans la même zone, une expérience similaire avec une lumière verte. »

Le rapport de Lumsden fut communiqué au ministère de l'Air. Il s'ajouta à bon nombre de déclarations similaires. Les témoins ignoraient que trois mois plus tôt, le 23 septembre 1942, préoccupé par le nombre croissant d'observations, la section de la Recherche opérationnelle du ministère avait rédigé un rapport officiel, classé secret, intitulé « Note sur l'activité pyrotechnique récente de l'ennemi au-dessus de l'Allemagne ». Une première enquête voyait le jour.

Source

Dr David Clarke et Andy Roberts, *Out Of The Shadows*, Piatkus, 2002, pp. 9-10.

Une boule dorée chatoyante

L'étonnant témoignage qui suit nous est parvenu bien des années plus tard. Louis Kiss, résidant désormais dans le Connecticut, informa tardivement l'association *Citizens Against UFO Secrecy* (CAUS, « Citoyens contre le secret maintenu sur les Ovnis ») de sa rencontre avec un *foo fighter*, alors qu'il combattait en Europe durant la Seconde Guerre mondiale. Kiss, alors sergent-chef, était à l'époque mitrailleur de queue sur le *Phyllis Marie*, un bombardier B-17, propriété du 390e groupe de bombardement, 3e division de la 8e Force aérienne américaine.

À la fin de l'année 1943, alors qu'il effectuait une mission de jour au-dessus de l'Allemagne, il observa une étrange sphère qui s'approcha de son avion par l'arrière. Cette chose, qui avait à peu près la taille d'un ballon de basket, était d'une couleur dorée chatoyante. Elle rattrapa le bombardier et se mit à planer au-dessus de son aile. Puis, passant au-dessus de l'avion, elle alla s'installer un moment sur l'autre aile. Sur le coup, le sergent Kiss fut tenté d'ouvrir le feu avec sa mitrailleuse. Mais comme ce drôle d'engin était à proximité du réservoir de carburant du B-17, il se ravisa.

Sous le regard de Kiss, cette boule dorée se déplaça ensuite vers l'arrière. Puis, prise dans le sillage et les turbulences de l'appareil, elle disparut rapidement.

Louis Kiss ignore toujours si un autre membre de l'équipage a, tout comme lui, observé ce phénomène. Mais il signala l'incident à son officier de renseignement.

Curieusement, jusque-là, Louis Kiss n'avait jamais entendu parler des *foo fighters.* C'est donc un ufologue qui lui en révéla l'existence. Si certains s'interrogent sur la crédibilité du témoin, le CAUS publia, avec le témoignage de cet ancien soldat, un extrait du 390e bulletin de la Fondation de l'Association des anciens combattants, numéro automne-hiver 1991, attestant de ses excellents états de service en tant que pilote de combat.

Source
Australian UFO Bulletin, décembre 1992, pp. 8-9.

Au nord de Strasbourg

22 décembre 1944.

Les lieutenants David L. McFalls et Edward Baker (opérateur radar) survolent Haguenau, une commune française située à 28 kilomètres au nord de Strasbourg. Nos deux pilotes font partie de la 415e escadrille de chasse basée à Dijon. Aux manettes de leur appareil, ils sont témoins d'un singulier phénomène. Voici leur rapport :

« À 18 heures, près d'Haguenau, alors que nous volions à une altitude de 3 000 mètres, nous avons vu deux lumières en provenance du sol se diriger vers nous. Parvenues à notre niveau, elle se sont stabilisées et sont restées près de la queue de notre avion. Il s'agissait de deux grosses lumières d'un orange intense. Elles nous ont suivis pendant 2 minutes, sans jamais quitter la queue de l'appareil. Elles volaient de manière parfaitement contrôlée. Ensuite, elles ont négocié un virage, se sont éloignées et leur éclat a semblé s'éteindre. »

Le 24 décembre, durant la nuit de Noël 1944, McFalls et Baker font une même observation. Ils racontent : « Une boule de lumière rouge est montée droit sur nous. Soudain, elle se transforma en un avion qui effectua une manœuvre acrobatique, montant droit dans le ciel, le tout suivi d'un virage à plat vertical. Ensuite le phénomène plongea vers le sol et disparut. »

Lorsque Jo Chamberlin, journaliste pour le magazine *The American Legion*, se rendit en Allemagne pour interviewer les pilotes de la 415e escadrille, il dit, impressionné, avoir rencontré des soldats pragmatiques, « normaux, essentiellement préoccupés par leur mission de combat, et intéressés, dans un ordre décroissant, par les jolies filles, le poker, les doughnuts et tous les dérivés liquides du raisin. »

Sources

The American Legion Magazine, vol. 39, n° 6, décembre 1945, p. 44 • Harold T. Wilkins, *Flying Saucers on the Attack*, Citadel Press 1954, p. 25 • Gordon I. R. Lore et Harold H. Deneault, *Mysteries of the Skies: UFOs in Perspective*, Prentice Hall, 1968, p. 116 • Michel Bougard, *La Chronique des Ovni*, Jean-Pierre Delarge, 1977, pp. 271-272.

Témoignage de George Barton

En novembre 1998, George Barton, un ex-pilote britannique, vivant désormais en Afrique du Sud, adresse au magazine anglais *OVNI* un courrier concernant un incident datant du mois de juin 1944. Voici son récit :

« Parti de Elsham Wolds, dans le Lincolnshire, je volais avec l'escadron 576, du 1er groupe de commandement tactique aérien. Je me souviens parfaitement de cet incident. Ce vol en question s'est déroulé juste après le débarquement de juin 1944. C'était le second des trois raids que nous avions effectués sur Stuttgart, dans la Ruhr, en Allemagne. Nos bombardiers ne volaient jamais en ligne droite vers la cible. Ils effectuaient des crochets afin que les Allemands ne puissent deviner notre destination. Mais cette nuit-là, ce fut particulier. L'ennemi semblait anticiper chacune de nos manœuvres. Il envoyait, à intervalles réguliers, des *flares*, ces fusées éclairantes qui illuminaient nos avions malgré nos détours. Et nous avons subi de lourdes pertes.

De retour à la base, pour le *debriefing*, j'étais épuisé. Je n'étais pas très attentif au gars censé recueillir mon rapport. Mon esprit vagabondait. C'est pour cela que j'ai capté la conversation de la table d'à côté. Un mec, en particulier, était très excité et parlait fort. Je compris qu'il s'agissait d'un mitrailleur de queue. Et voilà ce qu'il racontait : alors qu'ils approchaient de leur cible, ils ont soudain réalisé que leur avion était suivi par des sphères lumineuses. C'était comme si elles étaient prises dans le sillage de l'avion. Croyant qu'il s'agissait d'une nouvelle arme secrète allemande, il demanda au pilote d'effectuer un décrochage assez violent, histoire de les distancer. Et en même temps, il tira sur ces sphères. Tout cela sans aucun résultat. Ces objets restèrent collés au bombardier. Ils avaient la taille d'un gros ballon de football. À cette époque, je n'avais aucune idée de ce que c'était. Ce n'est qu'après la guerre que j'ai entendu parler de ces *foo fighters*. Et c'est seulement là que j'ai fait le rapprochement. »

Source

OVNI, novembre-décembre 1998, p. 12.

Sur l'océan Indien

Août 1944.

Aux commandes d'un bombardier B-29 Superfortress de l'armée américaine, le capitaine Alvah M. Reida vit une bien étrange rencontre au-dessus de l'océan Indien. Basé à Kharagpur, en Inde, il fait partie du 486ᵉ groupe bombardier, 792ᵉ escadron, du 20ᵉ commandement de tactique aérien. Voici son témoignage :

« Je venais du Sri Lanka, effectuant une mission de bombardement sur Palembang au sud de Sumatra. C'était le 10 août 1944. Il était minuit passé. Nous étions une formation de 50 avions et devions lâcher nos bombes toutes les 3 minutes. Comme mon appareil était le tout dernier du groupe, ma mission était de lâcher une bombe puis de tourner autour de la cible et faire quelques photos pour évaluer les dégâts causés par mes prédécesseurs. Le temps était nuageux avec un ciel couvert au-dessus de nous. Nous volions à 4 200 mètres d'altitude et notre vitesse était de 330 km/h. Lorsque nous survolions la cible, nous nous exposions aux tirs de DCA. Mais en nous éloignant, la menace cessait.

» 20 ou 30 minutes après notre mission, l'artilleur et mon copilote ont soudain signalé qu'un objet étrange nous suivait. Il volait à 450 mètres de notre aile. D'où nous étions, cela ressemblait à un objet sphérique de 1 à 2 mètres de diamètre, d'un rouge orange dense et très lumineux. Il était cerné d'une sorte de halo. Mon artilleur m'a alors dit qu'il passait d'une position "5 heures" [arrière droit] pour se maintenir à notre niveau. Il semblait pulser ou vibrer continuellement. J'ai pensé qu'il s'agissait d'un objet radiocommandé lancé pour nous repérer. J'ai donc tenté de le semer en changeant sans cesse de direction, en négociant des virages à 90 degrés, en descendant à une altitude de 600 mètres. Pendant 8 minutes, il a collé à chacune de nos manœuvres, toujours à une distance de 450 mètres et à une position de "2 heures" [avant droit]. Et puis soudain il a amorcé un virage abrupt à 90 degrés, il a accéléré rapidement et a disparu dans les nuages. »

Sources

NICAP, *The UFO Evidence*, Richard H. Hall Editor, mai 1964, p. 23 • Jerome Clark et Lucius Farish, « *The Mysterious 'Foo Fighters' of World War II* », *UFO Report*, printemps 1975, p. 44 • Timothy Good, *Above Top Secret*, Quill William Morrow 1988, p. 19.

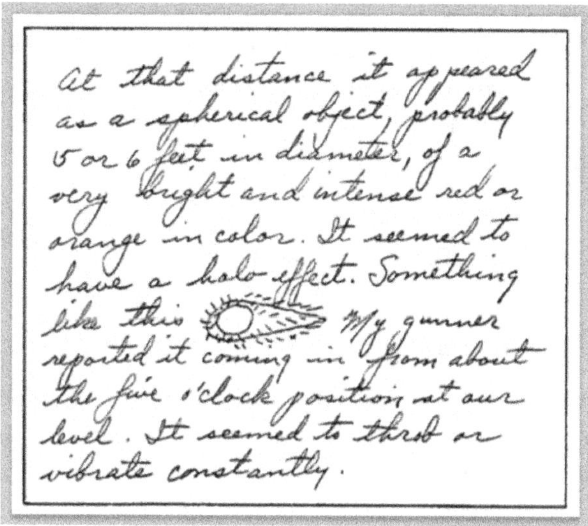

Description et dessin du capitaine Alvah M. Reida

Témoignage du major Augspurger

Commandant du 415e escadron de chasse de nuit américain, ce militaire aperçut, durant l'hiver 1944-45, un *foo fighter*. Sur le coup, il se dit qu'il devait s'agir d'une arme secrète nazie. Mais une fois la guerre finie, il réalisa que ce phénomène n'était ni un avion, ni un jet, ni une fusée. Et encore moins une arme ! Il chercha d'autres explications. Mais ni une fusée éclairante, ni un ballon météorologique, ni la lune ou quelque étoile visible ce soir-là ne pouvaient expliquer cette observation.

En 2003, l'enquêteur et auteur Keith Chester demanda à Augspurger sa théorie sur la nature de cette observation. Celui répondit sans détour : « Eh bien, je pense que c'était un objet extraterrestre. À l'époque, je ne pensais pas du tout à ce genre de chose. Mais du temps a passé, et je pense aujourd'hui que c'était quelque chose qui venait de l'espace. Je crois en ces choses. Ce que nous avons vu... est pour moi extra-terrestre, venu d'ailleurs. Aujourd'hui, j'ai tendance à penser qu'ils étaient descendus sur Terre pour voir ce qu'il s'y passait. »

Le major Augspurger a précisé qu'il a peu évoqué son observation avec son supérieur, le capitaine Ringwald, chef du renseignement. « Nous avons peu discuté de ce que ça pouvait être, et du reste d'ailleurs. Nous avons juste déclaré ce que nous avions vu. Les autres soldats firent de même. J'ignorais vraiment ce que c'était. Il doit y avoir, quelque part, un rapport de mon observation dans les dossiers du renseignement. »

Source

Keith Chester, *Strange Company*, Anomalist Books, 2007, p. 207.

Témoignage du lieutenant Meiers

Dans le *Morning Avalanche* (Lubbock, Texas) du 2 janvier 1945, un officier américain témoigne. Sous le titre « De sinistres *foo fighters* allemands traquent les Yankees au-dessus du pays nazi », voici ce qu'on peut y lire :

« Les Nazis ont lancé une nouveauté dans le ciel nocturne au-dessus de l'Alle-magne. Ce sont les étranges et mystérieux *foo fighters*, ces boules de feu qui volent près des ailes des Beaufighters américains alors en mission d'intrusion au-dessus du Reich. » Cela fait plus d'un mois que les pilotes américains croisent l'étrange *foo fighter* lors de ces vols de nuit. Et personne ne sait précisément ce qu'est cette arme céleste.

» Ces boules de feu surgissent brusquement et accompagnent les avions sur des kilomètres. Elles semblent être radiocommandées depuis le sol et, selon les rapports officiels des services de renseignement, parviennent à suivre les avions volant à 480 km/h.

» Le lieutenant Donald Meiers de Chicago dans l'Illinois déclare : "Il y a trois types de ces lumières que nous appelons *foo fighters*. Le premier type est constitué de boules de feu rouges qui se positionnent à l'extrémité de nos ailes et nous escortent.

Le deuxième type correspond à une rangée verticale de trois boules de feu qui volent devant nos appareils. Et le troisième type est un groupe d'environ 15 lumières qui apparaissent au loin – comme un arbre de Noël dans les airs – et clignotent.»

» Les pilotes de cet escadron de chasse de nuit – en opération depuis septembre 1943 – trouvent que ces boules de feu sont la chose la plus étrange qu'ils aient jamais rencontrée. Ils sont convaincus que ces *foo fighters* sont conçus pour être une arme aussi bien psychologique que militaire. Bien que ce ne soit pas dans la nature de ces engins d'attaquer les avions.

» Meiers poursuit : "Des *foo fighters* sont apparus à 200 mètres de mon avion et m'ont poursuivi sur plus de 30 kilomètres au-dessus de la vallée du Rhin. J'ai viré à tribord et deux boules de feu ont viré avec moi. J'ai viré ensuite à bâbord et elles ont également viré avec moi. Nous volions à 420 km/h et ces boules nous talonnaient.

» "Une autre fois, lorsqu'un *foo fighter* a surgi à mes côtés, j'ai effectué un plongeon à 580 km/h. Malgré cela, il s'est maintenu au bout de mes ailes pendant un moment. Puis il est monté ensuite en chandelle dans le ciel.

» "La première fois que j'ai vu ces choses au bout de mes ailes, j'ai eu cette terrible pensée qu'un Allemand au sol était prêt à appuyer sur un bouton pour les faire exploser. Mais elles n'explosent jamais. Ni n'attaquent. Elles nous escortent seulement comme des feux follets". »

Une coïncidence ?

Mars 1945.

Alors qu'il survole le col du Brenner (qui sépare l'Autriche de l'Italie), un pilote aux commandes de son B-25 aperçoit un *foo fighter*. L'objet, qui a surgi de nulle part, pareil à une étoile filante, vient se caler à 1 mètre de l'aile droite de l'appareil. Il s'agit d'une sphère lumineuse et blanche, de la taille d'un ballon de basket-ball. Le *foo fighter* escorte l'avion durant 2 à 3 minutes, puis décroche subitement pour disparaître en filant dans le ciel.

Le lendemain, notre pilote est à nouveau en mission (mission n° 38). Mais son avion est abattu au-dessus du Brenner. Tout l'équipage y perdra la vie… sauf lui qui s'en sort miraculeusement. Coïncidence ?

Source

Michel Bougard, *La Chronique des Ovni*, Jean-Pierre Delarge, 1977, p. 273.

Témoignage du major Paul A. Duich

Juillet 1945.

Un bombardier B-29 est suivi, lors d'un vol de nuit au-dessus du Japon, par un *foo fighter*. L'équipage au complet est témoin du phénomène. Le major Paul A. Duich, alors mécanicien de bord et aujourd'hui à la retraite, témoigne :

« Le *foo fighter* que mon équipage a d'abord vu était de couleur orange. Il a suivi notre avion sur des kilomètres et des kilomètres. Il était proche de la queue de l'appareil, sur la gauche. Difficile de savoir à quelle distance il se trouvait car c'était un vol de nuit. Autour de nous, c'était le noir total à l'exception des lumières qu'on apercevait plus bas sur le sol. On avait pour mission de bombarder la ville de Sasebo, au Japon. Le mitrailleur en chef qui gérait l'artillerie de notre bombardier B-29, et qui était positionné en queue, a finalement tiré ! On a vu les balles traçantes se diriger droit sur l'objet. Mais il ne s'est rien passé.

» Et puis rapidement, cette chose a décroché. Elle a effectué une sorte de plongeon, a glissé sous notre appareil et est venue se positionner à notre droite. Nous qui étions devant, nous pouvions alors la voir. C'est d'ailleurs là que j'ai pu l'observer. C'était une grosse boule... comme du gaz ionisé, c'est du moins le terme qu'on utiliserait aujourd'hui. Ça nous a donné la chair de poule. À l'époque, nous pensions qu'il s'agissait d'un dispositif japonais secret, probablement conçu par les Allemands. Je dois préciser que nos collègues en Europe pensaient également qu'il s'agissait d'une arme allemande tandis que les pilotes allemands, eux, étaient persuadés qu'il s'agissait d'une arme des Alliés. Chacun accusant l'autre, personne n'a jamais vraiment su de quoi il s'agissait. »

Source

Double album vinyle *Factual Eyewitness Testimony of UFO Encounters*, Investigative Research Associates 1978.

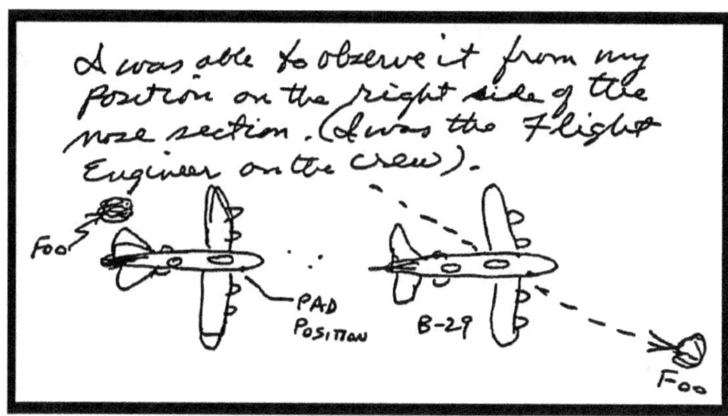

Description et dessin du major Paul A. Duich

Des perturbations en vol

28 août 1945.

Un avion C-46 vole au-dessus de l'océan Pacifique, vers Tokyo. Trois semaines auparavant, les deux premières bombes atomiques ont été larguées sur Hiroshima (6 août 1945) et Nagasaki (9 août 1945). Un des occupants, le sergent Leonard Stringfield, raconte :

« J'étais l'un des douze spécialistes de la 5ᵉ armée de l'air embarqués à bord d'un C-46 allant de Ie Shima à Iwo Jima où l'on devait faire une escale technique... [...] Nous volions à 3 000 mètres, dans un ciel de grand soleil, lorsque je vis par un hublot de tribord, et à ma grande stupeur, 3 objets en forme de poire. Ils étaient d'un blanc éclatant, comme du magnésium brûlant. Ils approchaient du C-46 tout en volant parallèlement. Tout à coup le moteur de gauche flancha. Je devais apprendre plus tard que les aiguilles magnétiques des appareils de navigation étaient devenues folles. Le C-46 s'enfonçait. L'huile jaillissait du moteur défaillant. Le pilote donna l'alerte. On prévint l'*équipage et les passagers de se tenir prêts au plongeon. Je ne me souviens pas de ce que j'*ai pensé ou fait pendant les minutes horribles qui suivirent. La dernière vision fugitive que j'eus des 3 engins, c'est qu'ils étaient à environ 20 degrés au-dessus de nous. Puis, toujours en formation serrée, ils disparurent dans un banc de nuages. Aussitôt notre moteur défaillant se remit à tourner rond. L'avion reprit de l'altitude et nous mena sans encombre à Iwo Jima. »

Marqué par cet épisode, Leonard Stringfield devint par la suite un ufologue renommé. Il collabora notamment avec le CRIFO, le CUFOS, le NICAP et le MUFON, quatre groupes d'études américains étudiant le phénomène. Et rédigea plusieurs ouvrages sur le sujet.

Sources

Leonard Stringfield, *Alerte générale : Ovni*, France Empire, 1978, pp. 27-28 • *UFODATA Magazine*, septembre-octobre 2007, pp. 34-35.

Une canette de bière écrasée

Dans le numéro du *Nashville Tennessean Magazine* du 30 octobre 1966, Joe Thompson Jr. raconte son expérience de pilote durant la Seconde Guerre mondiale et sa rencontre avec les *foo fighters*.

Major dans le 109e escadron de reconnaissance statique, Thompson commandait près de 45 pilotes, qui volaient tous sur Mustang P-51.

« Lorsque le temps était trop mauvais pour décoller, je faisais le tour et discutais avec les hommes. Je leur demandais ce qu'ils avaient vu durant leur mission. Plus d'une fois, ils avouèrent avoir croisé des *foo fighters*. »

Chacun y allait de sa description. Le capitaine Frank Robinson, originaire de Californie, précisa que le sien ressemblait à « une canette de bière écrasée ». D'autres pilotes évoquèrent plutôt « des balles de tennis » ou des « ballons de football », mais de taille plus conséquente. Le capitaine Robinson les a vus monter vers lui depuis le sol. Tous ces pilotes étaient persuadés qu'il s'agissait d'une arme allemande.

« On pensait que l'ennemi les utilisait pour détecter l'altitude de nos avions, afin d'ajuster avec précision leurs tirs de défense. »

Et puis un jour, le major Thompson en aperçut au-dessus de la vallée du Rhin. « Ils ne ressemblaient pas à une cannette de bière écrasée, se souvient-il. Notre pilote avait pour mission de faire des photos de reconnaissance. Après avoir pris quelques clichés, nous nous dirigions vers un nouveau point stratégique à photographier lorsque mon coéquipier s'écria : " Bogeys à 9 heures !"[3] Au niveau de mon aile, un peu au-dessous de nous, en direction de Cologne, j'ai aperçu 4 ou 5 objets qui ressemblaient à des ballons argentés. J'avais l'impression qu'ils étaient immobiles. Mais ils devaient avancer parce qu'ils ne nous lâchaient pas. L'espace d'un

---

3. « Bogey », terme employé par les militaires pour désigner un objet volant inconnu.

instant, j'ai pensé qu'il s'agissait d'un dispositif de l'ennemi. Je les ai observés, me demandant ce qu'ils allaient faire. Mais ils se sont contentés de nous suivre. Lorsque nous avons fait demi-tour, je me suis dit qu'ils n'étaient pas d'une grande utilité pour l'armée allemande. »

De retour à la base, Thompson rapporta son observation à l'officier chargé du renseignement. Puis il cessa d'y penser. Il faut dire que la guerre faisant rage, les raids se succédant, l'urgence de survivre était la principale préoccupation des soldats. Les pilotes du 109e escadron n'ont jamais tenté de poursuivre ces *foo fighters* car, disaient-ils, ceux-ci ne les ont « jamais importunés ».

Source

UFO monthly.com n° 37, juin 2007, pp. 25-26.

La presse s'empare du phénomène

La presse britannique a exercé une censure certaine concernant ces *foo fighters*. Il faut donc se rendre outre-Atlantique pour trouver les premiers articles concernant le phénomène. Le 2 janvier 1945, *The New York Times* publie un article intitulé « Des boules de feu traquent les avions de chasse américains lors d'assauts de nuit au-dessus de l'Allemagne ». Le *Post Dispatch* du 2 janvier rapporte l'observation du capitaine Fred E. Ringwald, qui participait à un vol après avoir entendu de nombreux rapports concernant ces *foo fighters*. Il raconte : « J'ai vu des lumières sur ma droite et j'en ai alors avisé mon pilote. Celui-ci m'a répondu : "C'est juste les lumières de la colline." J'ai regardé dans cette direction pendant plusieurs minutes et je lui ai rétorqué : "Eh bien, cette colline s'est considérablement rapprochée de nous à présent." »

15 janvier 1945, le *Times* déclare : « Si ce n'est pas un canular ou une illusion d'optique, c'est certainement l'arme la plus mystérieuse et la plus secrète que les Alliés puissent rencontrer. [...] Personne ne semble savoir à quoi servent ces boules incandescentes. Les pilotes pensent qu'il s'agit d'une nouvelle arme psychologique... »

Toujours le 15 janvier, *Newsweek* rapporte l'observation d'un des pilotes de la 415e escadrille et conclut : « Probablement liés aux apparitions de boules argentées aperçues de jour par des pilotes (article paru dans notre numéro du 25 décembre 1944), les *foo fighters* déroutent les officiers du renseignement. Ils sont peut-être un dispositif antiradar mis au point par les Allemands. »

22 janvier 1945, le journal américain *Current Science and Aviation* écrit sur ces phénomènes : « La dernière arme aérienne nazie s'appelle *foo fighter*. Ces mystérieuses boules rouges ou argentées suivent les avions alliés à des vitesses atteignant 480 km/h. Nous n'avons toujours pas déterminé quelle est leur fonction exacte. Ces boules ne frappent pas nos avions, mais accompagnent leurs vols puis s'évanouissent en un éclair, loin des regards. Visiblement radiocommandées, elles seraient une arme d'intimidation psychologique. »

Enfin, il faut citer *The American Legion Magazine*, daté de décembre 1945, qui publie, sous la plume de Jo Chamberlin, un article de 4 pages intitulé « Le mystère des *foo fighters* », qui reste encore aujourd'hui la référence ultime sur le sujet.

Il est intéressant de noter ici que chaque belligérant croit que ces boules mystérieuses sont une arme nouvelle mise au point par l'ennemi. Pour l'Amérique, pas de doute, il s'agit d'une arme nazie. Pour les Allemands, c'est une arme américaine. Pour les Japonais, une arme russe. Ces sphères volantes sèment partout la confusion.

En-tête de l'article de Jo Chamberlin dans la revue The American Legion Magazine.

Un mystère qui perdure

On sait que le sujet interrogea les hautes instances de l'armée. La première étude officielle américaine concernant les Ovnis débuta en 1943, lorsque des pilotes de la Seconde Guerre mondiale rapportèrent que des objets lumineux suivaient leurs appareils au cours de vols de nuit. On trouve dans les archives de l'US Air Force, en date du 21 février 1952, un courrier rédigé par un certain Albert Rosenthal et adressé au Service de renseignement de l'armée de l'air, rapportant ceci : « Pendant l'hiver 1944-45, j'étais contrôleur tactique dans la 64ᵉ escadre de chasse, renfort de la 7ᵉ armée basée en France et en Allemagne. La 415ᵉ escadrille des chasseurs de nuit, pilotant des Beaufighters, volait sous notre contrôle. Quand il n'y avait pas d'affrontements aériens avec l'ennemi, ils faisaient du repérage d'intrus au sud-ouest de l'Allemagne. Nous avons reçu à plusieurs reprises des rapports émanant des équipages de ces Beaufighters concernant des phénomènes étonnants, qu'ils baptisèrent *foo fighters*. Parfois, ces engins semblaient être associés à un tir antiaérien, à d'autres moments, ils explosaient lorsqu'ils étaient poursuivis. On a rapporté qu'ils ont été quelquefois détectés par les radars à identification automatique.

» Nous n'avons jamais résolu le problème, ni découvert ce qu'ils étaient. Les théories avancées comprenaient les feux de Saint-Elme (un phénomène d'électricité statique), les ballons de barrage allemands, les météores ou les Gremlins[4] de la Forêt-Noire toute proche. Et bien sûr, nous soupçonnions la possibilité d'une nouvelle arme secrète. »

On trouve également, datée du 23 avril 1952, une lettre du lieutenant-colonel W. W. Ottinger de l'*Intelligence's Evaluation Division*, qui affirme qu'une évaluation du phénomène a été menée à la fin de la guerre. Cette étude ne fut jamais rendue publique.

Comme quoi, même en 1952 – et bien qu'ils aient disparu depuis plusieurs années –, on s'interrogeait encore sur la nature de ces *foo fighters*.

---

4. Les pilotes de la RAF, puis de l'US Air Force, attribuaient les problèmes mécaniques de leurs moteurs ou les crashs inopinés d'avions à des Gremlins, créatures semblables à des lutins ou des gnomes. Ces farfadets facétieux et malveillants, assis sur les ailes des avions, pouvaient, disait-on, modifier le pas de l'hélice, souffler des particules dans les pipes d'admission, mélanger des liquides incompatibles avec le carburant, empêcher le train d'atterrissage de s'abaisser, perforer les empennages ou accumuler de la glace sur les ailes... Une étonnante survie d'anciennes croyances.

Quelques explications

On a maintes fois tenté d'expliquer la nature de ces phénomènes. Voici quelques hypothèses suggérées.

1. La foudre en boule

Peu probable, car la foudre en boule est un phénomène naturel qui dure peu de temps. Or certains témoignages précisent que ces « boules incandescentes » suivaient les avions sur de nombreux kilomètres, durant 40 minutes. Et comment expliquer que ce phénomène se soit manifesté aussi souvent durant ces années d'hostilité ? Alors qu'il n'apparut ni vraiment avant, et ni après la Seconde Guerre mondiale.

2. Des flares ou fusées de positionnement lancées par l'ennemi pour repérer les avions

À cela, la 415e escadrille de chasseurs américains répondit en riant : « Impossible, nous n'avons jamais vu des *flares* plonger, se détacher à grande vitesse des avions en vol ou négocier d'impressionnants virages. »

3. Des bombes volantes

Aucun *foo fighter* n'a explosé ni causé de pertes aux escadrons de toutes nationalités. De plus, ces « objets » ne comportaient ni ailerons, ni fuselage.

4. Des feux de Saint-Elme

Le Dr Martin D. Altschuler évoqua l'hypothèse de feux de Saint-Elme, un plasma créé par effet de couronne. Au chapitre 7 du *Rapport Condon*[5] (p. 1173), il nota : « La différence entre la foudre en boule et les feux de Saint-Elme, c'est que ces derniers restent toujours attachés à leur surface conductrice. On les a pourtant vus se déplacer, en pulsant, le long de câbles ou sur la carlingue des avions. Les *foo fighters* sont probablement une de leurs manifestations. » Or cela est peu envisageable, car ces effets plasma sont instables et ont une durée de vie ultracourte. De plus, étant fixes, on les aperçoit, immobiles, autour de mâts de bateau, de flèches d'église, d'ailes d'avion... Comment alors expliquer que les *foo fighters*, eux, filaient

---

5. Cette « étude scientifique des objets volants non identifiés » fut supervisée par le physicien Edward U. Condon. Elle résulte d'un contrat signé le 6 octobre 1966 entre le vice-président de l'université du Colorado et l'US Air Force. Un dossier final de 965 pages fut remis le 31 octobre 1968 à l'état major nord-américain. Ce projet – qui conclut que l'étude des Ovnis ne pouvait être justifiée dans l'espoir de faire progresser la science – fut mené durant deux ans et coûta la somme de 500 000 dollars à l'US Air Force. L'informaticien et astronome Jacques Vallée qualifia la commission Condon « d'enterrement du sujet Ovni » et son rapport de « permis d'inhumer ».

à des vitesses prodigieuses, seuls ou en formation parfaite, indépendamment de tout conducteur ? Enfin, les feux de Saint-Elme supposent des conditions de formation (météorologiques ou autres) tout à fait exceptionnelles.

5. Des hallucinations

Peu crédible, car des équipages entiers les ont aperçus. On a également parlé de reflets sur les hublots, ce qui n'est guère défendable non plus, car ils furent observés sous des angles différents et parfois par deux bombardiers en même temps.

6. Un effet de persistance rétinienne

Cela peut arriver après avoir perçu un tir de DCA ou les flashs d'un avion ennemi. Mais de nombreux pilotes ont observé ce phénomène dans un ciel calme et désert. De plus, tout phénomène attribuant à l'œil une image rémanente est fort bref (environ 1/25ᵉ de seconde sur la rétine).

7. Une arme secrète nazie

Ce fut l'hypothèse la plus citée. S'il s'agissait vraiment d'une arme, la première chose que l'on peut dire c'est qu'elle fut peu efficace. Cela soulève donc un gros doute. Pourtant, des auteurs comme Renato Vesco persistent. Dans son ouvrage intitulé *Man-Made UFOs: World War II's Secret Legacy*, il affirme que durant la Seconde Guerre, un des projets nazis les plus réussis fut justement ce *Feuerball*, autrement dit le *foo fighter* qui, tant de fois, escorta les équipages américains et britanniques. Il le décrit ainsi : « Il était circulaire et blindé, ressemblant plus ou moins à la carapace d'une tortue. Il était propulsé par un turboréacteur spécial, également plat et circulaire... qui générait un halo de flammes lumineuses. C'est pour cela qu'il fut nommé *Feuerball* (« boule de feu »). Il n'était pas armé et fonctionnait sans pilote. Radiocommandé au moment du décollage, il suivait alors automatiquement les avions ennemis, attirés par les flammes de leur échappement. Il s'approchait alors très près des appareils, sans qu'il y ait de collision, pour détruire leur équipement radar. » Renato Vesco explique que ces *foo fighters* ressemblaient à des disques argentés le jour. Et, la nuit, prenaient la forme de sphères.

Or, le phénomène est apparu dans trop d'endroits différents pour être raisonnablement une arme secrète. De plus, s'il s'agissait réellement d'armes secrètes, il est raisonnable de penser qu'aucun département de guerre n'aurait lancé dans ces ciels d'affrontements autant de nouveaux prototypes. Ceux-ci auraient pu être aisément descendus ou interceptés. Et leurs secrets percés à jour.

Source

Renato Vesco et David Hatcher Childress, *Man-Made UFOs: World War II's Secret Legacy*, Adventures Unlimited Press, 2007.

Fascinants, ces *foo fighters* restent encore aujourd'hui le domaine d'étude le plus négligé de l'histoire de l'ufologie. Ce phénomène indépendant, capable de changer de vitesse et de forme, disparut des cieux d'affrontements dès la fin du conflit, aux derniers jours de l'année 1945. On crut alors que nos cieux avaient soudain retrouvé leur quiétude. On se trompait...

Pour aller plus loin

Gordon I. R. Lore et Harold H. Deneaul, *Mysteries of the Skies*, Prentice Hall, 1968.

Keith Chester, *Strange Company: Military Encounters with UFOs in World War II*, Anomalist Book, 2007.

III. La vague belge (1989-1991)

Entre 1989 et 1991, la Belgique fut massivement survolée par des objets inconnus gigantesques. Ce pays d'Europe de l'Ouest, frontalier de la France, fut le siège d'une vague d'Ovnis remarquable. Des témoins crédibles, tels que des gendarmes et des militaires haut gradés, furent confrontés à ces mystérieux engins. Et eurent le courage de s'exprimer. Certains les ont même filmés et photographiés.

Cette vague belge reste un événement à la fois dense, solide et exceptionnel. D'autant plus – et c'est une première – que la Gendarmerie et la Force aérienne belge collaborèrent avec l'association ufologique locale, la Société belge d'étude des phénomènes spatiaux (SOBEPS).

Lucien Clerebaut, cofondateur et secrétaire général de cette SOBEPS, se souvient : « En contact téléphonique presque quotidiennement avec des témoins pendant dix-huit mois d'une véritable avalanche d'observations, et ayant eu souvent l'occasion de les rencontrer sur le terrain, j'ai évidemment essayé de cerner ce qu'ils avaient vu. Plus de 300 cassettes de communications téléphoniques ont été enregistrées. Les lettres des témoins et les rapports d'enquête rassemblés au secrétariat de la SOBEPS forment un dossier qui compte actuellement plusieurs dizaines de milliers de pages. [...] En fait, toute la phénoménologie de la vague belge semble être calquée sur un savant mélange de "je me montre suffisamment pour qu'ils s'étonnent, mais sans trop, pour ne pas les bouleverser". »

Quels étaient donc ces engins qui jouèrent, dans un flottement de valse étrange, avec voitures et citoyens stupéfaits ?

Portrait-robot du phénomène

Les objets décrits par les témoins sont principalement des plateformes ayant la forme d'un triangle. Ces engins se déplacent à basse altitude, à moins de 50 mètres du sol. Et parfois à seulement 5 ou 10 mètres des témoins. Ils sont généralement silencieux, ou émettent un bruit très faible, comme « le bourdonnement d'une turbine électrique ».

Ils mesurent entre 35 et 70 mètres d'envergure. Selon certains témoins, ils peuvent être gigantesques, pouvant atteindre « la taille d'un terrain de football ».

Détail récurrent : ils sont dotés de phares puissants à chaque angle, produisant une luminosité blanche. Ces phares ont un diamètre estimé entre 2 et 4 mètres ! Ils éclairent le sol « sur une large surface ». « C'était comme si l'on se trouvait au mois d'août, à midi, en plein soleil », rapporte un témoin.

Caractéristique étrange : ces triangles – aux coins cassés ou arrondis – sont équipés, en leur centre, d'une sorte de gyrophare rouge orange pulsant. Cette source lumineuse a la faculté de se détacher parfois de l'engin et de se déplacer à sa guise. Elle semble composée « d'une grappe de lumières » qui peuvent s'éparpiller dans toutes les directions.

Ces engins se déplacent généralement lentement. Et sont capables de faire du surplace. Mais ils peuvent démarrer à des vitesses fulgurantes, négocier des virages très serrés et disparaître en un éclair.

Durant ces 18 mois d'observations, contrairement aux vagues internationales plus anciennes, on ne signala ni atterrissage, ni perturbations électromagnétiques (arrêt de moteurs, effet sur les téléviseurs ou radios...).

D'autres formes furent observées au cours des 18 mois de cette vague exceptionnelle. Nous y reviendrons ultérieurement.

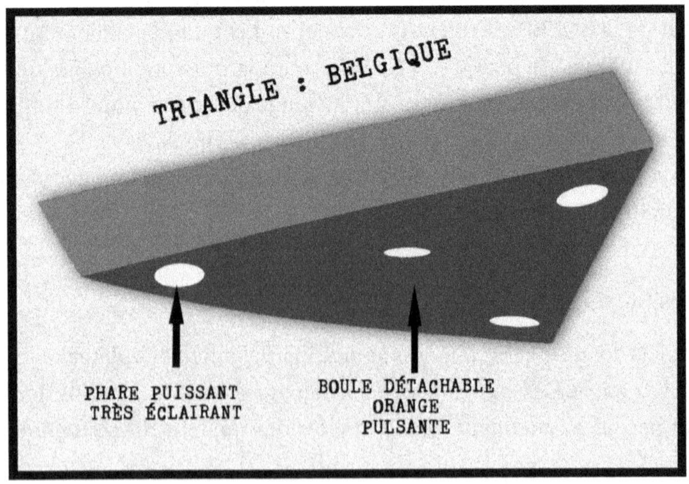

Les témoins

Après avoir dressé le portrait du phénomène, il est intéressant de brosser celui des témoins. Ce sont, en grande majorité, des personnes considérées comme « dignes de foi » par les enquêteurs. Le 6 décembre 1989, Lucien Clerebaut déclarait au quotidien *Le Soir* : « En général, nous n'avons pas noté de tendance à l'exagération. La plupart des témoignages nous semblent comporter des accents de vérité flagrants. »

Ces témoins sont des gendarmes, des journalistes, des infirmières, des avocats, des militaires, des ouvriers, des médecins, des enseignants ou des ingénieurs... Parmi les milliers de citoyens concernés, on citera, pêle-mêle, un major de la division Mobilisation, un chômeur, un membre de l'OTAN, un abbé, un inspecteur adjoint du ministère, un artiste-peintre, un prévisionniste météo ou un ingénieur en construction aéronautique.

Le professeur Auguste Meessen note, lui, que le phénomène Ovni est « éminemment démocratique ». En effet, il se présente à tous, n'effectue aucun tri, se soucie peu des niveaux d'éducation et des hiérarchies sociales. En Belgique, comme partout, il se manifesta de façon ostentatoire à qui se trouvait là.

On évoque souvent son côté « clandestin ». De là à l'imaginer en virtuose de l'effraction, prompt à fuir l'uniforme des hommes de loi, il n'y a qu'un pas... Pourtant, rien de plus faux durant cette vague belge. Un grand nombre de gendarmes furent confrontés à ces mystérieux objets volants et purent témoigner. Notamment ceux des brigades d'Eupen, de Lasne, de Belœil, de Namur ou d'Esneux. Voici l'un des exemples, hautement emblématique, qui marqua le début « officiel » de la vague belge.

Une première rencontre fondatrice

Date : 29 novembre 1989.
Lieu : route N68 entre les villes d'Eupen et d'Eynatten.

17 h 15.

La nuit vient de tomber. C'est une fin de journée plutôt froide, avec un ciel dégagé et une excellente visibilité. Deux gendarmes – Heinrich Nicoll et Hubert Von Montigny – patrouillent à une trentaine de kilomètres à l'est de la ville de Liège.

Alors qu'ils arrivent entre Kettenis et Merols, à la hauteur de « Grosse Weide », les deux hommes aperçoivent, au bord de la N68, un champ éclairé avec une telle intensité qu'ils en sont très surpris. Un des gendarmes dira que « l'éclairage était aussi puissant que celui d'un stade de football ». Et si puissant qu'il aurait pu lire le journal du jour sans effort.

Les gendarmes ralentissent. D'où vient cet étrange éclairage ? En levant les yeux, ils découvrent un immense engin triangulaire, une plateforme portante plus exactement, en vol stationnaire au-dessus de la prairie. Ce « triangle isocèle à large base » mesure entre 30 et 35 mètres de largeur sur 2 mètres d'épaisseur. Il est parfaitement immobile, à 120 mètres du sol

L'engin est équipé de trois gros projecteurs, un dans chaque angle, orientés vers le bas. Et d'une sorte de « gyrophare rouge » clignotant en son centre. Ce sont ces trois projecteurs qui braquent un faisceau aveuglant sur le sol. Ce qui frappe nos gendarmes, c'est que l'objet est absolument silencieux, et n'émet aucun bruit.

Soudain l'objet s'anime. Il se met en mouvement, « pointe en avant », se déplaçant parallèlement à la route, dans le même sens que la camionnette de service. Les deux hommes estiment sa vitesse à 60 km/h. Tout en le suivant de près, ils contactent la caserne d'Eupen et demandent qu'on s'informe auprès du camp militaire de Elsenborn. Y a-t-il des manœuvres spéciales en cours avec des engins non conventionnels ? On leur répond alors par la négative.

L'objet finit par s'immobiliser au-dessus de la ville d'Eupen. Il reste environ 30 minutes à l'aplomb de la municipalité. De très nombreuses personnes l'aperçoivent, dont un officiel de la ville, un directeur d'école, un brigadier des Eaux et Forêts, et un entrepreneur... Puis il se déplace à nouveau pour s'immobiliser cette fois au-dessus du lac de la Gileppe, « un peu à gauche de la tour éclairée ». Il reste près d'une heure, immobile au-dessus du point d'eau.

Soudain, nos deux témoins assistent à un bien curieux spectacle. L'engin émet à plusieurs reprises, en direction opposée, deux faisceaux horizontaux de lumière rouge, d'une longueur d'un kilomètre. À la pointe de ces faisceaux, on distingue comme une boule rouge. Puis ces faisceaux disparaissent et « ces boules de feu » retournent aussitôt dans l'engin. Les gendarmes n'en croient pas leurs yeux. Un des hommes compare cela aux flèches que les plongeurs tirent dans l'eau. « La flèche part très vite, mais retenue par un fil, le plongeur peut la ramener lentement vers lui. » L'autre gendarme pense plutôt « à des balles attachées à un fil élastique, lancées au moyen d'une raquette ». Tout cela semble surréaliste. Mais nos témoins ne sont pas au bout de leur surprise !

18 h 45.

Soudain, de derrière le bois de sapins proche, surgit un second appareil ! Ce triangle ralentit puis bascule vers l'avant en amorçant un virage. Nos témoins distinguent parfaitement, sur la partie supérieure du fuselage, un dôme, plus précisément une coupole comme une calotte sphérique au centre d'une plaque peu épaisse. Cette coupole « est pourvue de fenêtres rectangulaires, éclairées de l'intérieur ». Finalement, les deux objets s'éloignent, l'un vers le nord et l'autre vers le sud-ouest.

Cette observation – même si elle ne fut pas la toute première de cette année 1989 – marque pourtant le début de ce qu'on appellera désormais « la vague belge ». Le fait que deux gendarmes osent témoigner a sans doute crédibilisé le phénomène et permis son émergence à la fois dans les médias et auprès des hautes instances.

Au cours de cette soirée du 29 novembre, 143 observations de phénomènes aériens non identifiés (PAN) furent signalées dans la région d'Eupen, à 30 kilomètres de la ville de Liège. Et 13 gendarmes ont aperçu ces mystérieux engins en 8 lieux différents. On estime qu'un total de 1 500 personnes ont été témoins, ce jour-là, de ces singuliers objets volants !

Cette observation illustre la couverture du magazine ufologique italien *UFO* n° 9, paru en janvier 1991.

La presse se déchaîne

30 novembre 1989

Dans son édition de 19h30, le journal télévisé de la RTBF diffuse un premier reportage sur les énigmatiques triangles du ciel belge. La SOBEPS est alors assaillie d'appels.

1er décembre

La presse s'empare du phénomène. Un premier article paraît dans *Le Soir* et dans *La Libre Belgique*. *Le Jour* et *L'Avenir*, un quotidien du Luxembourg, titrent dès le lendemain : « Les Ovnis persistent et signent. »

6 décembre

Le Soir affiche en première page : « Ovnis belges : témoins à la pelle ».

8 décembre

Les témoignages affluent. On parle désormais d'une « épidémie d'Ovnis ». On tente de donner une explication au phénomène : avion prototype, projection laser, ULM, AWACS... Le journaliste Daniel Conraads précise dans le quotidien *Le Soir* : « De son côté, le ministère de la Défense nationale a cependant catégoriquement affirmé qu'aucun vol de prototype ne s'était déroulé ces derniers jours en Belgique. »

11 décembre

La SOBEPS obtient un rendez-vous à l'état-major de la Gendarmerie. Elle devient, à sa grande surprise, le relais officiel entre les témoins et les autorités. Un Télex envoyé l'après-midi à toutes les brigades de gendarmerie francophones demande de faire suivre toutes informations relatives aux Ovnis à l'association. C'est une première ! Ce jour-là, la vague prend une ampleur considérable, s'étendant sur quasiment tout le territoire.

Un témoignage pris au sérieux

Date : 11 décembre 1989.
Lieu : entre Ernage et Gembloux.

Notre témoin, monsieur André Amond, est lieutenant-colonel à la Force terrestre belge. On comprend donc pourquoi son récit fut pris d'emblée au sérieux.

18 h 45.

Ayant quitté Ernage en voiture où ils résident, monsieur André Amond et Chantal, son épouse, se rendent à la gare de Gembloux chercher leur fils.

Soudain, au niveau de la ferme du Sart Ernage, monsieur Amond aperçoit dans le ciel « une série de trois ou quatre panneaux de lumière » qui se déplacent selon une trajectoire nord-sud. Ces panneaux planent à une altitude d'environ 200 et 300 mètres.

Sous cette série de panneaux, on distingue très au centre, un gyrophare rouge étonnant qui, selon notre témoin, « ne correspond absolument pas aux clignotants rouges qui se trouvent sur les avions classiques et qui scintillent comme des étoiles ».

L'objet – car c'en est un – progresse à une vitesse de 50 km/h. Monsieur Amond se gare sur le bas-côté. Il raconte : « Pour continuer mon observation, je m'arrête sur le point culminant de cette route de campagne, situé directement après la ferme du Sart Ernage. Mon épouse ouvre la vitre de la voiture. L'Ovni, qui se déplace lentement sur ma droite, me dépasse et continue son chemin... Cette partie de l'observation a duré entre 2 et 4 minutes.

Ensuite, l'Ovni s'est brusquement dirigé dans notre direction. Seul un phare de lumière blanche, énorme, plus gros qu'un phare de gros transporteur aérien, était visible. Ici, une certaine appréhension me saisit. Mon épouse prend peur et me demande de redémarrer. [...] L'objet, avec cette énorme masse lumineuse anormale, se montre un peu agressif, d'autant plus que nous n'entendons aucun bruit de moteur... Cet engin était silencieux ! »

Monsieur Amond redémarre. Sur l'engin, le gros phare lumineux disparaît et est remplacé par trois phares moins importants qui forment un triangle équilatéral. Au centre, à nouveau, le gyrophare rouge réapparaît. L'objet effectue alors une manœuvre en vol cabré. « La manœuvre faite par l'engin est majestueuse, lente. Le virage est serré. »

Au final, les trois phares lumineux s'éteignent. L'Ovni reprend son assiette. Seul le gyrophare reste un moment visible tandis que l'engin se fond dans les profondeurs de la nuit.

Le lendemain de l'observation, équipé d'une caméra vidéo, monsieur Amond retourne sur les lieux. « Je suis allé plusieurs fois de suite à la même place. En vain. Après hésitation, peur du ridicule, j'ai adressé une note au cabinet du ministre de la Défense nationale, relatant les faits. Pour moi, c'est clair. Il ne s'agissait pas d'un AWACS, ni d'un ULM, ni d'un hélicoptère, ni d'un hologramme. »

Une éducatrice et ses élèves

Cette nuit du 11 au 12 décembre 1989 restera marquée par un nombre important d'observations. En voici une seconde.

Lieu : sud de Malonne.

18 h 45.

Mlle Lucie G. est éducatrice. Trois élèves de l'Institut médico-pédagogique Reumonjoie sont également présents.

Les élèves, soudain excités, appellent Melle G. afin qu'elle puisse observer « une chose bizarre dans le ciel ». Elle raconte :

« Je suis sortie du bungalow G. et dans la direction de Malonne, vers le nord, j'ai vu un objet mystérieux qui volait très bas et très lentement au-dessus des arbres qui, dans cette direction, occupent tout l'horizon. Ma première observation eut lieu à l'azimut 300. L'objet se dirigeait d'ouest en est. J'ai cru distinguer une masse sombre pourvue de trois phares très lumineux disposés en triangle isocèle, pointe en avant, et d'une sorte de tache lumineuse en son centre, mais au-dessus. L'objet volait au ras des arbres, donc son altitude était d'environ 50 mètres et la distance d'environ 1 000 mètres. Le diamètre apparent correspondait à celui de la pleine lune. Arrivé à l'azimut 030, c'est-à-dire à l'endroit où il y a une petite dépression dans le bois à l'horizon, l'objet a marqué un bref temps d'arrêt, puis a rebroussé chemin jusqu'à l'azimut 300. Ce manège se produisit 3 à 4 fois pendant la durée de l'observation, soit 10 minutes.

» J'avais entendu parler des Ovnis par les médias, mais je n'ai pas réalisé que cela ait pu en être un. En tous cas, ce n'était ni un avion, ni un ULM, ni un hélicoptère. Il est possible, à la réflexion, que la tache lumineuse au-dessus de l'objet eût une forme de coupole. L'observation s'est terminée quand l'objet a disparu derrière le bois à l'azimut 030. »

Les élèves, âgés de 14, 17 et 18 ans, ont corroboré le récit de l'éducatrice. Même si la description de l'objet, selon chacun, diffère quelque peu.

Diverses formes d'Ovnis

Si l'Ovni le plus fréquemment aperçu ressemble à un triangle large, il serait réducteur de prétendre qu'il fut l'unique objet volant de la vague belge. L'éventail d'étrangeté du phénomène laisse pantois. Les témoins disent avoir aperçu un florilège de mystérieux engins aux formes totalement baroques. Parmi les milliers de rapports, on recense, pêle-mêle, des « soucoupes » bien rondes, une « étoile triangulaire », une « coquille Saint-Jacques », un « carré parfait », un « cube illuminé », des « cônes », des « boomerangs », des quadrilatères, un diamant, des rectangles, une « toupie », un « porte-avions renversé », un « fer à repasser », un « lit volant », un « casque profilé de coureur cycliste », une « sphère brune », une « torpille », des cigares, « une grosse boîte sale », des trapèzes, des engins ovales, une « assiette », un « cendrier rond »... Bref, une quincaillerie céleste protéiforme.

Voici d'ailleurs, pour exemple, un objet étonnant aperçu non loin de Liège.

Un vieux *Nautilus*

Date : 11 décembre 1989.

Lieu : les Piétresses, un quartier résidentiel sur les hauteurs de la commune de Jupille-sur-Meuse, dans la banlieue de Liège.

2h05 du matin.

Notre témoin, monsieur I. F., ingénieur de 36 ans, marié et père d'une petite fille, est profondément endormi. Soudain, un bruit insolite le réveille. Il pense que le circulateur de sa chaudière est détraqué. Il se lève, enfile une veste car, pour aller vérifier la chaufferie, il faut sortir dans le jardin.

Après vérification, la chaudière fonctionne parfaitement. Il réalise que le bruit singulier provient en fait de la rue.

Notre témoin retourne dans sa cour. Et de là… aperçoit un étrange objet stationnaire, à l'aplomb de la route qui monte vers Beyne-Heusay.

L'engin, qui mesure une vingtaine de mètres, s'appuie sur un sapin dont la cime ploie dangereusement. Il ne ressemble pas du tout aux triangles que la presse décrit depuis des semaines. Non, il a « une forme d'œuf », plus arrondi vers l'avant. On distingue, sur son « nez », une sorte de pare-brise de couleur sombre, non éclairé, qui a l'aspect « d'un vitrage en plexiglass ».

L'objet semble composé de métal gris mat. Le témoin précise que cet aspect mat, sans aucun reflet brillant, « ressemble à une carrosserie de voiture qui aurait été sablée avant d'être repeinte ».

Une bande horizontale ceint l'Ovni. Le long de cette bande sont réparties plusieurs lampes « d'un éclat bleuté et rougeâtre, comparable aux lueurs produites par la soudure à l'arc ».

À l'arrière de l'objet, le témoin remarque un orifice « dans lequel est planté une sorte d'aileron ou de rame, du même aspect gris métallique mat ». Sous l'objet, 3 protubérances disposées en triangle abritent des projecteurs.

Cet engin bizarre, dira notre témoin, fait penser à « une sorte de vieux *Nautilus* échappé d'un roman de Jules Verne ! À l'arrière du pare-brise en plexiglas, il y a une inscription, une sorte de sigle. Il s'agit « de trois ellipses entrelacées symétriquement qui font penser aux trajectoires que décrivent les électrons d'un noyau atomique ». Une vision surréaliste.

L'objet semble tout à fait matériel, pourtant ses contours ne sont pas vraiment nets. « C'était, dira le témoin, comme si cet objet s'était trouvé derrière un léger écran plus ou moins translucide qui l'estompait, pour lui donner cette apparence un peu fondue. » Pourtant, cette nuit-là, le ciel est parfaitement dégagé. Il n'y a ni brume, ni brouillard.

Puis lentement, l'Ovni se met en mouvement. Il recule lentement pour se dégager des branches du sapin. À cet instant, il émet un bruit qui, selon notre témoin, est comparable à celui « d'un axe qui aurait du jeu dans un roulement ».

Ses 3 projecteurs s'allument. Et lorsque l'objet survole les maisons voisines, « les ombres de celles-ci s'allongent au fur et à mesure qu'il s'éloigne et disparaît vers l'est ».

Le lendemain, accompagné d'une équipe de télévision française, notre témoin se rend dans le pré survolé un moment par l'objet. Là, on relève des traces : « 3 cercles où l'herbe est plus courte et bien visible » par rapport à l'ensemble de la végétation alentour. Chaque rond « d'herbe tondue » mesure entre 3 mètres et 3,50 mètres de diamètre. Disposés en triangle, une quinzaine de mètres séparent chacun d'entre eux.

Une enquête est aussitôt menée. Deux gendarmes de la brigade de Wamdre viennent interroger le témoin. Suit un membre de la police judiciaire. Puis un officier supérieur de l'armée, accompagné de son chauffeur et de quatre camionnettes militaires. On ne saura rien de leurs conclusions finales. Pourtant il y a urgence. Il n'est pas un jour, en ce mois de décembre, sans que la presse ou la télévision n'évoquent le sujet.

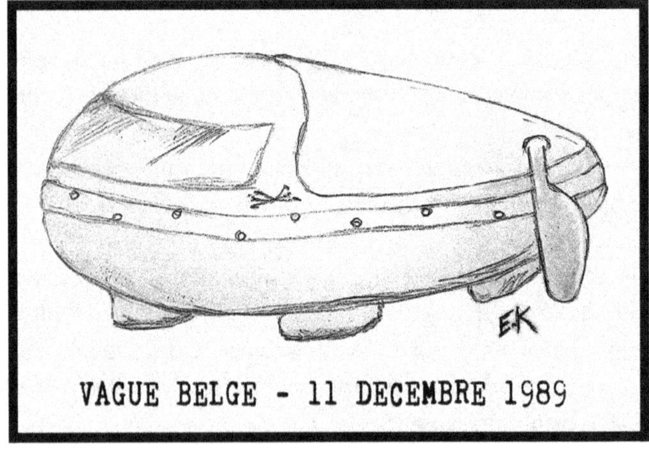

Croquis de l'Ovni (d'après un document de la SOBEPS)

Les hautes instances s'ébrouent

L'armée entre en jeu. Le colonel-aviateur Wilfried de Brouwer, chef de la section Opérations à l'état-major de la Force aérienne, raconte : « Les événements du 29 novembre ont eu une large couverture médiatique et, naturellement l'armée de l'air a été assaillie de questions. Les questions étaient adressées au ministre de la Défense belge mais échouaient finalement sur mon bureau de chef des Opérations de l'état-major... L'armée de l'air belge a essayé d'identifier l'intrus ou les intrus supposés... J'ai été en mesure de déterminer que les objets vus le 29 novembre n'auraient pu être des hélicoptères, des ballons, ni aucun type d'avion à ailes fixes. Cela impliquait que le ou les objets signalés avaient commis une infraction aux règles existantes de l'aviation. »

L'état-major des Forces aériennes, durement sollicité, se tourne alors vers la SOBEPS, cette association ufologique civile fondée en 1971. Les militaires décident de soutenir ces quelques enquêteurs privés de moyens techniques (ils seront bientôt 111, incluant les bénévoles !). Une collaboration s'établit. Et le ministre belge de la Défense, Guy Coëme, reconnaît officiellement la SOBEPS comme partenaire de recherche. Du jamais vu ! Des réunions de travail entre civils et militaires s'organisent. Des physiciens de renom – encouragés par la décision des officiels – acceptent de collaborer en tant que conseillers scientifiques. On tente d'aborder ce grand mystère de façon raisonnée et pragmatique. On évoque l'importance de travaux d'analyse à la fois physiques (optique), botaniques et chimiques (en cas de traces diverses).

Parallèlement, on décide d'organiser des veilles répétées car les témoignages pleuvent. Dans tout le pays, à basse altitude, les triangles belges multiplient de façon ostentatoire leur affolant ballet.

D'étranges effets secondaires

Date : 2 février 1990.
Lieu : Gelbressée, près de Namur.

Ce soir-là, madame M-C. P. vit une frayeur bien légitime. « En fin de soirée, raconte-t-elle, mon fils de 16 ans a vu dans le ciel un engin tel que décrit dans l'article du journal de ce jour. Au point d'avoir un comportement inhabituel pendant plusieurs heures. L'examen de ses yeux, entre autres, par le médecin, a confirmé le fait "qu'il a vu quelque chose de lumineux qui l'a effrayé". »

Mais que s'est-il réellement passé ? Après une minutieuse enquête, voici une chronologie des faits.

Le 2 février, le jeune homme a tout d'abord passé la soirée dans sa chambre avec un camarade. Rien d'exceptionnel à signaler. Ce n'est que le lendemain que madame P. le découvre dans un état préoccupant. L'adolescent est très pâle, hagard. Sa mère se dit qu'il a bu quelques bières durant la nuit et qu'il est toujours sous l'effet de l'alcool. Mais dans la journée, son état empire. Pupilles totalement dilatées, il tient un discours incohérent, « en proie à un véritable délire hallucinatoire ».

Croyant s'adresser à sa mère, le jeune homme parle en fait aux fleurs. Ensuite, il dialogue avec un porte-manteau pensant qu'il s'agit de sa sœur. À présent, madame P. est persuadée que son fils s'est drogué. Inquiète, elle consulte deux médecins qui la rassurent : son fils n'a consommé aucune substance illicite ni psychotrope.

Le temps passant, le jeune homme finit par retrouver peu à peu ses esprits. Il raconte que cette nuit-là, il eut envie d'uriner et pour se soulager alla dans le jardin. C'est alors qu'il aperçut dans le ciel « une forte lumière ». C'était en fait un objet équipé de trois feux blancs et de deux petites lumières rouges clignotantes sur le côté. Cet engin s'est soudain rapproché de lui. Terrifié, l'adolescent eut l'impression « qu'on venait le chercher » ! Il y eut alors comme un blanc dans son esprit. Le reste lui échappant totalement, il ignore ce qui s'est passé ensuite...

La nuit où dansent les F-116

Le colonel-aviateur Wilfried de Brouwer fait preuve d'une ouverture d'esprit remarquable concernant la nécessité d'identifier la nature et l'origine de ces fameux triangles. Il décide d'envoyer si nécessaire des avions de reconnaissance, si et seulement si : 1/ l'observation d'un Ovni est confirmée par la police, 2/ si cet Ovni est détecté par un radar. On déclenchera alors, dans ces cas-là, une procédure d'alerte en réaction rapide (*Quick Reaction Alert*).

Date : nuit du 30 au 31 mars 1990.
Lieu : Louvain.

     OVNI : Les 12 dossiers que le Pentagone ne s'explique pas

23h00.

Le gendarme Renkin alerte l'armée de l'air et notamment le radar de Glons. Il vient de repérer des lumières de couleur changeante (rouge, verte et jaune) dans la direction de Thorembais-Gembloux. Ces lumières forment un triangle équilatéral.

23h15.

Bingo ! Le radar perçoit un « écho non identifié au comportement bizarre » à 5 kilomètres au nord de la base aérienne de Beauvechain. Le contact se déplace à une vitesse d'environ 46 km/h.

23h38.

Dépêchés rapidement sur place, les gendarmes de la brigade de Wavre (Brabant wallon) confirment la présence dans le ciel de ce phénomène lumineux.

23h45.

3 nouvelles lumières se rapprochent du premier triangle observé. Elles exécutent une série de mouvements désordonnés. Puis se placent également en formation triangulaire. Le radar de Glons suit tout ça sur son radar.

0h05.

Deux chasseurs F-16 (AL. 17 et AL. 23) décollent de la base de Beauvechain pour tenter d'intercepter « ces drôles de trucs ».

0h13.

Un des F-16 bloque sa cible sur un objet au comportement étonnant. L'objet passe d'abord d'une vitesse de 150 à 970 noeuds (277 à 1 796 km/h). Initialement positionné à une altitude de 9 000 pieds (2 743 m), il descend à 5 000 pieds (1 524 m), pour remonter à 11 000 pieds (3 352 m) et finalement redescendre au niveau du sol !

0h30.

Un des chasseurs a un contact radar à 5 000 pieds (1 524 m). L'objet se déplace à une vitesse de 740 noeuds (1 370 km/h). Le verrouillage sur l'objectif dure 6 secondes.

0h32.

Les radars de Semmerzake et de Glons ont à nouveau un contact avec un « objet » se déplaçant entre 885 et 1 277 km/h.

0h45-1h00.

Les témoins au sol voient le dernier Ovni disparaître.

1h10.

Retour à la base du premier F-16 (AL. 17). Atterrissage.

1h18.

Retour à la base du second F-16 (AL. 23). Atterrissage.

Le témoignage d'un pilote

Le commandant Yves Meelbergs est un des deux pilotes qui, à bord d'un chasseur F-16, tenta d'intercepter l'étrange phénomène lumineux dans le ciel de Louvain. Resté longtemps silencieux, il finit par livrer son témoignage. Et voici ce qu'il raconte :

« Vendredi 30 mars 1990, en tant que capitaine sur la base aérienne de Beauvechain, près de la petite ville de Jodoigne, j'ai pris mon tour de garde d'alerte habituel à 8h30 dans les abris renforcés du 1er Tactical Wing de la Force aérienne belge. Ici sont disposés deux chasseurs F-16A Fighting Falcon, armés et capables de s'envoler dans les 10 minutes, à toute heure du jour et de la nuit.

» Avec moi se trouvait un pilote de 25 ans, le sous-lieutenant "Rudy" Verrigt, qui m'était affecté comme ailier pour ces prochaines 24 heures. Vers 22 h, alors que nous regardions la télévision, la sonnerie du téléphone retentit, avec, à l'autre bout du fil, l'officier du centre des opérations de la base nous disant : "Pourriez-vous jeter un coup d'œil dehors, on nous a signalé un drôle de truc en direction de Louvain. Dites-nous si vous voyez quelque chose..."

» On a décollé avec les deux F-16. C'est moi qui étais le chef de patrouille... Finalement, au bout d'une vingtaine de minutes de vol, nous sommes parvenus à nous approcher de l'objet, à environ 7 et 8 kilomètres. L'objet en question, nous l'avons eu au moins 3 ou 4 fois clairement sur notre écran radar. On a réussi à l'accrocher avec les F-16. Et comme on restait en contact avec le sol, on savait qu'eux aussi captaient le même écho. L'objet accélérait très vite. Il passait de 100 km/h à près de 2 000 km/h. Il montait en flèche puis plongeait vers le sol en faisant des zigzags incroyables. Et tout ça au-dessus de la vitesse du son.

» C'était quelque chose qui dépassait, ces années-là, les performances que nous connaissions... Les accélérations étaient très rapides, beaucoup plus rapides que ce qu'on était capable de faire à l'époque. Et encore maintenant. Il n'y eut pas de "bang" sonore au moment où l'objet passa le mur du son à plusieurs reprises... Il avait des caractéristiques différentes et bien supérieures à ce que nous avons à l'heure actuelle.

» Non, ce n'était ni un prototype, ni un phénomène météo. Ça fait 20 ans que je vole, et des phénomènes météorologiques, honnêtement je n'en ai pas souvent vu. De plus de tels phénomènes se répétant sans cesse, comme à l'époque, c'est quasiment impossible... Pour moi, c'était un objet solide. Cette idée ne m'a jamais quitté. »

Sources

VSD hors-série n° 1, « *Ovnis, les preuves scientifiques* », juillet 1998, pp. 24-25 • Émission radiophonique « *Qui veut savoir ?* », diffusée en 2004 sur les ondes de Radio Quartz • Émission radiophonique « *Entre mystères et secrets : la fascinante histoire des Ovnis* » racontée par Frank Istasse (épisode 4 : « Ovni, les pilotes contre-attaquent »*)*, RTBF, 2020.

Une fausse photo qui fait le tour du monde

Le 4 avril 1990, en région wallonne, à Petit-Rechain exactement, un jeune homme affirme avoir pris une photo d'un triangle qui survolait son quartier. Au développement, on découvre un cliché exceptionnel. Militaires et ufologues n'en croient pas leurs yeux, ce jeune témoin leur livre l'une des photos d'Ovni les plus réussies au monde !

La diapositive en couleurs est aussitôt expertisée par d'éminents scientifiques tels que Auguste Meessen, professeur de physique à l'Université catholique de Louvain, Marc Acheroy de l'École royale militaire de Bruxelles, François Louange, ingénieur en informatique spatiale et conseiller en analyse d'image auprès de l'armée et du CNES, Richard Haines, ex-scientifique de la NASA, ou André Marion, ingénieur de recherche au CNRS. Pour ces experts, il est impossible de mettre en évidence que ce cliché soit un faux.

Devenue une référence, la photo providentielle fait le tour du monde, illustrant articles et bon nombre de couvertures, de livres et magazines. Le jeune photographe se rend même, en 1997, à une réunion de travail à l'académie militaire et maintient sa version des faits.

Puis le 26 juillet 2011, c'est la déconvenue. L'auteur du cliché – qui se nomme Patrick Maréchal – décide de s'exprimer à la télévision belge. Il lève le voile et avoue avoir photographié une maquette réalisée par ses soins. Le cliché de Petit-Rechain est donc en réalité un faux, une scandaleuse supercherie ! Entre colère et déception, le monde de l'ufologie encaisse durement le coup. Les sceptiques, eux, s'en donnent à cœur joie.

Interviewé par le magazine *UFOmania* en août 2011, Patrick Maréchal raconte : « J'ai découpé la maquette dans de la frigolite, d'une longueur approximative de 60 ou 70 centimètres sur la grande base. Je l'ai peinte avec une bombe de couleur bleu métallisé qui me restait. La couleur faisait fondre la frigolite, ce qui a donné une multitude de bosses. J'ai mis des ampoules de lampe de poche. Celle du milieu, je l'ai peinte au marqueur indélébile rouge. J'ai raccordé le tout à une pile de 9 volts. [...]

» Non, je n'ai jamais voulu décevoir qui que ce soit et je m'en excuse. Et surtout pas la SOBEPS qui a fait beaucoup de travail [...] dans toute la Belgique. Cette photo n'est rien à côté de tous les témoignages recueillis à cette époque. Moi, j'ai juste mis une image sur ce que des milliers de personnes avaient vu et, auprès d'eux, je m'en excuse. Eux ont eu la chance de voir et moi j'ai profité de ce qu'ils ont vu. Cela ne remet sûrement pas en cause la vague belge. Elle est là et le restera... »

Monsieur Maréchal a beau battre sa coulpe et demander pardon « au monde entier », comment comprendre ce genre d'indignité ?

Une conférence de presse

Le 11 juillet 1990, le colonel de Brouwer prend la responsabilité d'une conférence de presse. Il projette à un parterre de journalistes internationaux la vidéo de la signature radar enregistrée par le F-16. Il commente la prodigieuse et inédite manœuvrabilité de « l'intrus » intercepté. Il précise : « Si l'écho correspond bien à un objet matériel, son passage à cette altitude, dans le ciel de Tubize, aurait dû provoquer des dégâts au sol. Or rien, absolument rien, n'a été signalé. » Il explique que « les capacités électroniques des instruments de bord ont été dépassées ». Si en vol, les pilotes n'ont rien vu de leurs propres yeux (il est difficile de regarder vers le bas dans une région aussi illuminée), les gendarmes au sol suivaient l'évolution des phénomènes et certains les ont filmés. Pourchassé, l'Ovni en question « a même semblé se multiplier ». Après cette course-poursuite, les F-16 ont dû se poser, faute de kérosène. De Brouwer ajoute que les pilotes, extrêmement qualifiés, « ont considéré avoir vécu quelque chose de tout à fait extraordinaire ».

Les questions fusent. Que pense l'armée de la nature de ces « engins » ? Le colonel refuse de trancher : « Nous sommes très prudents et nous ne voulons pas lancer des hypothèses comme celle d'apparitions extraterrestres. » Il exclut par contre qu'il puisse s'agir d'un avion, d'un ballon-sonde, d'un faisceau laser ou d'un phénomène météo perturbant la propagation des ondes.

Dès le lendemain, la presse et la télévision rendent compte de cette conférence unique en son genre. Pour l'hebdomadaire français *Paris Match* : « [L'objet] ne peut pas être quelque chose créé par l'homme. »

Un Ovni qui répond

Date : nuit du 19 au 20 juillet 1990.
Lieu : bretelle d'autoroute qui relie Seraing à l'autoroute E42, à hauteur de Grâce-Hollogne.
22h35.

Monsieur et madame Marcel H. roulent paisiblement lorsqu'ils aperçoivent une forme triangulaire dans le ciel. Rapidement, ils réalisent qu'il s'agit d'un engin de couleur sombre, un grand « triangle équilatéral », totalement immobile, base en avant. L'objet est équipé d'une sorte de ceinture lumineuse blanche, « semblable à un tube de néon ». Sur sa face inférieure, on distingue 3 phares également blancs, « nettement détachés de l'objet ». Sur sa partie supérieure, une lumière rouge et une lumière verte clignotent. Chacun des 3 côtés de l'engin mesure environ 12 mètres.

À la fois surpris et curieux, Monsieur H. lance à son épouse : « On va rire, je vais faire des appels de phare ! » Cependant madame H. n'est guère enthousiaste : « C'est un Ovni ! », se contente-t-elle prudemment de répondre.

Monsieur H. s'exécute et lance 2 appels de phare consécutifs. Surprise totale ! les 2 feux placés à l'avant de l'Ovni pivotent en direction de nos automobilistes... et émettent à leur tour 3 flashs lumineux non éblouissants ! Ensuite le triangle bascule, s'approche de la voiture et se positionne sur sa droite, à une distance d'environ 100 mètres et à une altitude de 60 mètres. Il ne lâche plus nos témoins et, réglant sa vitesse sur celle du véhicule (60 à 70 km/h), les accompagne dans la longue descente vers Seraing.

À hauteur du pont de Seraing, monsieur H. panique car l'Ovni le talonne tout en survolant la Meuse. Mais au grand soulagement de nos témoins, il finit toutefois par s'éloigner, toujours silencieux, prenant de l'altitude et filant soudain à grande vitesse vers Grâce-Hollogne. Une course-poursuite bien éprouvante...

L'année 1990 s'achève. Le mystère des triangles belges s'épaissit. Et les observations continuent. Il y en a tant et tant qu'il est impossible de toutes les citer. En voici deux, particulièrement intéressantes.

Au-dessus d'une centrale !

Date : 12 mars 1991.
Lieu : au bord de la route de Belle Maison, à Solières, à hauteur du Bois de Goesnes.
20h45.

Nous sommes dans une exploitation où une famille de fermiers est encore à l'ouvrage. Soudain, Benoît S. aperçoit dans le ciel trois gros phares blancs disposés en triangle. Il est surpris d'entendre « un ronronnement sourd, comme un avion, mais plus fort ». Il distingue bientôt un engin au-dessus d'un grand arbre, à 150 mètres de distance. Cet objet progresse très lentement, parallèlement à la route. Un de ces phares illumine fortement la chaussée et une partie du champ annexe.

Benoît crie alors à Félicie, sa mère : « Viens voir ! V'là tes Martiens qui reviennent ! » Celle-ci sort précipitamment de l'étable et observe le phénomène. En effet, c'est pour elle une récidive, ayant aperçu un objet identique le 26 novembre 1990.

L'Ovni négocie un virage brusque, sans s'incliner comme le ferait un avion. Il est très bas, à 3 ou 4 mètres au-dessus des toits ! Il s'approche et survole nos témoins en émettant un bruit intense. Là, on distingue parfaitement sa structure. L'engin est « presque rond », ovoïde. Il se détache parfaitement sur le ciel nocturne. Il doit mesurer environ une douzaine de mètres.

Finalement, il s'éloigne vers Solières. Son phare braqué vers le sol éclaire successivement un muret, un tas de fumier, puis un immense châtaignier avant de se fondre dans la nuit.

10 minutes plus tard, Benoît et Albert S., son père, aperçoivent à nouveau l'Ovni. Incroyable ! il est à quelques mètres au-dessus des balises rouges qui couronnent le sommet d'une des tours de refroidissement de la centrale nucléaire de Tihange, toute proche ! Il semble prospecter... Un de ses phares éclaire une partie de l'édifice, tandis qu'un second, le plus bas, projette son faisceau lumineux, presqu'à la verticale, dans la cheminée elle-même. Ahurissant. Puis lentement, l'Ovni se remet en marche, « traverse l'épaisse colonne de vapeur blanche crachée par l'imposante tour », puis disparaît progressivement dans les ténèbres.

Il faut noter que cette journée du 12 mars a connu un véritable carrousel de ces mystérieux engins.

Une rencontre hallucinante

Date : 19 mai 1991.
Lieu : autoroute reliant Bâle à Strasbourg, dans le Bade-Wurtemberg, vallée du Rhin. 22h30.

Axelle Joly, enquêtrice de la SOBEPS, et son époux reviennent d'un séjour en Suisse. Il pleut à verse. Dans l'habitacle feutré de la voiture, l'asphalte file au rythme hypnotique des essuie-glaces. Comme le véhicule est chargé et que la chaussée est glissante, on roule prudemment.

Soudain une source lumineuse surgit, droit devant, très bas sur l'horizon. On dirait « deux phares jaunes dans le lointain », à plusieurs kilomètres. Selon nos témoins, ces lumières « font penser aux phares d'atterrissage d'un avion en approche de la piste d'un aérodrome ».

Tout à coup, ces lumières disparaissent... et réapparaissent, proches de la voiture. Dans un premier temps, nos témoins pensent qu'il s'agit d'un avion. Ces phares diffusent tout de même une lumière douce, inhabituelle, de couleur jaune. Puis ce phénomène se rapproche ostensiblement. Et lorsqu'il est quasiment à hauteur du véhicule, nos automobilistes constatent qu'il s'agit d'un grand triangle qui couvre pratiquement la largeur de l'autoroute. L'objet est délimité sur son pourtour par une série de lumières blanches et vertes clignotantes.

Alors qu'Axelle Joly, stupéfaite, observe l'engin, elle voit apparaître au cœur du triangle, en une fraction de seconde, une forme d'avion complètement noire, ne portant aucune inscription ni marque d'identification. Il s'agit d'un bimoteur ancien, de la dernière guerre mondiale, de type Dakota. L'image du vieux zinc à hélices apparaît un bref instant et disparaît. Comment expliquer cela ?

Le fait est d'autant plus troublant qu'au même moment, le quotidien belge *Le Soir* imprime pour l'édition du lendemain la photo d'un authentique Dakota ! En effet, un modèle de cet avion vient d'être placé devant le Victory Memorial, un musée consacré à la Seconde Guerre mondiale situé à Hondelange, le long de l'autoroute de l'Ardenne, près de la frontière luxembourgeoise. Coïncidence, jeu de miroir, distorsion temporelle, synchronisme provoqué ? Ou transfert subtil entre énergie, matière et information ?

En guise d'épilogue

Tout cela, bien sûr, n'est qu'un pâle échantillon des observations de la vague belge. Pour ceux qui voudraient aller plus loin, il est impératif de lire les deux ouvrages édités par la SOBEPS : *Vague d'Ovni sur la Belgique* (1991) et *Vague d'Ovni sur la Belgique, volume 2* (1994). Ces deux bibles incontournables comptabilisent près de 1 000 pages d'un travail exhaustif, exigeant et d'une exemplaire rigueur.

Ensuite, dès le printemps 1991, les triangles se firent soudain plus rares puis désertèrent, à vols feutrés, le ciel belge. Cette saga cosmique passionna pourtant la planète. On ne compte pas le nombre d'articles et d'émissions qui lui furent consacrés.

Les mystérieux triangles continuèrent leur ronde ailleurs. On les signala alors sur les rives de la rivière Hudson (États-Unis), à Colchester ou Bakewell (Angleterre), à Sagaken (Japon), à Samara (Russie) ou sur nos centrales nucléaires bien françaises.

Comme d'usage, chez ces impudents célestes, trois petits tours... et puis reviennent !

Les hypothèses

1. L'AWACS

On invoqua d'abord une confusion avec l'AWACS, ce Boeing E-3 Sentry construit depuis 1977. Cet avion de détection est pourtant fort reconnaissable car il possède au-dessus de son fuselage un dôme radar rotatif de 9 mètres. Cette explication fut rapidement rejetée par l'armée. Dans le quotidien national belge *La Dernière Heure* du 14 décembre 1989, un major de la Force aérienne, spécialiste radar, déclarait sous couvert d'anonymat : « Je suis absolument formel pour exclure l'hypothèse de l'AWACS et c'est d'ailleurs une des raisons pour lesquelles nous nous intéressons aux témoignages d'origine militaire, y compris les observations faites par les gendarmes. Les militaires qui ont vu un Ovni savent ce qu'est un AWACS ; ils m'ont affirmé que ce qu'ils avaient vu n'avait rien à voir avec cet appareil. Pour la Force aérienne, c'est clair, la piste AWACS est une piste que l'on peut oublier. En fait, pour l'instant, nous avons des témoignages et nous savons que ces témoignages sont crédibles. Et nous n'avons pas le moindre début d'explication. »

2. *Un Lockheed Martin F-117A Night Hawk*

La deuxième hypothèse fut lancée par le magazine français *Science & Vie* dans son numéro de juin 1990. Soucieux de son exigence rationnelle, on pouvait lire en couverture : « Un Ovni démasqué ». Selon l'auteur, le mystère des étranges triangles était enfin levé. Il s'agissait tout simplement du Lockheed Martin F-117A Night Hawk, le fleuron des avions furtifs de combat américain. On découvre toutefois, dans l'édition de *La Dernière Heure* du 15 décembre 1989, que l'armée belge avait balayé cette explication. Le général Terrasson, commandant de la Force aérienne tactique belge, s'y insurgeait déjà : « Je voudrais commencer par exclure ce qu'on appelle les produits de la technologie de la furtivité mise au point aux États-Unis, qu'il s'agisse du bombardier B-2 ou du chasseur F-117A : je n'imagine pas que les Américains puissent procéder à des essais en Europe occidentale, et en particulier dans l'espace aérien belge, sans en avertir le sommet de la hiérarchie militaire. C'est proprement inconcevable. Je puis vous dire que nous n'avons été avertis de rien de ce genre. Pour la Force aérienne, l'hypothèse du furtif est exclue. »

Ceci est corroboré par Jean-Jacques Velasco – ex-responsable du SEPRA au sein du CNES – qui notait dans son ouvrage *Troubles dans le ciel*[6] : « Le F-117 figura au salon du Bourget, près de Paris, et je pus l'observer sous toutes ses coutures et le voir voler au moment de son départ. J'ai compris, à cet instant précis, pourquoi il ne pouvait pas être à l'origine des observations belges. Ses qualités aérodynamiques trahissaient un manque total de stabilité à basse vitesse. Son bruit, rauque et puissant, l'annonçait à des kilomètres à la ronde... De plus, il est incapable de dépasser la vitesse du son. Non, le F-117 était bien loin d'Ovnis silencieux à vitesse vertigineuse. »

---

6. Jean-Jacques Velasco avec Nicolas Montigiani, *Troubles dans le ciel*, Presses du Châtelet, 2007.

On notera enfin que les trois feux puissants du F-117 sont portés par les trains d'atterrissage et qu'ils ne sont donc visibles qu'en phase d'approche ou de décollage. Rien à voir, donc, avec les descriptions des témoins. Sa vitesse minimale est de l'ordre de 300 km/h. En vol plus lent, il s'écrase comme un fer à repasser ! Et l'on finit par apprendre qu'à cette époque, en pleine guerre du Golfe, ces F-117 étaient en Arabie saoudite.

3. *Un plus léger que l'air : drone, ULM...*

Improbable, car on vit ces triangles, les jours de tempête, manœuvrer avec aisance sous de fortes pluies et contre des vents violents. De plus, on aperçut l'un de ces Ovnis stationner au-dessus d'une des 3 cheminées de la centrale nucléaire de Tihange. Il faut savoir que les vapeurs d'eau de la Meuse, évacuées par le refroidissement de ces tours (600 litres d'eau à la seconde !), créent de terribles turbulences qui seraient fatales à n'importe quel plus léger que l'air, ULM, mais aussi à des hélicoptères ou à des dirigeables. Et qui oserait faire voler de tels engins dans ce périmètre hautement sécurisé ? Une consigne ministérielle interdit l'accès de ces centrales aux avions et engins civils à moins de 6 kilomètres sous peine de sanctions.

4. *Des hélicoptères*

Dans un document de 26 pages intitulé *Vague Ovni belge de 1989 à 1992, une hypothèse oubliée*, l'enquêteur de terrain Renaud Leclet conclut qu'il devait s'agir d'hélicoptères. Or des témoins ont été survolés ou ont marché sous des engins volant à basse altitude. Ils n'ont perçu aucun bruit ni ressenti aucun déplacement d'air. C'est notamment pour cela que le général de Brouwer, le lieutenant-colonel André Amond et les enquêteurs de la SOBEPS écartèrent très tôt cette hypothèse.

5. *Des prototypes expérimentaux et secrets issus des Black Programs américains*

Très discutable. Il serait peu prudent de faire voler des prototypes coûtant plusieurs millions de dollars au-dessus de zones très peuplées, et cela durant pratiquement deux ans. En cas d'avarie ou de crash, les engins tomberaient aux mains des civils et militaires locaux. Un risque trop élevé. De plus, il faudrait une logistique impressionnante : comment déplacer et où garer ces immenses plateformes volantes ?

Enfin, quelques personnes ont décrit plusieurs objets planant de concert. Notamment, le 2 mai 1990, à Ellezelles, où les témoins comptèrent 13 engins triangulaires dans le ciel. Lorsqu'on sait le prix que coûte un seul prototype expérimental, quelle nation pourrait se permettre d'en faire voler autant ?

Interviewé par le journaliste et enquêteur Bernard Thouanel, Wilfried de Brouwer révéla qu'il reçut la visite de Richard D'Amato, un officiel américain travaillant pour la NSA et proche des décideurs des *Black Programs*. Il précisa : « C'était en 1992 ou 1993. [...] Il m'a assuré qu'il n'y avait pas de *Black Program* qui aurait eu les caractéristiques de ce qui avait été observé en Belgique. Et puis il faut rester sérieux : pourquoi les Américains seraient-ils venus faire leurs essais ici ? » Richard D'Amato, très intrigué, se fit alors remettre une copie de l'enregistrement des F-16.

Conclusion

Encore aujourd'hui, nous ignorons tout de l'origine et de la nature intrinsèque des grands triangles de la vague belge. L'hebdomadaire *Courrier international* du 24 juillet 2008 conclut : « Incontestablement, il s'agissait bien d'Ovnis, autrement dit d'objets volants que l'on ne parvient toujours pas à identifier. En 1997, le ministère de la Défense belge a classé l'affaire. »

Comme le résumait parfaitement un des enquêteurs d'alors : « Nous savons ce qu'ils ne sont pas. Mais ignorons toujours ce qu'ils sont. »

Sources

Avant tout, deux ouvrages essentiels : *Vague d'Ovni sur la Belgique*, SOBEPS, 1991, et *Vague d'Ovni sur la Belgique*, vol. 2, SOBEPS, 1994 • *Paris Match* n° 2145, 5 juillet 1990, pp. 48-51 • *OVNI Présence* n° 45, « Spécial Belgique », janvier 1991 • *Phenomena* n° 1, janvier 1991, pp. 14-19 • *Phenomena* n° 16, « Spécial Belgique », juillet-août 1993, pp. 4-18 • *Inforespace* n° 95, octobre 1997 (numéro quasiment dédié à la vague belge) • *Inforespace* n° 97, décembre 1998, pp. 9-48 • Bertrand Méheust, *Retour sur l'« Anomalie belge »*, Le Livre Bleu Éditeur, 2000 • Leslie Kean, *Ovnis, des généraux, des pilotes et des officiels parlent*, Dervy, 2010, pp. 23-55 • *UFOmania* n° 68, automne 2011, pp. 12-28 • Émission radiophonique « Entre mystères et secrets *: la fascinante histoire des Ovnis* » racontée par Franck Istasse (*épisode 3 :* L'anomalie belge), RTBF, 2020.

IV. Kenneth Arnold, le père des soucoupes

« Au commencement était le verbe », peut-on lire dans l'évangile selon saint Jean. C'est que les mots ont un pouvoir. Et le langage une action sur le réel. La force agissante des mots, leur incroyable capacité à créer, à désigner, à déchiffrer, à souligner les fonctions de tout ce qui nous entoure conditionne ce que nous sommes. Le philosophe et sémiologue Roland Barthes disait justement : « Poser des mots, c'est ébranler le sens du monde. »

Depuis des décennies, voire des siècles, d'étranges objets volants sont observés dans nos cieux. Considérés comme une palette foutraque d'événements n'ayant aucune corrélation, ces faits-divers se sont contentés d'émailler les chroniques, sans qu'aucune réflexion ni souci de synthèse ne soient alors proposés. C'est quasiment à son insu qu'un jeune pilote civil nomma le phénomène. Une expression, en apparence anodine, suscita la controverse parascientifique la plus folle du XXᵉ siècle. L'ufologie poussa son premier cri, défroissant ses poumons, un beau jour de juin 1947. Voilà comment tout a commencé...

Un pilote chevronné

Nous sommes le mardi 24 juin 1947. Notre témoin se nomme Kenneth Arnold. Originaire de Boise, dans l'Idaho, ce jeune pilote civil de 32 ans est également un homme d'affaires. Comme il vient de livrer, à Chehalis dans l'État de Washington, du matériel anti-incendie, sa journée est terminée. Il précise :

« J'ai l'habitude de visiter mes clients en avion dans cinq États de l'Ouest... J'ai commencé en vendant des vêtements de sport. Mais depuis, je me suis reconverti dans le matériel anti-incendie. Je vends des extincteurs car je pense que c'est un appareillage utile à l'humanité. Et puis ça me permet de gagner assez d'argent pour subvenir aux besoins de ma femme, de mes deux filles, et d'avoir une maison partiellement payée, un avion et plusieurs animaux domestiques. »

Ayant pris sa première leçon de vol à l'âge de 16 ans, Arnold est un pilote chevronné. Il participe d'ailleurs, en tant que shérif adjoint pour le comté d'Ada, à plusieurs missions de secours et transporte régulièrement des prisonniers au pénitencier de Mc Neil Island. Volant entre 40 et 100 heures par mois, il raconte : « Dans le type de vols que j'effectue, il faut beaucoup de pratique et de discernement pour être capable de se poser dans les nombreux prés et en décoller sans abîmer son avion. Dans certains des champs et endroits où je me rends pour mon travail, les pistes sont très courtes et l'altitude très élevée. À ce jour, j'ai atterri sur 823 pâturages de montagne. Et au cours de plus de 1 000 heures de vol, mon plus grave pépin fut un pneu crevé. »

Il est 14 heures 15 exactement lorsque notre pilote décolle du petit aéroport de Chehalis pour se rendre à Yakima. Aux commandes de son avion – un petit CallAir A-2 rouge et blanc –, le voyage s'annonce agréable. La météo est au beau fixe, le ciel et l'air sont aussi clairs que du cristal. Arnold décide alors de partir à la recherche d'un Curtiss C-46 – le plus gros avion de transport de l'armée américaine – qui s'est crashé le 10 décembre précédent, avec 32 Marines à bord, sur les contreforts du mont Rainier. L'US Air Force promet une récompense de 5 000 dollars à qui localiserait l'épave du bimoteur. Une perspective alléchante.

Neuf objets singuliers

Au bout d'une heure de vol, la chaîne des Cascades est enfin en vue. Son plus haut sommet, le mont Rainier, un stratovolcan, découpe son imposante silhouette sur le bleu du ciel, culminant à 4 392 mètres. La visibilité est excellente. « On pouvait voir à près de 80 kilomètres », confiera plus tard notre pilote aux enquêteurs de l'US Air Force.

Soudain quelque chose le fait tressaillir.

« Alors que je négociais un virage à 180 degrés au-dessus de la ville de Mineral, un éclat de lumière extrêmement brillant a frappé mon cockpit. Je volais à 9 200 pieds *[2 800 mètres]* d'altitude et cela m'a vraiment alarmé. Je pensais que j'étais sur le point d'entrer en collision avec un autre appareil dont je n'avais pas remarqué l'approche. Pendant 20 ou 30 secondes, j'ai scruté le ciel avec anxiété, sur les côtés, au-dessus et sous mon appareil. Le seul avion que j'ai aperçu était un DC-4, très loin, en provenance de San Francisco et à destination de Seattle. »

Kenneth Arnold et son CallAir

D'où peut donc provenir cet éclair de lumière bleutée ? Notre témoin est circonspect. Mais voilà qu'aussitôt, un second éclair vient à nouveau frapper l'avion. « Cette fois, dit-il, je repérais précisément la direction d'où il venait. Je découvris alors, loin sur ma gauche et au nord, une formation d'objets très brillants en provenance du mont Baker, frôlant la cime des montagnes et voyageant à une vitesse considérable. Au début, il me fut impossible de distinguer leur forme car ils étaient encore loin, à plus de 150 kilomètres. Cependant cette formation, qui volait à environ 170 degrés, s'apprêtait à passer directement devant moi. Ces objets se rapprochaient rapidement de la couverture neigeuse du mont Rainier. Je me suis dit qu'il devait s'agir d'une formation de jets. »

Alors que les objets se détachent nettement sur les plaques neigeuses du volcan, Kenneth les compte. « Je les ai comptés comme on compte le bétail ou le gibier en vol. Ils étaient au nombre de neuf. Ils volaient en diagonale... »

Kenneth distingue également leur forme. Mesurant environ 15 mètres de long, ils sont toutefois dépourvus de queue, ce qui est très surprenant. « Comme j'étais persuadé qu'il s'agissait d'avions, ils auraient dû avoir une queue », commente Kenneth. Mais sachant que l'armée est fort habile en matière de camouflage, il se dit qu'elle doit utiliser désormais une nouvelle technique pour dissimuler le gouvernail de ses engins.

Leur façon de se déplacer est également atypique. « J'ai été fasciné par cette escadrille d'avions. Ils ne volaient pas comme tous les appareils que je connaissais. [...] Certes, ils progressaient en formation, mais de manière erratique. Comme je l'ai dit à l'époque, tout en volant ils progressaient comme des hors-bord rebondissant sur une mer agitée ou comme la queue d'un cerf-volant chinois que je vis une fois ondoyer dans le vent. Et pour être plus précis, ils allaient à la façon d'un vol d'oies, en chapelet et en diagonale, comme s'ils étaient liés les uns aux autres. »

Leur surface étant polie comme un miroir, notre pilote ajoute : « Une autre caractéristique de ces engins m'a énormément troublé. J'entends par là leur manière d'avancer en s'inclinant alternativement. De sorte qu'ils émettaient ces éclairs bleus et blancs très lumineux. Je n'ai pas eu l'impression qu'ils émettaient eux-mêmes ces éclairs, mais plutôt que le soleil se reflétait sur la surface extrêmement polie de leurs ailes. »

Notre pilote tente d'enregistrer le plus de détails possibles. « Ces objets, dira-t-il plus tard, ressemblaient à des plats à tarte coupés en deux et dont l'arrière avait la forme d'un triangle convexe. » L'engin de tête, différent, avait la forme d'un boomerang.

Une vitesse incroyable

En bon pilote, à l'aide de son horloge de bord, Kenneth Arnold décide de chronométrer leur vitesse. Comme ces objets se déplacent du mont Rainier au mont Adams, il se sert de ces deux pics montagneux comme repères. Il calcule que pour franchir cette distance de 76 kilomètres, ces engins mettent 1 minute 42 secondes. Une équation rapide indique qu'ils se déplacent donc à une vitesse de plus de 2 800 km/h ! Une vitesse très supérieure à tous les appareils de l'époque, sachant que le mur du son ne sera franchi que le 14 octobre de cette même année par l'avion-fusée Bell XS-1, à la vitesse de Mach 1,06, soit 1 297 km/h.

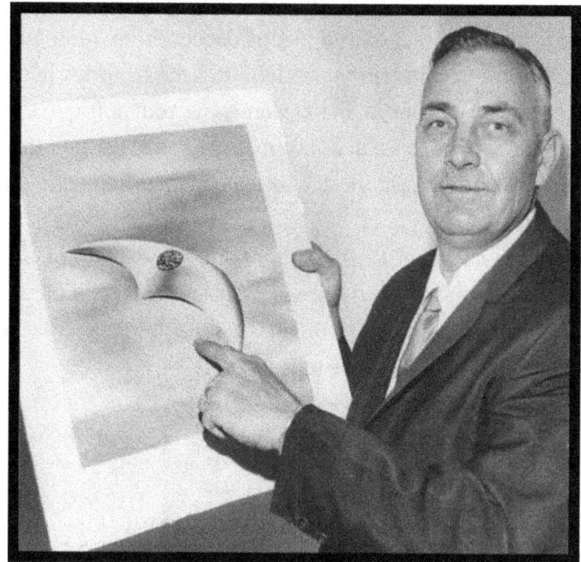

Kenneth Arnold montre une illustration de l'« engin » de tête

L'observation d'Arnold dure 2 minutes 30. Puis la flotte d'engins finit par disparaître derrière la crête des massifs montagneux. Extrêmement secoué, notre homme abandonne les recherches du C-46, renonçant du même coup aux 5 000 dollars promis. Qu'importe, il a trop hâte de raconter son observation à ses amis pilotes.

« Il était environ 16 heures lorsque j'ai atterri à Yakima. Je filai tout droit chez Al Baxter, responsable du centre de vol. Il était à la réception et je lui ai demandé, à bout de souffle, de m'accorder une entrevue en privé. Il a lâché ce qu'il faisait, nous sommes allés dans son bureau privé et là, je lui ai raconté ce que j'avais vu. J'ai également fait des croquis de ces engins. Je me souviens qu'il m'a lancé un regard plutôt perplexe, sachant bien que je n'étais pas devenu fou et que je n'avais pas d'hallucinations. Il a alors appelé plusieurs pilotes et instructeurs d'hélicoptère afin qu'ils entendent mon témoignage. Mon excitation est retombée lorsque l'un des pilotes d'hélicoptère a tranché : "Bah, c'est juste un vol de ces missiles guidés depuis la base secrète de Moses Lake." »

Kenneth reprend les commandes de son monomoteur et se rend à Pendleton, dans l'Oregon.

« Lorsque j'ai atterri sur le grand aérodrome de Pendleton, il y avait pas mal de gens pour m'accueillir. Mais quand je suis descendu de mon avion, ils étaient tous silencieux. Ils étaient simplement là, debout, à me regarder. Je ne me souviens pas comment le sujet a été abordé, mais je crois me souvenir que très rapidement tout le personnel de l'aérodrome écoutait mon histoire. J'ai mentionné la vitesse que j'avais calculée, mais j'ai précisé que j'étais convaincu que mes calculs étaient médiocres. »

Kenneth étale ses cartes et tous se penchent. On évalue, on recalcule et les hommes arrivent à la conclusion que ces objets se déplaçaient à 2 000 km/h. Du jamais vu ! Ils pensent qu'il doit s'agir de missiles téléguidés par des robots. Aucun être humain ne pourrait résister à une telle vitesse.

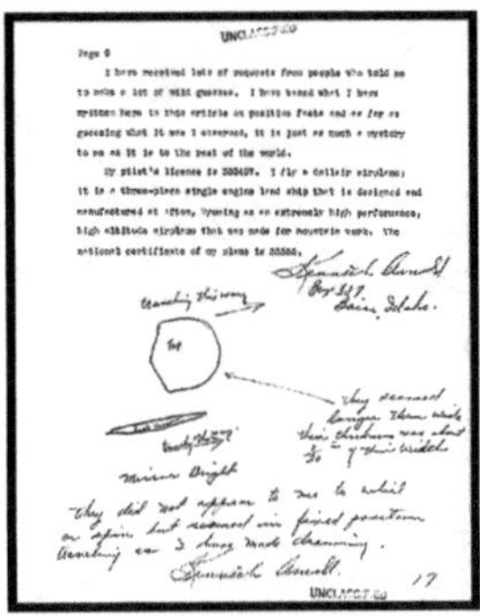

Rapport rédigé par Kenneth Arnold et dessins des engins

Un tsunami médiatique

Kenneth Arnold passe la nuit à Pendleton. Il est inquiet. Et si ces engins étaient soviétiques ? C'est qu'en 1947, en pleine guerre froide, la menace d'une invasion russe préoccupe la population. Dès le lendemain, notre pilote se rend au bureau du FBI. Hélas, celui-ci est fermé. Il glisse une note sous la porte, mais n'obtiendra pas de réponse. Déterminé, il s'adresse alors au journal local, *East Oregonian*. Avant l'heure du déjeuner, il rencontre deux journalistes : Nolan Skiff et Bill Bequette. Il leur raconte en détail son observation. Pour décrire la trajectoire des engins, il précise : « On pourrait comparer leur déplacement irrégulier aux ricochets que ferait une soucoupe lancée à la surface de l'eau. » Cette phrase, très anodine, va pourtant se révéler lourde de conséquences.

Touchés par le sérieux et la sincérité du témoin, les deux journalistes décident de publier son récit dans l'édition du jour. Ils rédigent un petit texte qu'ils casent en bas de première page et expédient le tout à l'imprimerie. Dans la foulée, ils écrivent une courte dépêche qu'ils envoient à l'agence Associated Press, la plus importante agence de presse du pays. Le Télex débute ainsi : « Pendleton, Oregon, 25 juin (AP) – Kenneth Arnold, un pilote de Boise dans l'Idaho, rapporte aujourd'hui même avoir observé neuf objets brillants en forme de soucoupes qui volaient à une vitesse "incroyable" et à une altitude de 10 000 pieds ; il dit n'avoir aucune idée de ce dont il pouvait s'agir. »

En précisant que les neuf objets aperçus par Arnold étaient en forme de soucoupes (*saucer-like objects*), Bequette ne se doute pas qu'un tsunami médiatique s'apprête à déferler sur le pays.

Après déjeuner, Nolan Skiff et Bill Bequette regagnent leur bureau. Ils sont accueillis par leur standardiste, affolée et totalement débordée. Les journaux des quatre coins du pays et du Canada ne cessent d'appeler, réclamant plus de détails concernant cette rencontre en plein ciel. Nos deux journalistes contactent à nouveau Arnold et réalisent cette fois un plus long entretien. Ils rédigent une seconde dépêche, plus étayée, expédiée aux agences de presse et aux journalistes. Le lendemain, l'observation de notre pilote est dans tous les journaux ! « Cette nuit-là, se souvient Arnold, j'aurais pu m'endormir tranquillement si tous ces journalistes, ces reporters et ces agences de presse m'avaient laissé tranquille. Je ne partageais pas du tout l'excitation générale. Il m'est impossible de vous dire le nombre de personnes, de lettres, de télégrammes et d'appels téléphoniques auxquels j'ai tenté de répondre. Après trois jours de ce brouhaha, j'en suis venu à la conclusion que j'étais la seule personne saine d'esprit de toute cette meute. À partir de là, en se fiant au nombre de rapports d'observations qui pleuvaient de toutes parts et que je suivais de près, je me suis dit qu'il ne faudrait pas attendre longtemps avant qu'il y ait un de ces engins dans chaque garage. Pour mettre un terme à ce que je pensais être tant de sottises, et comme je ne pouvais pas faire mon travail, je suis allé à l'aéroport, je suis monté dans mon avion et je suis rentré chez moi, à Boise. »

Une avalanche de témoignages

Le 6 juillet 1947, le récit d'Arnold est publié dans *The New York Times*, qui titre :
« Les soucoupes volantes mystifient les experts. Peut-être une farce de la nature,
disent-ils. » Mais ces journalistes se trompent. Comme Bequette, ils pensent que le
terme « soucoupe » définit la forme de ces engins et non la singularité de leur vol.
Qu'importe, le mal est fait.

Une épopée moderne vient de naître. Le mot ne se contente pas de décrire
une chose, il la crée. Le phénomène prend soudain corps, il s'incarne, se vêt d'une
réalité que plus personne – qu'on soit sceptique et doutant – ne saurait contester.
Réelles ou pas, ces soucoupes se matérialisent pour voler dans les débats. On
s'interroge, on fouille, on se renseigne. Il fallait juste ça, un nom, le sésame d'une
soudaine épiphanie pour ouvrir une enquête. C'est qu'il est primordial de nommer
un phénomène afin de l'envisager. Et Arnold, à son corps défendant, lui a accordé
une image acoustique, l'a intégré dans notre champ lexical. Résultat : l'expression « soucoupe volante » s'exhibe bientôt, racoleuse, à la une des quotidiens. Les
citoyens lèvent les yeux et traquent ces vaisseaux fantômes. La culture populaire
s'en voit bouleversée. L'onde de choc est massive. Franchissant les océans, elle
atteint rapidement l'Europe, l'Asie, l'Australie, la Russie.

Et voilà que les langues se délient. À Oklahoma City, à Kansas City, à Pueblo
dans le Colorado, on dit apercevoir ces soucoupes. Victime d'une épidémie d'Ovnis,
l'été 1947 restera dans les mémoires. Fin juin, les citoyens rapportent l'observation d'engins décrits comme « brillants », « extrêmement rapides », « dotés d'une
manœuvrabilité inédite ». La plupart sont « ronds » ou « en forme de disque ». Les
rapports pleuvent littéralement jusqu'au 15 juillet 1947. Un total de 28 États sont
visités par ces intrus !

En fouillant la chronique, on découvre qu'Arnold ne fut pas le premier à avoir
aperçu ces objets. Depuis plusieurs semaines, certains les ont vu danser dans leur
ciel sans toutefois oser parler. La médiatisation du récit d'Arnold incite alors ces
citoyens à soudain se confier. Ainsi, le 17 mai 1947, Byron Savage, également pilote,
aperçoit dans le ciel d'Oklahoma City « un objet brillant, argenté et silencieux, bien
plus grand qu'un avion ». Il est « parfaitement rond et plat ». Son témoignage, fort
détaillé, est publié dans le numéro de l'*Oklahoma City Times* du 26 juin 1947.

Deux jours plus tard, le 19 mai, à Manitoba Springs (Colorado), 7 employés de
la *Pikes Peak Railway* aperçoivent, entre 12h30 et 13 heures, « un objet lumineux,

---

OVNI : Les 12 dossiers que le Pentagone ne s'explique pas

argenté » qui stationne au-dessus d'eux, puis se met à décrire de grands cercles durant 20 minutes avant de filer à toute vitesse et se fondre dans le bleu d'un ciel pur. Ce récit est publié dans le numéro du *Denver Post* du 28 juin 1947.

Dans les derniers jours de mai 1947, le docteur Coden R. Battey – un médecin d'Augusta (Georgia) –, qui pêche près de Beaufort (Caroline du Sud), aperçoit une formation de 4 objets en forme de disque. Ces engins semblent tourner sur leur axe. Argentés, dotés d'une surface « extrêmement polie », ils filent ensuite dans le ciel, totalement silencieux. Le 6 juillet 1947, le *Chronicle* d'Augusta publie ce témoignage en consacrant sa première page au phénomène des soucoupes volantes.

Passons au mois suivant. On recense près d'une cinquantaine de témoignages entre le 1er et le 24 juin, émanant de 74 témoins. Mais ceux-ci ne seront rendus publics qu'après les déclarations de Kenneth Arnold. Cette vague de 1947 est fort intéressante car le phénomène des Ovnis est totalement neuf. Il y a donc peu d'*a priori*, peu de risques « d'imitation », de « contamination ». On découvre tout juste ces soucoupes, et le regard qu'on y pose est souvent d'une étonnante fraîcheur.

Un second témoignage troublant

Dans ce tumulte médiatique, le récit d'Arnold reste le plus audible. C'est lui qu'on veut, lui par lequel tout a commencé. Si certains sont fascinés, voire intéressés, les sceptiques entrent en scène, parlant de méprise, de coup monté ou d'hallucination. Ils ignorent que ce 24 juin 1947, après avoir passé la journée dans cette même région montagneuse, Fred Johnson, un prospecteur de Portland (Oregon), de retour au bureau de sa compagnie minière, raconte à son chef : « J'ai vu de drôles d'engins cet après-midi : 5 ou 6 disques qui allaient vers le sud. Je ne les ai vus que quelques secondes, mais j'ai constaté que l'aiguille aimantée de ma boussole avait brusquement des battements assez amples ! »

Nous possédons un document officiel concernant cette observation, car Fred Johnson rédigea et envoya, le 20 août 1947, son témoignage à l'US Air Force. Il y déclarait : « Comme j'avais un télescope, je peux vous assurer que ces objets étaient réels. Ils ne ressemblaient à rien de ce que j'ai pu voir au cours de ma vie. Ils ne sont pas passés très haut, environ 300 mètres au-dessus de moi. Ils étaient ronds, mesuraient à peu près 10 mètres de diamètre, avec une surface extrêmement brillante. Ils n'ont produit aucun son. »

Même jour, même endroit et visiblement même heure. Il y a fort à parier que Fred Johnson a aperçu une partie de la formation des 9 objets repérés par Arnold. Ce témoignage semble authentifier l'observation du pilote de Boise, sachant que Fred Johnson a rapporté la sienne alors que ni la presse ni la radio n'avaient diffusé la nouvelle. Le document officiel – un mémorandum du FBI daté du 17 septembre 1947 – conclut en ces termes : « Cet informateur nous semble très fiable, précisant qu'il prospecte dans les États du Montana, de Washington et de l'Oregon depuis 40 ans. »

Voir, c'est croire...

26 juin 1947.

Approché par des reporters, un pilote émérite de la United Airlines, le capitaine Emil Smith, déclare : « Je n'ai jamais rien vu de tel dans le ciel, ni mes hommes d'ailleurs... Ce qu'a aperçu ce monsieur Arnold, ce sont sûrement les reflets de ses instruments de bord. »

4 juillet 1947.

Alors qu'il s'apprête à décoller de l'aéroport de Boise dans l'Idaho, Smith enfonce le clou en déclarant : « Je croirai en ces disques volants le jour où je les verrai. » Il ne sait pas encore qu'une sacrée surprise l'attend.

À 21h04, le DC-3 du vol 105 qu'il pilote quitte la piste. L'agent de la tour de contrôle lui adresse un cordial mais ironique adieu en lui recommandant « de faire attention aux soucoupes volantes ».

8 minutes plus tard, le DC-3 survole la ville d'Emmett dans l'Idaho. Le copilote, Ralph Stevens, aperçoit devant lui une formation de 5 engins. Croyant avoir affaire à des appareils civils, il leur fait des signaux à l'aide de ses phares d'atterrissage. Les objets répondent aussitôt en changeant de formation. Stevens attire l'attention du capitaine Smith. « Au début, raconte ce dernier, j'ai pensé qu'il s'agissait d'un groupe d'avions légers qui revenaient des célébrations du 4 juillet. Mais j'ai vite réalisé qu'il ne s'agissait pas d'avions. Ces objets étaient plats et circulaires. »

N'en croyant pas leurs yeux, les deux hommes appellent l'hôtesse Marty Morrow à la rescousse. « Que voyez-vous dans le ciel en face de vous ? », lui demandent-ils. Jetant un regard à travers les vitres du cockpit, elle s'exclame alors : « Oh ! mais c'est un escadron de ces soucoupes volantes. »

Ces objets sont « énormes », gris sombre. Ils se détachent parfaitement sur le ciel nocturne d'une grande clarté. Ils sont bien plus grands qu'un appareil conventionnel. Ayant la confirmation de l'hôtesse, le capitaine Smith contacte la tour de contrôle d'Ontario, dans l'Oregon. Comme le DC-3 est à l'approche, il demande à l'opérateur de quitter le bâtiment, de scruter le ciel et déclarer s'il distingue quelque chose d'anormal. L'employé ne voit rien de particulier.

Les soucoupes filent et disparaissent vers le nord-ouest. Un répit de courte durée. L'instant d'après, une escadrille de 4 nouveaux engins surgit à son tour sur la gauche du DC-3. L'appareil volant à 2 500 mètres d'altitude, ces Ovnis croisent beaucoup plus haut, progressant en file indienne. « Ils étaient très au-dessus de nous, déclare notre pilote, et ils sont partis à une très grande vitesse. »

L'observation de ces 9 objets aura duré un total de 20 minutes. Ils volaient à 70 kilomètres de l'avion. Smith insiste : « Ce n'étaient pas des phénomènes venant du sol comme des feux d'artifice, des reflets ou des trucs du genre. Ce n'étaient pas non plus des nuages de fumée. Et je sais que ce n'étaient pas des avions. Ils étaient bien plus grands que des appareils connus. »

Alors qu'ils font une escale à Seattle, Smith et Stevens rencontrent Kenneth Arnold et discutent de leurs observations respectives. Une photo des trois hommes est prise dans les bureaux de l'*International News Service* et fait le tour des journaux du pays.

5 juillet 1947 : le capitaine E. J. Smith, Kenneth Arnold et le premier officier Ralph Stevens

Une médiatisation à bout de souffle

Kenneth Arnold goûte aux désagréments de la notoriété. Devenu l'un des personnages les plus en vue de cet été 1947, il est sans cesse traqué, sollicité, harcelé. Mais néanmoins se bat, pugnace, sur tous les fronts.

Arnold reçoit près de 10 000 lettres des quatre coins du monde. Les éditions *Doubleday Book Publishing* lui offre une avance de 50 000 $ pour qu'il écrive un livre sur son observation. Une énorme somme pour l'époque. Mais il refuse, trouvant le contrat trop complexe. Et parce qu'il est démotivé par le fait que l'éditeur puisse ajouter des touches de fiction au récit pour le rendre plus commercial.

L'éditeur Ray Palmer et Curtis Fuller décident alors de créer une revue consacrée aux phénomènes paranormaux. Baptisé *Fate*, ce magazine est encore aujourd'hui la référence ultime en ce qui concerne les sujets boudés par l'orthodoxie. Le premier numéro de la revue sort au printemps 1948. L'observation de Kenneth Arnold fait la couverture ! À l'intérieur, notre pilote se confie et s'interroge. C'est un franc succès et ce numéro offre une reconnaissance internationale à la revue.

Le 7 avril 1950, Arnold est interviewé sur les ondes de CBS par l'incontournable Edward R. Murrow dans son show radiophonique intitulé « *The Case Of The Flying Saucer* ». Loué pour son objectivité et son intégrité, Edward Murrow est une sommité. Il fidélise, depuis des années, des millions d'auditeurs. Et les personnalités du siècle – de Marilyn Monroe à Fidel Castro – se succèdent à son micro. Au cours d'un bref mais bel échange, Arnold déclare : « Je ne sais pas vraiment ce que sont ces objets. Je préfère rester prudent et garder mes convictions pour moi. Mais en tant que citoyen américain, si ces disques volants ne sont pas conçus par notre science ou fabriqués par les forces aériennes de notre armée, je serai enclin à croire qu'ils sont d'origine extraterrestre. » Avant d'asséner, un peu amer : « La seule chose que j'ai envie d'ajouter est au nom de tous les pilotes qui ont fait d'étranges observations. Tous ces pilotes de ligne n'apprécient guère qu'on se moque d'eux. Nous avons rédigé nos rapports essentiellement par devoir. Nous pensons que si notre gouvernement ignore ce que sont ces objets, il est de notre obligation de les signaler à notre nation et à notre Force aérienne. Je pense que ce sujet concerne tous les citoyens de notre pays. Même si cela ne doit en aucune manière déclencher une hystérie collective. Voilà ce que je pense. »

En janvier 1952, la revue *Other Worlds*, également éditée par Ray Palmer, redonne la parole à Arnold qui s'exprime dans un article marathon de 18 pages intitulé « *The Real Flying Saucer* » (« L'authentique soucoupe volante »).

On ne compte pas les articles de presse qui lui furent consacrés durant ces mois de juin et juillet 1947. L'*East Oregonian*, le *Montreal Gazette*, le *Tennessean News*, le *Saturday Evening Post*, le *Gazette Times*, le *Chicago Tribune*, le *Los Angeles Times*, le *Arizona Republic*, le *Daily Press*, le *Herald and News*, le *Chicago Sun* et bien d'autres ont rapporté son témoignage. La presse se fait l'écho de cette étrange rencontre mais souligne que l'armée émet de sérieux doutes. Les journalistes précisent : « Un porte-parole de l'armée à Washington, D. C., a commenté : "Pour autant que nous le sachions, rien ne vole aussi rapidement, sauf une fusée V2, qui parcourt environ 5 000 kilomètres par heure – et c'est trop rapide pour être vu". Le porte-parole a ajouté que les fusées V2 ne ressemblent pas aux objets signalés par Arnold et qu'aucun test expérimental à grande vitesse n'était effectué dans la zone où Arnold fit son observation. Un inspecteur de l'administration de l'Aéronautique civile à Portland, Oregon, ajouta : "Je doute vraiment que quoi que ce soit puisse voler aussi vite." »

Un document exceptionnel

En 1988, dans le Wisconsin, l'enquêteur et auteur Pierre Lagrange mit la main sur un enregistrement jusque-là inédit. Il trouva, dans les archives de Raymond Palmer, un gros disque vinyle noir. Après écoute, il se rendit compte que c'était un document exceptionnel : l'enregistrement d'une interview que Kenneth Arnold accorda le 26 juin 1947 (soit 2 jours après son observation) à Ted Smith pour la chaîne radiophonique KWRC. Vu la valeur historique du document, il me semble important d'en proposer la traduction. Voici donc ce que Kenneth Arnold déclarait alors :

« Il était à peu près 14h15 lorsque j'ai décollé de Chehalis, dans l'État de Washington, en direction de Yakima. Bien sûr, chaque fois que l'un d'entre nous vole vers le mont Rainier, nous passons 1 heure ou 2 à la recherche de cet avion transportant des Marines qui n'a toujours pas été retrouvé et qui s'est écrasé à cet endroit, dans la neige, au sud-ouest des montagnes.

» L'altitude moyenne de cette zone est d'environ 3 000 mètres. Au-dessus d'un canyon, j'ai amorcé un virage pour me rapprocher du mont Rainier. Je tentais de repérer un objet qui serait l'avion des Marines. J'ai survolé ce canyon pendant

15 minutes. J'étais à peu près à 40 ou 45 kilomètres du mont Rainier. J'ai pris de l'altitude, je suis monté à 9 200 pieds *[2 800 mètres]* et j'ai soudain aperçu, à ma gauche, une chaîne d'objets, qui ressemblait, pour moi, à la queue d'un cerf-volant chinois. Ça ondulait et ça se déplaçait à une vitesse incroyable sur les contreforts du mont Rainier.

» Au début, j'ai pensé qu'il s'agissait d'un groupe d'oies, parce que ces objets progressaient comme un vol d'oies. Mais en fait leur vitesse était si grande que j'ai immédiatement réalisé que ce n'était pas ça. Alors j'ai changé d'avis, je me suis dit qu'il devait s'agir d'un vol d'avions, tout à fait nouveaux, en formation.

» Mon appareil se rapprochait du mont Rainier, volant à environ 160 degrés sud. J'ai alors pensé que je pouvais calculer leur vitesse. La visibilité était parfaite, le jour était clair. Je ne connaissais pas la destination de ces objets, mais en me repérant au mont Saint Helens et au mont Adams, je pouvais évaluer leur vitesse. Nous, les pilotes, passons notre temps à discuter de la vitesse des avions.

» Ces objets semblaient s'incliner et ils réfléchissaient le soleil, comme un miroir. Comme je volais selon un angle particulier, je voyais le soleil taper sur la surface de ces engins bizarres. Ça vous éblouissait littéralement, j'étais presque aveuglé lorsque je les observais à travers mon pare-brise de plexiglass.

» Il était 14h59 lorsque j'ai commencé à les chronométrer. Je regardais ma montre sans les quitter des yeux. J'essayais d'apercevoir leurs queues... et ils n'avaient pas de queue ! J'ai pensé : "Quelque chose ne va pas dans mon observation, est-ce mes yeux ?" Alors j'ai positionné mon avion sur le côté, j'ai ouvert ma fenêtre et j'ai regardé. En fait, c'était bien ça, ils n'avaient pas de queue !

» L'observation a duré entre 2 minutes et 2 minutes et demie. Je distinguais ces objets parfaitement. On aurait presque dit qu'ils inclinaient leurs ailes... ou un truc du genre. Et le soleil se reflétait sur eux.

» Ils ressemblaient à des plats à tarte coupés en deux, avec une sorte de triangle convexe à l'arrière. Alors je me suis dit : ce sont des avions militaires et leur queue est peinte en vert ou en marron, c'est pour cela qu'on ne la voit pas. Et puis j'ai cessé de réfléchir pour mieux les observer. Ils ne volaient pas du tout en formation conventionnelle, vous savez comme on apprend dans l'armée. Ils semblaient onduler, comme serpenter dans l'air, au-dessus du sommet des montagnes. J'ai même eu l'impression qu'ils descendaient parfois vers le canyon, perdant 30 mètres d'altitude. Je pouvais les distinguer parfaitement sur la neige, sur les flancs du mont Rainier et du mont Adams. Ils réfléchissaient la lumière du soleil comme un flash.

» Lorsque j'ai vu le dernier objet passer devant le mont Adams, j'ai regardé ma montre. Ces objets avaient mis 1 minute 42 secondes pour franchir la distance entre les deux sommets. Je me suis dit : "Woaw, ils vont sacrément vite ! " Je me suis mis à réfléchir à la distance entre ces deux montagnes.

Et puis, j'ai atterri à Yakima, dans l'État de Washington. Al Baxter était là pour m'accueillir. Quand je lui parlé de la vitesse des objets que je venais de voir, il m'a dit en riant : "Tu devrais changer de marque de montre !" Et puis il m'a regardé mystérieusement, ce genre de regard... comme si j'avais vraiment vu quelque chose qu'il ne connaissait pas. Et puis j'ai tout oublié jusqu'à ce que j'arrive à Pendleton. Là j'ai sorti ma carte, j'ai repris mes calculs, j'ai essayé d'être le plus exact possible. C'était incroyable, même avec une petite marge d'erreur, ces objets volaient à 1 200 miles par heure *[2 000 km/h]*. En effet, ils ont franchi la distance du mont Rainier au mont Adams en 2 minutes, ça fait donc du 40 kilomètres par minute... et en recalculant selon leur temps de vol, en leur accordant cette fois 3 ou 4 minutes, leur vitesse reste bien supérieure à 1 300 km/h... Je ne connais rien, en dehors de quelques fusées allemandes, qui aille aussi vite. Ces objets volaient à une altitude constante. Ils ne montaient ni ne descendaient. Ils avaient une ligne de vol rectiligne, ils se suivaient au même niveau. Alors j'ai ri, et j'ai dit aux gars de Pendleton : "En même temps, ils doivent bien avoir une queue !" Mais bon, tout ça ne nous éclairait pas plus. D'après mes connaissances, et en étant le plus précis possible, voilà ce que j'ai vu. C'est d'ailleurs ce que j'ai dit à l'Associated Press et je suis prêt à le jurer, ma main sur la Bible. Parce que c'est ce que j'ai vu. Et si ces objets n'ont rien à voir avec notre armée ou nos services secrets, et s'ils ne viennent pas d'une nation étrangère, moi j'en perds mon latin. Je n'en sais fichtrement rien. Ma seule certitude, c'est que j'ai bien vu ces engins, je les ai chronométrés, et je me trouvais dans une position idéale pour le faire. C'est un grand mystère pour moi, autant que pour tous ces gens qui m'appellent depuis 24 heures, se demandant de quoi il s'agit vraiment. »

Qu'en pensent les hautes instances ?

On l'a vu, l'US Air Force a émis dès le début d'importantes réserves. Pierre Lagrange, dans un article intitulé « L'affaire Kenneth Arnold », résume avec justesse ce pas de deux stérile entre un témoin espérant une explication de la part des hautes instances... et des bureaux militaires et de renseignement cherchant à évacuer le problème. Ainsi, le 10 juillet 1947, un document rapporte un entretien entre le général Schulgen et un agent spécial du nom de Reynolds, concernant ces soucoupes volantes. On peut y lire : « Le général Schulgen avisa monsieur [Reynolds] qu'il était possible que les premières observations rapportées des prétendus disques volants aient été fallacieuses et lancées par des individus à la recherche de publicité, ou rapportées pour des raisons politiques. Il déclara que, s'il en était ainsi, les observations suivantes pourraient résulter d'une hystérie de masse. Il émit l'idée que les premières observations rapportées auraient pu l'avoir été par des individus ayant des sympathies communistes dans le but de déclencher une hystérie et une peur d'armes secrètes russes. » Les témoins d'Ovnis deviennent donc, dès le début, de dangereux agitateurs.

Le 12 juillet, deux enquêteurs militaires de la base de Hamilton Field, en Californie, se déplacent pour interroger Arnold. Il s'agit du lieutenant Frank M. Brown et du capitaine William Davidson. Là, le fait de rencontrer le témoin change la donne. Les militaires noteront dans leur rapport daté du 16 juillet 1947 : « Arnold est un homme de 32 ans, marié et père de deux enfants. Il a une bonne réputation dans la communauté où il vit, étant un bon père qui prend manifestement bien soin de sa famille. [...] C'est l'opinion personnelle de l'enquêteur, qu'Arnold a vraiment aperçu ce qu'il déclare. Il est difficile de croire qu'un homme de son caractère et de son apparente intégrité puisse déclarer avoir vu de tels objets, et rédiger un rapport, alors qu'il n'aurait en fait rien vu de tout ça. »

Malgré cela, on le voit, « l'affaire Arnold » embarrasse les huiles du Pentagone.

Des tentatives d'explication

Première hypothèse proposée par la presse : le témoignage d'Arnold aurait déclenché une psychose collective. La peur étant contagieuse, l'hystérie de la guerre froide ferait perdre la raison à bien des citoyens. Ayant lancé deux bombes sur Hiroshima et Nagasaki les 6 et 9 août 1945, l'Amérique vit désormais dans la crainte d'une riposte.

Deuxième hypothèse : une méprise. Arnold aurait en fait aperçu de simples avions en formation. C'est notamment ce que défend, à l'époque, l'astronome J. Allen Hynek. Avant de devenir un ufologue convaincu, Hynek était conseiller pour différentes commissions d'enquête militaires sur les Ovnis. Dans les années 1940, ne croyant pas du tout au phénomène, il proposa donc une explication des plus prosaïques. Kenneth Arnold ne lui pardonnera jamais cette interprétation, qu'il jugea malhonnête.

Un second astronome, Donald Menzel, prit le relai. Il fit une véritable fixation sur l'observation du mont Rainier. Tout au long de sa vie, Menzel proposa 16 hypothèses différentes : des nuages de neige, une fine couche de brouillard, des turbulences atmosphériques, des mirages au sommet des montagnes, des nuages orographiques, des vagues de nuages en mouvement... Au final, voyant que ces caprices météorologiques étaient peu convaincants, il affirma qu'Arnold avait été abusé par des gouttes d'eau sur son pare-brise. Il oublia simplement de lire les rapports officiels du pilote qui précisait avoir ouvert sa vitre et ôté ses lunettes de soleil pour mieux observer ce phénomène.

L'auteur anglais James Easton proposa ensuite une hypothèse plus que discutable. Kenneth Arnold aurait aperçu un vol de pélicans ! Easton aurait fait un piètre ornithologue. Un pélican, vu sur un versant enneigé, apparaît noir et non métallique. De plus, il n'émet pas des reflets de lumière bleutée intense, comparables à des arcs à soudure. Un ufologue proposa alors, non sans humour, de parler désormais de « pélicanisation » pour désigner toute explication aussi farfelue.

Enfin l'armée de l'air américaine et le FBI, qui menèrent une enquête de concert, rendirent leur conclusion officielle le 12 juillet 1947 : Arnold aurait été victime d'un mirage ou de phénomènes optiques inexpliqués.

Aujourd'hui encore, personne ne peut expliquer, de façon certaine, l'observation du jeune pilote de Boise.

Le tout premier ufologue

Ayant aperçu des choses étranges dans le ciel, cet homme pragmatique (comme bon nombre de pilotes) se met désormais en devoir de les traquer. On le voit dans la presse, posant près de son monomoteur et déclarant : « Désormais, chaque fois que je monte dans mon avion pour voler, j'emporte un appareil photo. » Il acquiert également une caméra dernier modèle.

Ce Sherlock Holmes des nuages ne se contente pas de traquer les soucoupes à la focale. Peu après son aventure, il entend parler d'une étrange affaire qui s'est déroulée, le 21 juin 1947, dans une île au large du port de Tacoma, sur la côte Pacifique: Maury Island. Ce jour-là, un homme vivant de la revente de billots de bois, un certain Harold Dahl, est sur son remorqueur avec son fils Charles âgé de

15 ans, ainsi que deux hommes d'équipage. Il est 14 heures. Soudain, ces marins aperçoivent 6 objets, planant dans le ciel, en forme de doughnuts d'une trentaine de mètres de diamètre. L'un de ces objets semble en difficulté. Et vomit sur les flots et sur le bateau une masse importante de débris. Ces substances, qui semblent chaudes, provoquent des jets de vapeur lorsqu'ils touchent la mer. Le fils de 15 ans est brûlé au bras. Et le chien qui était à bord est tué. Durant cette observation, Harold Dahl a tenté de prendre quelques photos qui s'avèreront totalement inexploitables.

Le lendemain de cette observation, un homme vêtu de noir et circulant à bord d'une berline Buick flambant neuve vient trouver Harold Dahl. Il lui dit qu'il est au courant de cette observation. Puis il devient menaçant, sommant Dahl de se taire s'il ne veut pas d'ennui pour sa sécurité et celle de ses proches.

Le 29 juillet 1947, Kenneth Arnold s'envole pour Tacoma. Il mène la première véritable enquête ufologique de l'histoire. Les débris qui ressemblent à des morceaux de lave solidifiée ou des scories de haut fourneau ne semblent pas le convaincre. Il appelle à la rescousse les renseignements militaires. Débarquent alors de vieilles connaissances : le lieutenant Frank Brown et le capitaine William Davidson. Ces militaires sont circonspects et pensent qu'il s'agit-là d'un canular. Le 1er août 1947, ils regagnent leur base de Californie, à bord d'un bombardier bimoteur B-25 Mitchell qui – coup de théâtre – se crashe à 2h50 du matin. Les deux militaires, qui transportaient avec eux les débris, sont tués sur le coup ! Deux semaines plus tard, le journaliste Paul Lantz, qui enquête sur cette affaire, meurt brutalement. Et le fils de Dahl disparaît mystérieusement. On le retrouve dans le petit village de Lusk (Wyoming), à 1 800 kilomètres du domicile familial, totalement amnésique. Que de rebondissements ! Kenneth Arnold est secoué. D'autant plus qu'en quittant Tacoma, le moteur de son avion cale brusquement. Il s'en tire alors de justesse grâce à ses qualités de pilote. Réalisant ensuite que la valve d'admission du fuel de son CallAir avait été fermée, Arnold est persuadé qu'il s'agit d'un sabotage.

Voici donc une enquête fondatrice, la toute première, comportant tous les ingrédients, les phénomènes connexes, archétypaux, qu'on retrouvera, par la suite, dans la geste ufologique mondiale. On citera : l'apparition d'un ou plusieurs Ovnis, aussi brève que spectaculaire. Les photos prises à la sauvette ne révélant rien au développement. Les services secrets qui pointent rapidement leur nez. L'armée qui entre dans la danse et, sceptique en apparence, tente d'étouffer l'affaire. L'apparition quasi surnaturelle d'hommes en noir toujours menaçants. Et un événement tragique, ici le crash d'un bombardier, levain indispensable à tout scénario conspirationniste.

Que peut-on dire aujourd'hui de cette « affaire de l'île Maury » ? Canular ou cas avéré ? Très vite, la rumeur d'un coup monté a circulé, portée par l'US Air Force, la presse et certains enquêteurs. Mais il reste de sérieuses zones d'ombre à explorer. Le débat fait toujours rage...

Un lourd tribut

Observer un Ovni et oser en parler n'est pas sans risque. Dans son rapport daté du 16 juillet 1947, le militaire Frank Brown note : « Arnold est très ouvert, et quelque peu amer au sujet des responsables de la Force aérienne et du FBI qui n'ont pas enquêté plus tôt sur cette affaire. [...] Arnold déclare, pour le citer directement : "Désormais, si je voyais un bâtiment de 10 étages volant dans les airs, je n'en dirais pas un mot", étant donné qu'il a été ridiculisé par la presse, à tel point qu'il passe maintenant pour un idiot aux yeux de la majorité de la population des États-Unis. »

Kenneth Arnold s'est sans cesse plaint des maltraitances subies, suite à son témoignage rendu public : « J'ai rapporté ce que j'avais vu et n'importe qui aurait fait de même. Si je ne l'avais pas fait, au nom de nos principes patriotiques, j'aurais été considéré, à juste titre, comme déloyal envers mon pays. Mes observations n'ont pas été causées par une déficience particulière de ma vue, ni par un phénomène anormal ou surnaturel. Je suis certain que n'importe quel pilote, au même endroit et au même moment, aurait vu la même chose que moi. Je refuse d'attribuer mon observation à des explications telles que l'illusion, l'hallucination, l'apparition ou certains troubles de la vision.

» Depuis ce jour, on a enquêté sur moi. J'ai bien des fois été interrogé par des agences telles que le renseignement militaire, le FBI, l'administration fiscale, la CIA, le renseignement en matière de sécurité maritime, ou par des agences de détective privé, des simples citoyens ou des enquiquineurs.

» J'ai été soumis au ridicule, j'ai perdu beaucoup de temps et d'argent. Les journaux et articles de presse m'ont offert une certaine notoriété mais j'ai dû affronter bien des questions, des interrogations sur mon honnêteté, mon caractère, mes relations d'affaires. Toutes ces persécutions réelles que j'ai subies (qu'elles soient intentionnelles ou non) - et cela à cause de mon implication accidentelle dans ce qui est devenu l'histoire la plus étrange jamais racontée –, furent une source continuelle d'étonnement pour moi.

» Cependant, la recherche n'est pas terminée. [...] Il faudrait obtenir, avec certitude, une réponse à ce phénomène. Je suis convaincu que les faits que nous avons accumulés ne doivent pas être ensevelis sous une masse de stupidités officielles et masqués par un écran de fumée d'idioties de toutes sortes. Il est temps de séparer la vérité de la contre-vérité, les faits de la falsification, la vraie soucoupe volante du fantasme. C'est peut-être là l'événement le plus important de notre époque ! »

Épilogue

C'est finalement le ranger William J. Butler qui repéra l'épave accidentée du bimoteur sur les contreforts du mont Rainier. On voulut lui offrir les 5 000 $ de récompense, mais, en gentleman et bon serviteur de la nation, il les refusa. Le National Park Service posa une plaque de bronze où figurent les 32 noms des soldats décédés. Et chaque année, à la même date, un service religieux est célébré à la mémoire de ces hommes trop tôt disparus.

La frénésie de la presse retomba en juillet 1947 lorsque l'armée de l'air annonça avoir récupéré les restes d'un disque volant à Roswell (Nouveau-Mexique). Puis démentit le soir même, disant que c'était là les débris d'un ballon sonde. « Ce démenti, écrit l'ufologue Gildas Bourdais, est un tournant décisif dans l'attitude de la presse. À partir de ce jour, le mot d'ordre devint le dénigrement systématique des soucoupes volantes. »

Kenneth Arnold déménagea plus tard dans l'Idaho. Installé à Meridian, désormais père de quatre enfants, aux côtés de Doris, son épouse, il finit de vivre, reclus, loin du brouhaha des médias. Lisant les livres de Charles Fort[7], il déclara : « J'ai été stupéfait en découvrant ses ouvrages. Il y a bien des similitudes entre mes enquêtes et les faits qu'il a patiemment collectés. » La différence majeure est qu'en nommant

---

7. Charles Fort (1874-1932) est un écrivain américain qui se passionna pour tous les faits étranges et phénomènes inexpliqués rejetés par l'orthodoxie et la Science. Absolu pionnier, cet « ange du bizarre » édita quatre ouvrages dont le célèbre « Livre des Damnés », bible du surnaturel qui scandalisa, à l'époque, les milieux scientifiques. Pluies de grenouilles, pluies de sang, empreintes de géants, statues qui pleurent et autres prodiges hantent ses oeuvres. Il fut le premier à évoquer la présence d'objets marins et célestes mystérieux, posant ainsi les bases de l'ufologie mondiale contemporaine.

ce phénomène, Arnold l'inscrivit dans notre vocabulaire. Et fit de ces Ovnis une composante de notre réalité.

Invitée par l'ufologue et enquêtrice Paola Harris, le 16 janvier 2012, au micro de l'émission « *Coast to Coast* », Kim Arnold, troisième fille du pilote, révéla que son père avait fait plusieurs observations d'objets volants singuliers : « Sa deuxième observation, confia-t-elle, eut lieu, si mes souvenirs sont bons, en juillet 1947 *[le 29 juillet exactement].* Il volait vers la ville de Tacoma et vit 25 objets couleur bronze, très brillants, qui progressaient en formation. Sa dernière observation est plutôt fascinante. C'était en 1952, au-dessus de Susanville en Californie. Il aperçut 2 engins qui volaient sous son avion. L'un était aussi solide qu'une Chevrolet. L'autre était transparent, et mon père pouvait voir, à travers le centre de l'objet, les pins d'une forêt qu'il survolait. Il réalisa alors que ces engins avaient la possibilité de changer de densité... Concernant les premiers engins qu'il aperçut en juin 1947, il répéta qu'à première vue, il crut qu'ils reflétaient la lumière du soleil. Cela faisait comme une pulsation. Mais il se rendit bientôt compte que c'était toute leur surface qui pulsait et battait comme un cœur humain. Pour lui, ces choses étaient vivantes. Tout le monde pensait que ces engins étaient manufacturés, faits de tôle et boulons. Ce ne fut jamais son opinion... En 1982, deux ans avant sa mort, il pensait que ces engins étaient en fait le lien manquant qui unit les vivants et les morts. » En effet, concernant sa dernière observation, Arnold confia en 1981 au journaliste Gregory Long : « Ces engins semblaient vivants. J'ai eu l'impression qu'ils étaient tout à fait conscients de ma présence. Mais ils n'ont fait aucun effort pour m'approcher. »

Kenneth Arnold n'a jamais cessé d'enquêter, d'interroger ce phénomène. Il dépensa près de 30 000 $ pour mener ses investigations à travers le pays. Il rédigea, à compte d'auteur, et avec l'aide de l'éditeur Ray Palmer, son récit sous le titre *The Coming of the Saucers* (« L'avènement des soucoupes »). « Pas pour s'enrichir », précisait-il. D'ailleurs les modestes bénéfices de ses ventes servirent à financer de nouvelles enquêtes ou furent distribués à des œuvres de charité.

Il s'éteignit le 16 janvier 1984 à l'âge de 68 ans. Surnommé « l'homme par lequel tout a commencé » (*the man who started it all*), il entre dans la légende en tutoyant désormais les anges et les étoiles.

Sources

Fate, vol. 1, n° 1, printemps 1948, pp. 4-10, puis 19-48 • Kenneth Arnold et Ray Palmer, *The Coming of the Saucers*, Amherst (Wisconsin), 1952 • *Other Worlds,* janvier 1952, pp. 75-92 (long article signé Kenneth Arnold) • Ted Bloecher, « *Report on the UFO Wave of 1947* », 1967 • *MUFON UFO Journal* n° 165, novembre 1981, pp. 7-10 (Kenneth Arnold est en couverture) • *Flying Saucer Review*, vol. 32, n° 5, 1987, pp. 2-12 • Gildas Bourdais, « Arnold et les sceptiques », *Lumières dans la nuit* n° 359, pp. 17-26 • Pierre Lagrange, « L'affaire Kenneth Arnold », dans *Communications* n° 52, 1990 • *Édition spéciale de Science & Vie*, « 50 ans d'Ovnis », 1997, pp. 16-21 • Interview de Kim Arnold par Paola Harris, 21 juin 2008.

V. Le monstre de Flatwoods

Parmi les cas les plus emblématiques traitant de confrontations inquiétantes, l'affaire dite « du monstre de Flatwoods » reste un incontournable de la chronique ufologique des années 1950. Il est vrai que cette affaire fut peu traitée chez nous. Jacques Bergier[8] l'a sommairement évoquée. Ainsi que le regretté Jimmy Guieu. Mais dans l'ensemble, les ufologues français et amateurs de mystère n'ont pas semblé prendre cette histoire trop au sérieux. Ou plutôt ils n'ont pas su quoi en faire.

En revanche, autour du monde, cette affaire fit grand bruit. Et eut un impact sans précédent à la fois chez nos amis nord-américains et nippons pour lesquels le « monstre de Flatwoods » reste l'un des extraterrestres les plus iconiques de notre histoire.

Véritable star aux États-Unis, figure incontournable au pays du Soleil-Levant, on l'assaisonne à toutes les sauces. Il est régulièrement mis en scène dans les bandes dessinées, les mangas, les séries télévisées et autres jeux vidéo.

Les faits

Mais que s'est-il passé au juste dans ce coin retiré des États-Unis ?

Date : 12 septembre 1952.

Lieu : Flatwoods, une petite bourgade de 300 âmes située dans le comté de Braxton, en Virginie-Occidentale.

---

8. D'origine franco-polonaise, Jacques Bergier (1912-1978) fut à la fois ingénieur chimiste, journaliste, écrivain, espion et résistant. Baptisé « Pic Mirandole de l'étrange », il co-écrivit avec Louis Pauwels *Le Matin des Magiciens*, un ouvrage de plus de 500 pages, véritable phénomène éditorial, qui s'écoula à plus d'un million d'exemplaires. Cet essai, aux frontières de la science et de l'occulte, fut le bréviaire du « réalisme fantastique », mêlant avancées scientifiques, alchimie, ésotérisme, religions et faits insolites. En 1961, toujours avec Louis Pauwels, il fonda la revue *Planète*. Parlant 14 langues, ce personnage haut en couleurs, aimait se définir comme « Amateur d'insolite et scribe des miracles ».

19 h 15.

C'est une fin de journée très douce, typique de ces étés indiens si agréables dans la région. Le soir tombe doucement sur les collines avoisinantes. Leur journée de travail achevée, les adultes se reposent. Et quelques enfants jouent au ballon sur le terrain de jeu de l'école communale. Il y a là deux frères : Freddie et Eddie May, qui ont respectivement 12 et 13 ans. Ainsi que leur ami Tommy Hyer, âgé de 10 ans.

Soudain, se figeant, l'un des garçonnets pointe son doigt vers le ciel. Ses camarades lèvent aussitôt la tête et aperçoivent un étrange objet lumineux qui surgit des montagnes, les survole lentement, perd peu à peu de l'altitude... et vient atterrir au sommet d'une colline proche, sur un terrain appartenant à Bailey Fisher, un fermier voisin. Les enfants se concertent : « Ça ressemble à une pièce d'un dollar en argent qui vient de traverser le ciel en traînant derrière elle un sillage de feu », constate Freddie. Une chose est certaine : cet objet leur semble bien étrange. Il ne ressemble ni à un avion ni à aucun engin volant de leur connaissance.

Leur curiosité piquée au vif, Eddie et Freddie se précipitent aussitôt chez leur mère : « Maman, maman, on vient de voir une soucoupe volante atterrir sur le terrain de monsieur Fisher ! », hurlent-ils, hors d'haleine.

Dessins de Freddie et Eddie May

Un repérage nocturne

Leur maman se nomme Kathleen May. Elle est née le 20 novembre 1920 et a donc 32 ans à l'époque. C'est une ancienne enseignante qui travaille désormais dans son propre institut de beauté : le *Kathy's Beauty Shop*. C'est une femme rationnelle, pragmatique, très croyante. Une Américaine typique des années 1950.

Kathleen May, plutôt incrédule, écoute les propos désordonnés des enfants. Tout cela lui semble fantaisiste. Mais mesurant leur état d'excitation, elle décide tout de même de jeter un coup œil à l'extérieur, sur la colline toute proche où la supposée soucoupe volante se serait posée. Et là, surprise ! Elle aperçoit dans la nuit qui tombe, une lueur rouge qui pulse entre les arbres.

Il y a ce soir-là, chez Kathleen May, un cousin, Eugene Lemon, réserviste de la garde nationale américaine. Âgé de 17 ans, Eugene a l'esprit pratique. C'est un garçon réactif. En voyant cette lueur inhabituelle, il se dit qu'un avion s'est peut-être crashé et que des victimes potentielles ont alors besoin d'aide.

Ni une ni deux, notre petite troupe se met en marche. Eugene prend la tête, suivi de Kathleen, ses deux fils (Eddie et Freddie), leur ami Tommy Hyer, ainsi que deux jeunes voisins : Neil Nunley (14 ans) et Ronnie Shaver (10 ans). D'un même élan, ils décident, malgré l'obscurité qui s'installe, d'aller voir de près cette « chose » tombée du ciel. Kathleen et Eugene se munissent d'une lampe torche. Eugene siffle également son chien qui les rejoint. Et les voilà partis en expédition nocturne.

Le chien s'enfuit

Lorsque nos éclaireurs arrivent sur les lieux, ils constatent qu'une légère brume flotte au ras du sol. Et une drôle d'odeur les saisit à la gorge, âcre, incommodante. Ils aperçoivent également sur leur droite, à 15 mètres à peine, une énorme masse qui semble reposer sur le sol. « C'était comme une grosse boule de feu. Sa taille ? Aussi grosse qu'une maison ! » Cet « objet », posé sur la clairière, est silencieux. Il clignote, change de couleur. Un peu comme un morceau de braise sur lequel on soufflerait, ranimant provisoirement son incandescence.

Cette brume étrange qui flotte à fleur de terre n'est pas rassurante. Un décor idéal de film d'horreur. Et partout autour, monte de plus en plus violente une odeur pestilentielle qui leur fera dire : « C'était un mélange de soufre et de métal en fusion. Ça nous brûlait la gorge, nos yeux pleuraient, on suffoquait presque... »

Il faut imaginer tout ça, sur une colline isolée, en pleine nuit. Inquiétant donc. Et pour corser le tout, voilà que le chien se met à aboyer, il semble très perturbé. Il avance, poil hérissé, vers l'objet. Mais lorsqu'il pénètre dans cette brume singulière, il se fige, soudain terrifié, puis s'enfuit en hurlant, la queue entre les pattes. Il dévale la colline, abandonnant le groupe totalement sidéré. Qu'a donc vu ou senti l'animal pour être dans un tel état ?

Une créature terrifiante

Soudain, sous un grand chêne, à gauche de la clairière, quelque chose s'anime. Et deux yeux se mettent à luire dans l'obscurité. Eugene braque aussitôt sa torche. Chasseur comme tous les gens du coin, donc fin connaisseur de la faune locale, Eugene pense tout d'abord qu'il s'agit d'un raton laveur ou d'un opossum. Mais la lumière de la lampe révèle autre chose.

Se dresse, les surplombant, une créature terrifiante qui mesure près de 3 mètres, avec – au centre d'une tête écarlate entourée d'une coiffe sombre en forme d'as de pique –, deux grands yeux lumineux. Lorsqu'on parle d'« yeux », il s'agirait plutôt de deux ouvertures qui projettent des rayons de lumière « orange et verte ». Le corps du « monstre » – car pour nos témoins cette vision est purement monstrueuse – semble drapé d'une sorte de longue « jupe » plissée, de couleur vert sombre. Terrifié, Eugene tombe à la renverse.

Kathy et les enfants sont également glacés d'effroi. Et voilà que cette créature se met en mouvement. Elle émet une sorte de sifflement, « comme du bacon qu'on lancerait dans une poêle chauffée à blanc ». Elle se déplace de manière uniforme, lentement, sans à-coups, de sorte que nos témoins pensent qu'elle flotte au-dessus du sol en se dirigeant droit sur eux. Cédant à la panique, le groupe s'enfuit alors sans demander son reste, dévalant la colline en hurlant. On raconte que Kathy May, prise de panique, franchit d'un bond une clôture d'1,80 mètre. Elle pourtant peu sportive.

Dessins réalisés séparément par Ronnie Shaver, Tommy Hyer et Freddie May. Malgré de légères différences, les croquis présentent une grande similitude.

Plus effrayant que la créature de Frankenstein

Plus tard, Eugene décrira cette apparition en disant : « Cette créature était très grande. Comme elle se tenait sous cette branche, nous avons conclu qu'elle mesurait environ 3 mètres de haut. Moi, je ne faisais pas la moitié de sa taille. C'était très grand. Pour moi, c'était mécanique, pas vivant. Peut-être qu'à l'intérieur il y avait quelque chose qui vivait, mais ce que j'ai vu était soit un vaisseau spatial, soit une sorte de combinaison. Quelque chose qu'une créature portait. En tous cas, c'était mécanique ! »

Kathleen May précisera : « J'étais tout proche de cette chose, suffisamment proche pour qu'elle éjecte de l'huile sur tout mon uniforme. Par contre, elle n'avait pas de bras. Un dessin a montré des bras, mais elle n'en avait pas. Ça avait plutôt l'air d'antennes situées entre le corps et la tête. Vous savez... c'était plus effrayant que la créature de Frankenstein. Ça ne pouvait pas être humain. »

Et Freddie May d'ajouter : « Ma mère a dit que la créature portait une jupe plissée de couleur verte. Je pense que les plis étaient plutôt des tubes disposés de façon verticale. Ils étaient en métal et reflétaient en fait la végétation alentour. Ces tubes étaient aussi épais que mon bras. Et les yeux du monstre étaient plutôt des hublots. »

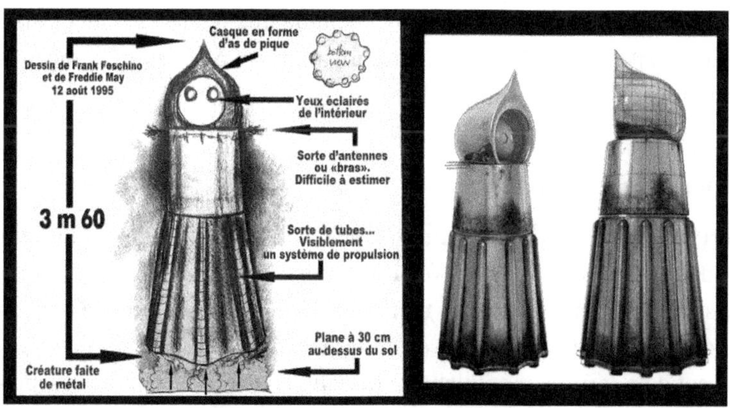

À gauche : dessin du « monstre » par Frank Feschino et Freddie May, réalisé en 1995.
À droite : reconstitution en métal

Trop choqués...

De retour à la maison, nos témoins découvrent que le chien rentré avant eux a vomi sur la terrasse. Il est couché dans un coin, la queue entre les pattes, et il gémit. L'enquêteur Ivan Terence Sanderson, qui se rendit rapidement sur les lieux, révèlera, le 25 novembre 1956 au micro de la radio WOR, que la pauvre bête mourut peu après.

Les frères May présentent sur le visage une sorte de liquide huileux que leur grand-mère tente d'essuyer. Tout le monde est en état de choc.

Kathleen May appelle alors le shérif local : Robert Carr. Et quelques amis proches. L'histoire fait rapidement le tour du village.

Kathleen joint ensuite le journaliste du *Braxton Democrat* – le quotidien local –, un certain Lee Stewart Junior qui débarque aussitôt. Le journaliste tente d'interviewer les témoins. Mais les garçons, trop choqués, sont incapables de s'exprimer. Ils resteront muets pendant plus d'une heure et demie.

Eugene Lemon, le jeune garde national, est de loin le plus bouleversé. Stewart notera plus tard dans sa chronique : « Il est certain que ces personnes ont vu quelque chose qui les a totalement terrifiées. Elles ne jouaient pas la comédie, elles ne mentaient pas, c'était évident. »

Un groupe de voisins armés de fusils décident d'aller, sans tarder, jeter un œil sur la colline. Eugene (qui « tremble comme une feuille ») et le journaliste se joignent à l'expédition. Mais hélas, il n'y a plus aucune trace du « monstre » et de l'Ovni lumineux.

Deux longues traces parallèles

Alerté concernant le crash d'un « objet » ou d'un petit avion à plusieurs kilo-mètres de là, le shérif Robert Carr s'était absenté. Mais dès son retour, il décide de se rendre sur les lieux hantés par le « monstre ». Une brume est tombée, trop épaisse, et le shérif doit renoncer. De plus, en s'approchant de l'endroit fatidique, ses deux chiens, soudain terrifiés, s'enfuient en hurlant. Le shérif tente à deux reprises, ce soir-là, d'atteindre la colline. Mais rien n'y fait.

Le lendemain matin, à 7 heures, le journaliste Lee Stewart se rend à nouveau sur les lieux. Il remarque alors sur le sol deux longues traces parallèles, comme des empreintes de traîneau. Ces traces partent de l'arbre où « le monstre » aurait été aperçu et conduisent à l'emplacement où se serait posé « l'engin ». L'herbe y est tassée sur une bonne surface. Ces marques seront attribuées, par des enquêteurs plus sceptiques, au pick-up de Max Lockard, un voisin très curieux qui aurait visité le site avant Stewart. Mais une fois interrogé, Max Lockard dément. Il confirme, lors d'une discussion téléphonique, s'être seulement approché de l'endroit car il était impossible d'atteindre la crête de la colline avec son véhicule. La pente « y est bien trop raide ».

Dans un premier temps, Lee Stewart ne perçoit aucune odeur suspecte décrite par les témoins. Mais en se penchant au ras du sol, il sent « une odeur âcre et irritante qui pique le nez et la gorge ». Stewart, vétéran de l'US Air Force, connaît les gaz utilisés à des fins militaires. Cependant il affirme n'avoir jamais rien senti de tel.

Le shérif Carr et son adjoint Burnell Long fouillent longuement la zone. Mais, dépités, reviennent bredouilles.

Un monstre qui respirait du feu

Bien entendu, la presse locale s'empare sans tarder de l'affaire. Les unes se succèdent : « Au détour d'un chemin, ils ont aperçu une paire d'yeux globuleux », « Un monstre qui respirait du feu a mis en déroute sept personnes », « Des résidents de Braxton se sont évanouis et sont tombés malades après avoir été poursuivis par un monstre étrange de 3 mètres de haut »...

Malades, c'est tout à fait exact. Pour nos témoins, cette rencontre n'est pas sans dommage. Leur gorge est tellement enflammée qu'ils ne peuvent rien avaler durant plusieurs jours. Eugene Lemon est, la nuit même, au plus mal. Il fait des convulsions, vomit sans cesse. 15 jours après cette funeste rencontre, il est encore incapable de boire sans ressentir de terribles douleurs à la gorge. Un médecin vient examiner les enfants et conclut qu'ils présentent tous les symptômes « d'un empoisonnement au gaz moutarde ».

Des témoins sortent du silence. On commence à raconter que, ce soir-là, on a vu d'étranges lumières dans le ciel de Flatwoods. Monsieur A. J. Jordan prétend qu'un drôle d'objet s'est posé sur la colline de façon surprenante. Il venait du sud-est. Son sommet était d'un rouge plutôt sombre alors que sa base était d'un rouge intense. Un avion ? Impossible, il était dépourvu d'ailes. Et plus étrange, il a stationné un moment au-dessus de la colline avant de s'y poser. Un certain Bailey Frame, de

Birch River, confie, lui aussi, avoir aperçu ce soir-là un objet orange, circulaire et lumineux à l'endroit où le monstre est apparu.

Une semaine auparavant, à 17 kilomètres de là, une dame et sa fille de 21 ans se rendant à l'église de Weston disent avoir croisé, au volant de leur voiture, une créature similaire. Cette « chose » dégageait une « odeur pestilentielle ». La jeune fille fut si choquée qu'elle dut être admise au *Clarksburg Hospital* où elle séjourna durant 3 semaines. Ce cas ne fut pas divulgué dans la presse, mais rapporté par deux enquêteurs du *Civilian Saucer Investigation* de Los Angeles : William et Donna Smith.

Tout aussi intriguant, la mère d'Eugene Lemon confiera qu'à l'heure du crash, sa maison s'est mise à trembler. Et la radio qu'elle écoutait s'est interrompue durant 45 minutes.

Un « monstre » similaire

Il faut également citer un incident survenu le lendemain, le 13 septembre 1952, dans la même région, à Stuton exactement. Monsieur George Snitowsky roulait en voiture lorsqu'il aperçut un étrange objet. Arrêtant son véhicule, il perçut alors une odeur forte et désagréable « comme de l'éther mêlé à du soufre brûlé ». Il pensa « qu'une usine de soufre venait de brûler les résidus de sa production et que le vent poussait les effluves dans sa direction ». Le témoin allait découvrir que l'odeur émanait d'une sphère lumineuse dont allait surgir une créature géante, qui ressemblait étrangement au « monstre » de Flatwoods.

Source
   Male, vol. 5, n° 7, juillet 1955, pp. 39, 78-79.

Un cryptide nouveau

Un second enquêteur et ufologue célèbre est alors dépêché sur les lieux. Il s'agit de Gray Barker. Celui-ci raconte : « Au début je ne croyais pas à cette histoire. Mais je me suis dit qu'un tel fait-divers devait être soit expliqué, soit condamné à l'oubli. J'ai demandé à la revue *Fate* si elle était intéressée. J'ai reçu aussitôt le télégramme suivant : "Histoire sans doute bidon mais à enquêter avec rigueur – Pas de spéculation, juste des faits – 3 ou 4 photos et 3 000 signes à rendre lundi au plus tard." Le papier que je leur ai remis répondait parfaitement à l'exigence philosophique de ce télégramme. »

Barker rédige ainsi le premier compte rendu de l'incident dans la prestigieuse revue *Fate*. Kathleen May et Eugene Lemon, eux, sont invités à témoigner à la télévision, dans l'émission « *We The People* », diffusée le 19 septembre 1952.

C'est ainsi que le monstre de Flatwoods connaît un succès retentissant. Il rejoint Bigfoot, Ogopogo et autres créatures mystérieuses dans le bestiaire cryptozoologique nord-américain. Cet incident va devenir l'une des rencontres du troisième type les plus célèbres des États-Unis. Depuis, pléthore d'ouvrages l'évoquent : romans de science-fiction, bandes dessinées et magazines populaires... Ainsi qu'un livre de référence, signé Frank Feschino, qui retrace ce cas devenu emblématique.

Kathy May et le dessin du « monstre » réalisé pour l'émission « We The People »

Les hypothèses

Concernant le « monstre de Flatwood » (le « Braxton County Monster » ou le « monstre vert » comme le baptise la presse), plusieurs explications ont été avancées.

1. Le rapport Sanderson-Schoenenberger

Après avoir été parmi les premiers enquêteurs sur place, Ivan Sanderson et son assistant Eddie Schoenenberger rédigèrent un rapport détaillé de 26 pages. Ce rapport fut envoyé à toute la presse américaine. Un magazine anglais osa même le publier. Pour Sanderson, au moins 5 objets volants ont traversé ce soir-là, en ligne droite, les États du Maryland, de Pennsylvanie et de Virginie-Occidentale. Ils auraient été aperçus, le soir des faits, par un grand nombre de personnes. Mais deux de ces objets (celui de Flatwoods notamment et celui de Sugar Creek) auraient effectué, alors en vol rectiligne, un demi-tour inattendu. Ce qui exclurait l'hypothèse de météorites. Il s'agirait pour lui d'un groupe d'Ovnis volant tous dans la même direction. L'un d'eux se serait écrasé près de Flatwoods et son occupant en serait sorti en combinaison spatiale. Sanderson balaie définitivement l'hypothèse de la météorite en concluant : « Il a fallu 20 minutes aux garçons pour atteindre la colline. Lorsqu'ils sont arrivés, l'objet était toujours là. Aucun fragment de météorite ne se consumerait en brillant de la sorte aussi longtemps après s'être crashé. »

2. Pour Gray Barker

Gray Barker corrobore les conclusions de Sanderson. Après avoir interviewé les 7 témoins séparément, il déclare : « Beaucoup de gens m'ont dit qu'ils avaient vu, ce soir-là, des objets traverser le ciel. Il m'aurait fallu un mois pour les auditionner tous. Selon eux, ces objets étaient ronds, rouges ou oranges, et ils crachaient des flammes. Le maire de Sutton, monsieur J. Holt Byrne, m'a demandé quelle était ma conclusion. J'aurais aimé lui répondre : "Une mauvaise interprétation d'un phéno-mène naturel." Mais je lui ai dit que les descriptions correspondaient à d'autres observations de soucoupes volantes. Le monstre pourrait être un robot échappé d'un vaisseau, ou une entité à l'intérieur d'une combinaison lui permettant de supporter l'atmosphère terrestre. Ceci, bien sûr, n'est que spéculation. Mais ce que je sais, c'est qu'il y avait beaucoup d'honnêteté et de peur dans les yeux des 7 témoins lorsqu'ils m'ont confié leur histoire. Ces gens ont réellement vu quelque chose. Et ce qu'ils ont vu semble totalement correspondre à ce qu'ils décrivent. »

3. Pour la police

Pour la police d'État, en revanche, rien d'anormal. Sans aucun doute un phénomène d'hystérie collective après que le groupe eut aperçu une météorite qui serait tombée sur la colline.

4. Selon les recherches de Joe Nickel

Ce membre du « *comité des enquêteurs sceptiques* » prétend que les objets volants observés dans différents États cette nuit-là seraient en fait un seul et même objet : un unique météore. L'académie des sciences du Maryland semble approuver, rapportant qu'un météore se dirigeant vers la Virginie-Occidentale est passé au-dessus de Baltimore ce soir-là à 19 heures. Ce serait là, selon Nickel, l'origine de l'observation des frères May et de Tommy Hyer à 19h15.

Au moment des faits, 3 balises lumineuses d'aviation étaient visibles depuis le sommet de la colline (fait également rapporté par Sanderson), ce qui expliquerait pour Nickel l'observation d'une « boule de lumière rouge pulsante » par les témoins et le teint rouge du monstre.

En ce qui concerne ce dernier, Joe Nickel rejoint l'opinion des enquêteurs de l'US Air Force penchés sur la question. Il conclut qu'il devait s'agir d'un animal perché sur une branche, donnant l'impression d'être une créature beaucoup plus grande. Il pense plus particulièrement à une chouette effraie : tête en forme d'as de pique renversé, serres pouvant concorder avec la description de Kathleen May et cri perçant similaire à celui décrit par certains témoins. C'est selon lui l'animal qui cadre le mieux avec l'apparence du « monstre » de Flatwoods. Cela n'évacue pas toutefois bien des questions, qui restent en suspens. Tout ornithologue qui se respecte sait qu'une chouette effraie mesure, au mieux, une quarantaine de centimètres. Donc, même sur une branche, nous sommes loin des 3 mètres imposants de la créature. De plus, aucun naturaliste n'a jamais rapporté que ce rapace nocturne était capable de projeter une substance huileuse sur un groupe de promeneurs trop intrusifs. Ou d'émettre des rayons lumineux oranges et verts. Enfin, le plus étonnant est l'attitude du chien. Aucun de ces enquêteurs professionnels ne l'a pourtant prise en compte. Reprenons donc : nous sommes en 1954, dans un village de 300 âmes, en pleine nature. C'est donc un territoire rural, préservé. Les chiens vivent de façon semi-sauvage, habitués à chasser, à courir librement, connaissant parfaitement les hôtes de la forêt. Il serait déraisonnable d'imaginer qu'un chien soit terrifié par un paisible rapace nocturne qu'il connaît fort bien. Et cela au point d'en mourir...

5. *La chute d'une météorite*

D'autres hypothèses ont également été proposées, comme la chute d'une météorite à proximité de la colline, qui aurait causé un nuage de fumée de forme quasi humaine. Peu crédible.

6. *Une vache gonflable ?*

Une compagnie de fromage du Wisconsin émit l'hypothèse qu'il pouvait s'agir d'une énorme vache gonflable, publicité pour leur firme, qu'ils avaient lancée quelques jours auparavant dans les airs et qui se serait fourvoyée sur les collines de Flatwoods.

7. *La contre-enquête de Renaud Leclet*

Renaud Leclet, passionné d'aéronautique, proposa en 2016 une contre-enquête. Pour lui, l'objet lumineux était un engin agricole équipé d'un gyrophare rouge orangé, le « monstre », une chouette effraie. Les éclats lumineux jaillissant des yeux ? Le reflet des lampes de poche des témoins. L'odeur pestilentielle ? Les proies stockées dans le nid du rapace, donc en décomposition. Les effets physiologiques des témoins ? Une allergie aux plumes d'oiseau, aux poussières de bois, aux spores de champignons. Ou plus simplement des réactions hystériques dues à la peur.

Il est pourtant facile de consulter les premiers croquis réalisés par Gray Barker avec l'aide des 7 témoins, dessins réalisés à chaud et rendus public en 1953. Le « monstre » est représenté au sol, flottant quelques centimètres au-dessus des herbes, sa tête atteignant presque la première branche de l'arbre. Les témoins sont donc formels : cette créature n'a jamais été aperçue juchée sur une branche. Pourquoi alors cette théorie d'oiseau de proie perché ?

L'attitude de l'US Air Force

Ce cas fut documenté par le projet *Blue Book*, cette commission créée par l'US Air Force afin d'étudier le phénomène Ovni.

Les enquêteurs ont rapporté qu'une étrange odeur flottait sur les lieux. Certains ont dit que quelques arbres aux alentours étaient roussis. D'autres ont déclaré que les branches des arbres proches avaient été brisées. Cela laisserait à penser que quelque chose s'est bien posé là... Se penchant sur ce cas, J. Allen Hynek (conseiller du projet *Blue Book* entre 1951 et 1969) l'a trouvé fort intrigant, mais n'a pu tirer aucune conclusion.

Pour l'*Air Technical Intelligence Center* (ATIC, Centre du renseignement technique de l'armée de l'air américaine), cela relève tout simplement d'une méprise avec une chouette.

On le voit, l'US Air Force fut fort embarrassée par ce monstre atypique tombé des étoiles...

Épilogue

En guise d'épilogue, laissons la parole au témoin principal de cette affaire, madame Kathleen May en personne, qui s'est éteinte le 13 juin 2009, emportant avec elle son secret... Peu de temps avant de décéder, elle déclarait encore : « Tout cela est bien réel et Dieu sait que je n'aurais jamais inventé une telle histoire pour tromper les gens. Nous avons eu une de ces frousses, nous étions réellement terrifiés. »

« Le monstre de Flatwoods » fut le onzième des sujets les plus traités par la presse nord-américaine durant l'année 1952. Toujours non résolu, ce cas reste l'un des plus mystérieux de l'ère ufologique moderne.

En octobre 2017, un musée en l'honneur du « monstre » fut créé à Flatwoods. Et un festival nommé *The Flatwoods Monster Festival* propose chaque année un week-end de musique, de restauration et de ventes d'objets spécialisés illustrant ce glaçant fait-divers. La petite ville, théâtre d'une apparition inédite, est devenue avec le temps une attraction pour touristes.

Sources

Fate, janvier 1953, pp. 12-17 • *The Saucerian*, vol. 1, n° 1, septembre 1953, pp. 8-21 (ce cas fait la couverture) • *Charleston Gazette*, 31 octobre 1954 • Jimmy Guieu, *Les Soucoupes volantes viennent d'un autre monde*, Fleuve Noir, 1954, pp. 243-245 • Jacques Lob et Robert Gigi, *Le Dossier des soucoupes volantes* (bande dessinée), Dargaud, 1972, pp. 55-58 • Brad Steiger, *Project Blue Book*, Ballantine Books, 1976, pp. 101-102 • *International UFO Reporter*, n° 6, vol. 17, novembre-décembre 1992 • *Skeptical Inquirer*, novembre-décembre 2000, pp. 15-19 • Bernard Thouanel, *Objets volants non identifiés*, Michel Lafon, 2003, pp. 50-52 • *MidState Star Gassaway*, 9 septembre 2002 • *La Nave de los Locos*, n° 25, novembre 2003, pp. 3-8 (le cas illustre la couverture) • Renaud Leclet, *Flatwoods, une méprise influente trop vite oubliée*, contre-enquête, site Internet du CNEGU, 2016.

VI. Malmstrom : des missiles désactivés !

Avant d'aborder l'un des cas les plus étonnants des États-Unis d'Amérique, il est important, en guise d'introduction, d'évoquer brièvement ce tropisme existant entre Ovnis et sites nucléaires.

Dès l'année 1945, un bras de fer international s'engage, divisant l'échiquier mondial en deux forces qui s'affrontent : d'une part les États-Unis et leurs alliés (le bloc de l'Ouest) et d'autre part l'Union des républiques socialistes soviétiques (bloc de l'Est). Cet épisode de fortes tensions géopolitiques est entré dans l'Histoire sous le nom de guerre froide. Il est caractérisé par une course folle aux armements nucléaires, à laquelle se sont livrées ces deux superpuissances.

Une course folle

Dans son ouvrage intitulé *Troubles dans le ciel*, Jean-Jacques Velasco, ancien directeur du GEPAN puis du SEPRA au sein du CNES, dresse un sombre bilan : « Les tirs et les essais nucléaires atmosphériques ont débuté en juillet 1945. Ils ont pris fin en 1981. La puissance totale dégagée a été de 440 mégatonnes (la puissance des deux bombes sur Hiroshima et Nagasaki fut de 15 et 21 kilotonnes – la plus puissante explosion jamais réalisée était soviétique avec une bombe de 50 méga-tonnes). Le nombre total d'explosions dans l'atmosphère s'est élevé à 543 tests aériens. [...] Au plus fort des essais dans l'atmosphère, dans les années 1961 et 1963, on enregistra jusqu'à une explosion tous les trois jours ! Ces chiffres, fort réels, sont méconnus du simple citoyen. C'est bien dommage... »

Ce conflit bipolaire et mondial engendra, selon la définition du philosophe Raymond Aron, une « paix belliqueuse » durant laquelle s'accumula un arsenal impressionnant. L'Amérique ouvrit les réjouissances en créant le Projet Manhattan, dont l'objectif était de créer une arme de destruction massive. Ce programme haute-ment secret employa 130 000 personnes et coûta plusieurs milliards de dollars.

Et là, fait singulier : dès le lancement du Projet Manhattan et l'explosion de la première bombe atomique en 1945, des Ovnis s'invitèrent régulièrement au-dessus des installations du complexe militaro-industriel, avec, justement, une prédilection pour les sites nucléaires.

Des documents l'attestent

Un grand nombre de documents à la fois officiels et secrets, aujourd'hui déclassifiés, prouvent que les hautes instances prirent cela au sérieux. Un mémorandum du FBI, daté du 31 janvier 1949, évoque de nombreux survols au-dessus du laboratoire national de Los Alamos au Nouveau-Mexique. Cette installation, créée en 1943, fut chargée de concevoir des armes nucléaires pour le Projet Manhattan. Ce document, en forme de mise en garde, souligne que des Ovnis « ciblaient » spécifiquement cette installation hautement sensible. Le mémorandum – qui se propose d'étudier la question des « aéronefs non identifiés », autrement connus sous le nom de « disques volants », « soucoupes volantes » et « boules de feu » – précise en partie :

« Cette affaire est considérée comme top secret par les officiers du renseignement de l'armée et des Forces aériennes. [...] Au cours des deux derniers mois, diverses observations de phénomènes inexpliqués ont été signalées à proximité de l'installation de Los Alamos, Nouveau-Mexique, où ces phénomènes semblent désormais concentrés. En décembre 1948, les 5, 6, 7, 8, 11, 13, 14, 20 et 28, des observations de phénomènes inexpliqués ont été faites près de Los Alamos par des agents spéciaux du Bureau des enquêtes spéciales, des pilotes de ligne, des pilotes militaires, des inspecteurs de sécurité de Los Alamos et des citoyens privés. Le 6 janvier 1949, un autre objet similaire a été aperçu dans la même zone. »

Un second document, provenant du projet *Sign* – première étude scientifique officielle de l'US Air Force sur les Ovnis –, prouve que les militaires envisageaient sérieusement que ces engins soient d'origine non terrestre. Et qu'ils s'intéressaient vivement aux technologies offensives du pays. Une annexe de ce document, rédigée par le Dr George E. Walley – alors membre du conseil scientifique du bureau du chef d'état-major de l'US Air Force – s'intitule « Quelques considérations sur l'interprétation des rapports sur les objets volants non identifiés ». On peut y lire ce qui suit : « S'il existe une civilisation extraterrestre capable de réaliser de tels engins [...] alors nous devrions, par conséquent, nous attendre à recevoir de telles visites.

Puisque les actions humaines les plus facilement observables à distance sont les explosions des bombes nucléaires, nous devrions réaliser qu'il existe certaines corrélations entre les dates d'explosion de ces bombes et les dates auxquelles des vaisseaux spatiaux sont observés... »

Un festival d'apparitions

Il est vrai qu'entre 1947 et 1952, on assiste à un festival d'apparitions. On comptabilise 37 observations d'objets volants mystérieux au-dessus du complexe de Oak Ridge, dans le Tennessee (construit dans le but d'enrichir l'uranium pour la fabrication des premières bombes atomiques) et de la base de Clarksville (un complexe de 20 km² à Fort Campbell, Tennessee, deuxième des 13 sites de stockage d'armes nucléaires établis pendant la guerre froide). D'autres hauts lieux de la recherche nucléaire du Nouveau-Mexique – comme le centre d'essais de fusées de White Sands, Roswell (la plus grande base du *Strategic Air Command*), les complexes de Kirtland, Holloman et Sandia – sont également visités.

Le 2 décembre 1952, H. Marshall Chadwell, assistant directeur du Bureau du renseignement scientifique de la CIA adresse un mémorandum secret à Walter Bedell Smith, son directeur. Ce document, au paragraphe 4, rapporte ce qui suit : « Les rapports signalant des incidents nous ont convaincus qu'il se passe quelque chose qui mérite dès à présent toute notre attention. [...] Les observations d'engins non identifiés volant à haute altitude et se déplaçant à grande vitesse dans le voisinage des principales installations de défense américaines ne sont ni attribuables à des phénomènes naturels ni à des engins connus. »

De son côté, John Edgar Hoover, patron du FBI, s'inquiète de la protection des « installations vitales » du pays.

L'US Air Force commande au Dr Lincoln LaPaz un rapport officiel qui inventorie les apparitions d'Ovnis entre 1948 et 1950. Ce rapport daté du 25 mai 1950 comprend 37 pages. Le mathématicien et astronome conclut que la plupart de ces phénomènes se manifestent à proximité d'installations gouvernementales et militaires sensibles : Roswell, Los Alamos, Killeen, Sandia, Kirtland, White Sands, Alamogardo, Trinity Site ou Oak Ridge. Si l'on se fie aux 209 observations étudiées par Lincoln LaPaz, 74,4 % d'entre elles concernent des sites de recherches, de fabrication ou de stockage liés au nucléaire militaire.

Incroyable mais vrai : si un belligérant s'était procuré ce rapport, il aurait pu localiser un à un tous les endroits stratégiques nucléaires et secrets de l'Amérique d'alors !

Sources

Jean-Jacques Velasco avec Nicolas Montigiani, *Troubles dans le ciel*, Presses du Châtelet, 2007 • Robert Hastings, *UFO & Nukes, Extraordinary Encounters at Nuclear Weapons Sites*, Éditions indépendantes, 2017 • Daniel Harran, *Les Ovnis et le nucléaire, le choc d'une réalité ignorée*, Temps Présent, 2017 • Stéphane Royer et Didier Gomez, *Ovnis et nucléaire, sommes-nous sous surveillance ?*, JMG Éditions, 2021.

À l'abri des regards

Parmi tous les survols de lieux stratégiques liés au nucléaire, Malmstrom est sans conteste l'un des plus spectaculaires.

Date : 16 mars 1967.

Lieu : base de Malmstrom, à 5 kilomètres de la petite ville de Roy, près de Great Falls, dans l'État du Montana (États-Unis).

Il est encore tôt. Le jour tarde à poindre. Le ciel est encore sombre, encombré d'étoiles. Il règne un froid glacial. En apparence, tout est fort calme. Rien ne bouge. Le paysage, quasiment nu, d'une pesante solitude – à part quelques abris épars aux airs inoffensifs de baraquements agricoles –, est poudré d'une fine couche de neige.

Personne ne pourrait croire qu'on se trouve dans un haut lieu stratégique de la défense militaire américaine. La base de Malmstrom, adoptant un faux air de désolation, abrite en réalité 120 missiles intercontinentaux Minuteman. Ces missiles du *Strategic Air Command* sont l'une des principales composantes des forces de dissuasion nucléaire du pays.

À Malmstrom, tout se passe sous terre, à l'abri des regards. Dans sa capsule – un abri souterrain plongeant à près de 20 mètres de profondeur –, un jeune officier, le premier lieutenant Robert Salas, veille sur 10 missiles dans leur silo blindé. Ces projectiles guidés, porteurs d'une redoutable ogive thermonucléaire, sont prêts à décoller à la moindre alerte.

Utilisés entre 1965 et 1967, ces missiles balistiques à carburant solide, dits Minuteman II, sont des engins à trois étages, pesant 30 tonnes chacun et pouvant atteindre une vitesse de 23 000 km/h.

Cet officier de tir ne se doute pas qu'il s'apprête à vivre une aventure unique. J'eus la chance de le rencontrer, le 24 mars 2018, à Hyères, dans le cadre d'une conférence organisée par le CROPS de l'ufologue Gilbert Attard. Robert Salas m'a alors raconté sa stupéfiante aventure.

Robert Salas au moment des faits

Egon Kragel : Monsieur Salas, en guise d'introduction, pourriez-vous nous rappeler votre parcours civil et militaire ?

Roberto Salas : J'ai débuté ma carrière en entrant à l'école militaire de la Force aérienne américaine. J'ai obtenu mon diplôme en 1964. En 1965-66, j'ai commencé une formation en tant qu'officier de tir de missile. Et en août 1966, j'ai été affecté à la base de Malmstrom dans le Montana. J'ai servi sur cette base, en tant qu'officier de tir, de 1966 à 1969. Ensuite, j'ai obtenu une maîtrise en ingénierie aérospatiale. Et j'ai travaillé sur le programme de missiles Titan 3, des fusées à carburant liquide que l'US Air Force utilise pour placer en orbite des satellites militaires secrets. Après cela, j'ai quitté l'armée en 1971 avec le grade de capitaine. J'ai alors travaillé pour les sociétés Martin-Marietta et Rockwell International à Los Angeles. Puis j'ai intégré la FAA *[l'agence gouvernementale chargée des réglementations et des contrôles concernant l'aviation civile aux États-Unis]*, en tant qu'ingénieur des structures d'appareils. J'ai occupé ce poste durant près de 22 ans, jusqu'en 1995.

J'ai ensuite décidé de changer d'activité, et me suis dirigé vers le professorat. J'ai obtenu mon diplôme d'enseignant à l'université de Washington et j'ai alors enseigné les mathématiques durant 17 ans. C'est aussi en 1995 que j'ai décidé de parler publiquement de mon expérience Ovni, cet incident que j'ai vécu dans le Montana. Jusque-là, j'étais tenu au secret. Mais en 1995, je me trouvais dans une librairie lorsque je suis tombé sur un livre écrit par Timothy Good, intitulé *Above Top Secret*. Page 301 de ce livre, l'auteur relatait que des Ovnis avaient été observés en 1967 au-dessus de la base militaire de Malmstrom et qu'ils avaient désactivé les missiles qui s'y trouvaient. En lisant cela, je me suis dit : « Ça y est. L'US Air Force a déclassifié cet incident ! »

EK : Pouvez-vous nous raconter ce qu'il s'est passé sur cette base militaire en 1967 ?

RS : C'était le 24 mars 1967. Ce jour-là, j'étais de service sur la base de Malmstrom. C'était tard le soir ou très tôt le matin, j'ai peu de souvenirs de l'heure exacte. J'ai soudain reçu un appel d'un garde qui était en surface... Notre équipe se composait de 6 sentinelles de surface, tandis que mon supérieur et moi-même étions de service dans une capsule souterraine. Nous étions confinés durant 24 heures sans possibilité de sortir de cette pièce située à 20 mètres sous terre. Donc un des gardes qui était à l'extérieur m'appelle et me dit que d'étranges lumières venaient d'apparaître dans le ciel. Elles étaient silencieuses et se déplaçaient très rapidement. Ces lumières bougeaient, s'arrêtaient brutalement et faisaient demi-tour en négociant des virages à 90 degrés... Le garde me dit qu'aucun avion connu n'était capable de faire ça. C'était un appel surprenant, déconcertant. Je ne savais pas trop quoi en penser. Je me suis dit qu'il devait me faire une blague, que tout ça n'était pas vraiment sérieux. Alors j'ai cessé d'y prêter attention. Et j'ai raccroché. J'étais tout de même intrigué car ces gardes sont des mecs sérieux, professionnels. Pas le genre à faire des plaisanteries lors de communications officielles.

Et puis voilà que cinq minutes plus tard, le garde me rappelle. Cette fois, il hurlait au téléphone, il était terrifié. On sentait une peur panique dans sa voix. Il me dit qu'un objet de forme ovale, orange, qui pulsait, était en train de survoler la base. Les autres gardes avaient rappliqué, les armes à la main. Ils attendaient mes instructions, me demandant ce qu'ils devaient faire. J'étais en état de choc. Que penser de tout ça ? Vu la panique de cet appel, je me suis dit qu'on devait subir une attaque terroriste. Et puis le garde coupa court en me disant qu'un des hommes était blessé, qu'il devait aller voir ça de près. Et il a raccroché.

Ni une ni deux, j'ai décidé d'avertir mon chef de poste, le 1er lieutenant Frederick C. Meiwald, qui était en pause. Nous disposions d'un lit dans notre capsule pour récupérer. Vous savez, passer 24 heures d'affilée sous terre est épuisant. Donc je l'ai réveillé et pendant que je lui racontais ce qui se passait là-haut, nos missiles ont été désactivés, l'un après l'autre. Ils sont passés à l'état de *No Go*. Ce qui signifie qu'on ne pouvait plus les lancer ! 10 missiles en tout, 10 ! Ils n'étaient plus opérationnels. C'était incroyable. Et surtout techniquement impossible ! Car ces 10 missiles étaient pilotés de façon totalement indépendante.

Mon supérieur a aussitôt joint le poste de commandement de la base de Malmstrom, qui se trouvait à 160 kilomètres. Au même moment, des alarmes ont retenti dans notre capsule. En surface, notre poste était équipé de détecteurs de mouvement. On nous signalait donc une incursion, on nous disait que quelqu'un ou quelque chose avait franchi le périmètre sécurisé de nos missiles. J'appelais à nouveau les gardes en surface pour leur demander si l'Ovni était encore en vue. Ils me répondirent que non, qu'il venait juste de partir à une vitesse vertigineuse !

Après avoir eu le quartier général, mon commandant s'est tourné vers moi et m'a dit qu'un incident similaire s'était déroulé sur un autre poste, à quelques kilomètres. Sur l'instant, j'ai cru que ça venait de se passer à l'instant. Mais j'appris plus tard que cet incident avait en fait eu lieu une semaine auparavant. Notre poste s'appelait *Oscar Flight*. L'autre poste, ayant été survolé par un Ovni, s'appelait *Echo Flight*. En une semaine, 20 missiles au total ont donc été désactivés par un Ovni sur la base de Malmstrom.

EK : Impossible pour vous d'avoir de contact visuel avec l'Ovni...

RS : Effectivement, je ne l'ai pas vu. Nous n'étions pas autorisés – quoi qu'il puisse arriver –, à quitter notre capsule. Imaginez une attaque terroriste et qu'on décide soudain de sortir, de déverrouiller notre porte. Alors n'importe quel ennemi aurait pu s'introduire dans notre poste de commandement et avoir accès aux missiles. C'était donc une précaution visant la haute sécurité de la base. Voilà pourquoi nous sommes restés sous terre jusqu'à ce qu'une nouvelle équipe nous relaie.

Lorsque j'ai rejoint la surface, je suis allé trouver le garde et lui ai demandé à quoi ressemblait cet Ovni. Il m'a dit qu'il avait vaguement distingué une structure à travers les lumières de l'objet, mais que ces lumières étaient trop aveuglantes. Ensuite un hélicoptère des forces spéciales est venu nous chercher et nous a emmenés au quartier général. Nous avons alors dû faire un rapport au commandant en chef de notre escadron. Il y avait là, également, un homme de l'AFOSI, le bureau des enquêtes spéciales de l'US Air Force. Notre commandant, qui d'habitude était un homme calme et professionnel – il avait été pilote pendant la Seconde Guerre mondiale –, était blanc comme un linge. Je lui ai demandé : « Que s'est-il passé au juste ? C'était quoi ce truc ? » Il m'a répondu : « Je n'en sais fichtrement rien ! » On nous a ensuite tendu des documents en nous ordonnant de les signer sur le champ. J'ai demandé : « C'est quoi ces papiers ? » On m'a répondu : « Ce sont des formulaires de non-divulgation. Vous vous engagez à ne jamais relater cet incident à personne. Jamais. Car si vous parliez de ça à quiconque, vous risqueriez une peine de prison, une peine très lourde. » J'ai objecté : « Mais nous sommes déjà soumis à une contrainte de haute sécurité ! » On m'a répondu : « Ne discutez pas et signez ! » Voilà pourquoi je n'ai jamais évoqué l'incident de Malmstrom... Jusqu'à ce jour de l'année 1994 où je suis tombé sur le livre de Timothy Good.

EK : Après cet incident, il semble que deux enquêtes aient été menées...

RS : C'est tout à fait exact ! Une enquête a été menée par Boeing et une autre par l'US Air Force. L'enquête de Boeing a été ouverte à la demande du siège du grand commandement de l'US Air Force américaine. Et l'US Air Force, de son côté, a mené sa propre enquête, mais dans le plus grand secret. C'est d'ailleurs là que la dissimulation de ce qui s'est réellement passé a commencé. Ils ont menti. Et aucune explication technique n'a pu être fournie.

EK : Vous avez précisé précédemment qu'un garde avait été blessé lors de l'observation de l'Ovni...

RS : En fait, il s'est coupé la main. Je crois – je n'en suis plus vraiment sûr –, que l'agent de sécurité qui était à la surface m'a dit qu'il s'était ouvert la main en agrippant des fils barbelés. Ce n'est pas l'Ovni qui l'aurait blessé à l'aide d'un rayon ou d'une autre manière... Notre site était entouré de barbelés, le garde a eu très peur, il a essayé de s'enfuir et a agrippé cette barrière de protection. C'était une petite blessure, rien de sérieux en fait. Mais on l'a tout de même transporté à l'hôpital de la base. Et puis attention ! Il y a une chose qui n'a jamais été évoquée : ce sont les radiations émises par l'objet. Peut-être que ces soldats ont été contaminés par ces radiations. Peut-être est-ce pour cela que je n'ai plus jamais entendu parler d'eux. Et qu'ils n'ont jamais tenté de me contacter par la suite.

EK : Étant resté 2 ans supplémentaires sur cette base, vous n'avez plus revu ces soldats ?

RS : Je ne les ai jamais revus. Ni en service, ni en les croisant par hasard. Ce que l'US Air Force a dû faire pour ne pas ébruiter l'incident, c'est les muter ailleurs, les disperser. Je pense que beaucoup ont dû être envoyés au Vietnam. Et puis vous savez, nous avons beaucoup de témoignages de par le monde concernant des témoins irradiés par des Ovnis. En 1957, par exemple, un groupe d'Ovnis a survolé l'observatoire du mont Palomar, en Californie, où il y avait un grand télescope. Les scientifiques possédaient sur place un compteur Geiger. Lorsque les Ovnis les ont survolés, ils ont constaté un fort niveau de radiation. Donc les gardes, les soldats de Malmstrom ont pu mourir empoisonnés par des radiations. L'Ovni était très proche d'eux, juste au-dessus du portail d'entrée.

EK : Dès l'instant où vous vous êtes senti libre d'évoquer publiquement cette incroyable affaire, vous êtes passé à la télé, à la radio...

RS : Oui, j'ai voulu immédiatement témoigner. J'ai pensé que c'était un devoir prioritaire de parler au nom de ces hommes qui avaient vu cet Ovni. D'ailleurs, dès le lendemain de mes interventions et suite à ces émissions, quelques-uns de ces hommes – essentiellement les gradés –, m'ont téléphoné. Nous avons alors pu confronter nos points de vue et nous étions tous d'accord sur ce qui s'était passé à Malmstrom en 1967. J'avais à l'époque signé un accord de non-divulgation, c'est pour cela que je me suis tu si longtemps. Eux également avaient peur d'en parler, ils étaient effrayés par tout ça. Ils ne savaient pas quoi penser. Moi-même, je me suis senti coupable longtemps... Alors, à la fois pour ces hommes mais aussi pour le public, j'ai décidé de témoigner, de révéler toute la vérité sur ce que nous avions vécu ce jour-là.

EK : On a aperçu, depuis les années 1940, bon nombre de ces objets non identifiés au-dessus de lieux stratégiques liés au nucléaire. Qu'en pensez-vous ?

RS : Je pense que le message qu'ils nous adressent est le suivant : « Débarrassez-vous de vos armes nucléaires ! » C'est ça qu'ils veulent visiblement nous dire. Nous devons être conscients que nos armes nucléaires ne sont pas des armes de guerre. On ne les utilisera plus en cas de conflit. D'abord parce que de plus en plus de nations en possèdent. Au total, aujourd'hui, 9 pays se répartissent l'arsenal nucléaire mondial. Et ce sont essentiellement des armes de destruction massive. On ne s'en sert pas, par exemple, pour envahir un pays et annexer de nouveaux territoires. Si on les utilise, on sait que ça va ruiner notre planète, cela pour de nombreuses années. Je dirais des centaines d'années. Et puis ce serait une erreur : qu'un pays utilise ces armes, et nous connaîtrions une escalade meurtrière. Cela causerait la destruction totale de notre monde. Ce serait la ruine et la fin de notre civilisation. Et puis je pense que les Ovnis nous demandent de ne plus jouer avec le nucléaire car cela les affecte d'une manière ou d'une autre. En effet, on a vu des Ovnis à plusieurs reprises au-dessus des sites de test nucléaire, au Nevada et ailleurs. À mon avis, ils nous demandent et nous conseillent d'abandonner notre arsenal nucléaire. Ils nous demandent de nous unir pour nous débarrasser de ces armes. On a tenté plusieurs fois de le faire mais on n'y est jamais parvenu. On a aperçu des Ovnis au-dessus de Tchernobyl, avant et après la catastrophe nucléaire, j'ai vu ça dans la presse russe. En ce qui concerne Fukushima, je ne sais pas vraiment, mais ça ne serait pas étonnant que des Ovnis se soient manifestés. On sait que de nombreuses fois, des Ovnis ont survolé nos centrales nucléaires. Nous possédons un grand nombre de témoignages à ce sujet.

EK : Dans votre second livre, intitulé *Unidentified: The UFO Phenomenon*, vous révélez avoir été abducté dans votre maison de Californie...

RS : Oui. J'ai décidé d'en parler librement après des années de silence car ces enlèvements sont indissociables du phénomène Ovni. Ces mystérieux objets volants et leurs occupants – dont je pense qu'ils sont d'origine extraterrestre –, nous visitent, c'est clair, pour une raison précise. Ils poursuivent un but déterminé. Les enlèvements qu'ils commettent font partie d'un plan qui nous échappe, certes... Mais ce qui est certain, c'est qu'on ne peut plus ignorer cette réalité. Des millions de cas d'abduction sont rapportés depuis des années autour du monde. En ce qui me concerne, j'habitais, en 1985, une maison à Manhattan Beach, en Californie. Un soir, alors que je dormais avec ma femme – nos deux jeunes enfants dormaient, eux, dans leur chambre –, j'ai aperçu une lumière bleue qui provenait de notre salon. C'était étrange, car nous ne disposions pas d'un tel éclairage dans cette pièce. J'ai alors réveillé mon épouse et je lui ai demandé : « Est-ce que tu vois cette lumière bleue ? » Elle me répondit : « Oui, je la vois. » Je lui ai dit : « Attends, je vais aller voir ça de plus près, ce sont peut-être des voleurs. » J'ai voulu me lever, mais je me suis rendu compte que j'étais soudain paralysé. Je me souviens, c'est encore très précis, que je me suis battu énergiquement, j'ai lutté dur pour retrouver ma mobilité, j'ai tenté de bouger les pieds... En vain ! Quand je me suis retourné vers ma femme, elle était inconsciente, elle dormait profondément, c'était vraiment étrange. Et puis soudain, j'ai aperçu une personne, un être vivant – appelez ça comme vous voudrez –, dans ma chambre. Il portait une sorte de capuche sur la tête. Je ne pouvais pas distinguer son visage. Ou je l'ai oublié. Alors j'ai cessé de me débattre. Et j'ai senti – je ne les ai pas vus –, j'ai senti la présence de petits êtres dans ma chambre. Je me suis dit que ce devait être des enfants.

Ces petits êtres m'ont saisi, et ils ont commencé à me transporter vers la fenêtre. Je me souviens que, cette nuit-là, j'avais fermé le loquet de cette fenêtre. Et je me suis dit : « Ces enfants ne savent pas soulever ce loquet. » Mais, contre toute attente, ils m'ont fait passer *à travers* la fenêtre. Je sais que ça peut paraître fou et que c'est difficile à croire. Mais c'est ce dont je me souviens. J'ai ensuite aperçu une lumière au fond de mon jardin. Et puis je me suis retrouvé sur une table. Là, on m'a montré une aiguille, très longue, on l'a ostensiblement brandie devant mes yeux, on voulait visiblement que je la voie. Puis, télépathiquement, on m'a dit : « Nous allons enfoncer cette aiguille dans votre corps. » J'ai alors demandé : « Où allez-vous la plonger ? » On m'a répondu : « Nous allons vous l'enfoncer dans l'aine. Vous verrez, ce n'est pas douloureux. » Mais quand ils ont plongé cette aiguille dans mon aine, c'était très très douloureux... Ce fut une douleur atroce ! De façon télépathique, je leur ai dit que c'était insupportable. Aussitôt la douleur a cessé. Après cela, je me suis assis sur cette table. Deux êtres sont venus me chercher et m'ont installé sur un banc, un banc incurvé, parallèle à la paroi du vaisseau. J'ai jeté un coup d'œil sur ma droite, j'ai aperçu une pièce dont les parois étaient en verre. À l'intérieur, se tenait une créature qui portait un costume blanc. On m'a conduit vers cet être. Il a exploré, avec deux doigts, ma colonne vertébrale. Ensuite, on m'a fait entrer dans un tunnel incurvé. Je ne marchais pas, je flottais. Au bout de ce tunnel, j'ai aperçu une lumière blanche. Et soudain, je me suis retrouvé dans mon lit. Je peux vous fournir tous ces détails car, plus tard, j'ai décidé de me soumettre à quatre séances d'hypnose régressive.

EK : En fait, le lendemain de cet enlèvement, vous ne vous souveniez de rien...

RS : Non, je ne me souvenais de rien. Mon épouse non plus, d'ailleurs. Il faut attendre l'année 2007. Je donnais alors une conférence en Irlande. Ce jour-là, il y avait une femme qui racontait son abduction. À un moment, elle a dit que tout avait commencé par une lumière bleue dans sa chambre. Je me suis alors tourné vers mon épouse et je lui ai demandé : « Te souviens-tu avoir vu une lumière bleue dans la maison, en 1985 ? » Elle m'a répondu : « Oui, je m'en souviens très bien. » C'est à cet instant que nos souvenirs sont revenus, simultanément. Je pense que ce que j'ai vécu alors n'était pas un rêve. Je ne crois pas avoir rêvé car je n'ai jamais ressenti, sous cette aiguille, une douleur aussi atroce de toute ma vie.

Sources

VSD, hors-série n° 3, «Ovnis USA, les raisons du secret», juillet 2001, pp. 24-27 • Bernard Thouanel, *Objets volants non identifiés*, Michel Lafon, 2003, pp. 78-85 • Robert Salas et James Klotz, *Faded Giants*, BookSurge Publishing, 2005 • Joël Mesnard, *Vérités et mensonges sur les Ovnis*, Trajectoire, 2008, pp. 105-111 • Leslie Kean, *Ovnis : des généraux, des pilotes et des officiels parlent*, Dervy, 2014, pp. 202-203 • *Robert Salas, Unidentified: The UFO Phenomenon*, New Page Books, 2015.

Robert Salas et l'auteur, Hyères, 2018

VII. La rencontre de Herb Schirmer

Véritable déflagration dans le monde de l'ufologie : une nuit de septembre 1961, alors qu'il revenait en voiture d'un séjour au Canada, un couple sans histoires, Barney et Betty Hill, prétend avoir été « enlevé » par des créatures surgies d'une soucoupe volante. « On nous pêche », prévenait déjà en 1919 Charles Fort, pionnier du surnaturel, du fond de sa tanière. Cette fois, cela semblait réel.

Le dossier Ovni rebutait déjà bon nombre de personnes, par son absurdité, son extravagance, son insaisissable logique. Soudain, voilà qu'il hérite d'un nouveau désordre : les enlèvements en série ou abductions. Les doctrinaux qui n'y voient que canulars le conspuent et s'en dessaisissent avec répugnance. Les aventureux, eux, se questionnent, gardant l'esprit ouvert, vertu indispensable pour conquérir les possibles. Néanmoins, comment aborder cette nouvelle « prédation cosmique » ? Les critères internes de ces sombres récits laissent pantois. On y parle de manipulation de l'espace-temps, de distorsions psychosociologiques, de tests médicaux, de dialogues absurdes et de souvenirs consciencieusement gommés.

Quoi qu'il en soit, un frisson nouveau, inédit, atteint le grand public. Des « kidnappeurs d'un autre monde » semblent à l'œuvre. Et frappent sans distinction.

Si, pour la chronique soucoupiste, l'affaire des époux Hill reste incontournable et fondatrice, il est un cas non moins emblématique, hélas moins connu chez nous : la rencontre d'un jeune policier patrouilleur, une nuit de décembre 1967, avec des entités venues d'ailleurs. Voici donc, générant en son temps gêne et angoisse, son histoire.

Le témoin

Notre témoin est agent de police et se nomme Herbert Schirmer. C'est un solide gaillard, grand, costaud, âgé de 22 ans. Après avoir servi dans la Navy, il a tenu à rejoindre, depuis quelques mois à peine, les forces de police du Nebraska. En peu de temps, il a gagné la confiance des habitants. Il est perçu comme sérieux, réactif, et règle les problèmes avec beaucoup de bienveillance et de diplomatie.

Un haut responsable de la ville témoigne : « Herb adore les gens. Il ne se met jamais personne à dos. Dernièrement, il y eut du grabuge dans un bar parce qu'un des clients avait trop bu. Le gars en question est un ouvrier embauché sur un des chantiers de la ville. Il vit dans une caravane avec son épouse et six gamins. Si j'étais marié avec sa mégère, croyez-moi, je boirais tous les jours. Herb a reçu un coup de fil concernant cette échauffourée. Il est entré calmement dans le bar, s'est dirigé droit sur le mec ivre qui cherchait la bagarre. Herb s'est mis à lui parler gentiment, lui a payé une dernière bière et l'a calmé. Ensuite, il l'a embarqué dans sa voiture de fonction et l'a ramené tranquillement chez lui. Aucune prise de tête. Aucun affrontement. Aucune contravention. »

Herbert Schirmer

Les faits

Date : 3 décembre 1967.
Lieu : Ashland, petite ville au sud-est du Nebraska, États-Unis.
Il est minuit passé de quelques minutes.

Ce soir-là, Herb (c'est son diminutif) patrouille comme à l'accoutumée. La nuit est tombée, épaisse, typique de ces soirs d'hiver où très vite, chacun se calfeutrant chez soi, plus rien ne bouge.

Herb parcourt inlassablement les rues de la ville. Rien d'anormal à signaler. Pourtant, il a une étrange appréhension. Quelque chose l'angoisse. Quoi au juste ? Impossible à définir.

Renforçant son malaise, et de façon étrange, les chiens du coin se mettent à aboyer dans le noir. Plus tard, notre témoin dira : « C'est un sentiment difficile à expliquer, qu'on acquiert quand on connaît bien sa ville. Vous savez alors d'instinct quand quelque chose ne tourne pas rond. Et vous vous mettez aussitôt à la recherche de quelqu'un ou de quelque chose qui pose problème. »

Herb décide d'aller jeter un coup d'œil aux bâtiments commerciaux, de l'autre côté de la ville. Il remonte Main Street, jusqu'à la grange de vente du bétail, près des corrals où sont parquées les bêtes. Il raconte : « Il y avait là, dans un enclos, un énorme taureau. Furieux, il ruait et chargeait sans cesse le portail. J'ai voulu m'assurer que les battants allaient tenir. J'ai examiné les lieux à la lampe torche. Au final, je n'ai rien vu d'anormal. »

Notre patrouilleur de nuit prend alors la direction de la voie rapide 63, toujours en périphérie de la ville.

Un ballon de rugby métallique

Au moment où le policier atteint l'intersection des voies 6 et 63, les phares de sa voiture éclairent quelque chose de lumineux, garé sur le bas-côté, quelques mètres devant lui. Herb consulte sa montre. Il est exactement 2h20 du matin.

« Au début, confie Herb, j'ai pensé qu'il s'agissait de la cabine d'un semi-remorque. Il y en a beaucoup qui circulent sur ces voies. Je me suis alors dit qu'un de ces véhicules était en panne. Il y avait une rangée de lumières clignotantes sur cet objet qui pouvaient ressembler à celles des routiers. »

Mais la surprise de notre témoin va grandissant.

« Ces lumières s'allumaient et s'éteignaient de plus en plus rapidement. Lorsque j'ai braqué le faisceau de ma lampe sur cette chose, je suis resté bouche bée. Je n'en croyais pas mes yeux. J'ai agrippé ma matraque, me suis assuré que ma bombe lacrymogène était à portée de main. Et tout en roulant, je me suis approché de ce drôle d'engin. »

Il s'agit en effet d'un vaisseau singulier qui mesure 6 mètres de long sur 4,5 mètres d'épaisseur. L'objet, parcouru de lumières rouges pulsantes, décolle aussitôt. À sa base, d'étranges pieds se rétractent. On peut alors voir distinctement sa forme. Il ressemble à un ballon de rugby métallique et brillant, parfaitement poli. Il plane à une dizaine de mètres au-dessus de l'autoroute. Il émet un bip de plus en plus rapide qui finit par vriller les tympans. Un faisceau lumineux, orange et rouge, jaillit de sa base et illumine le sol. Puis, « en 3 secondes », l'Ovni se fond dans le ciel, pour disparaître vers le nord.

« Je me suis figé. Tout ce que je pouvais faire, c'était le regarder partir. »

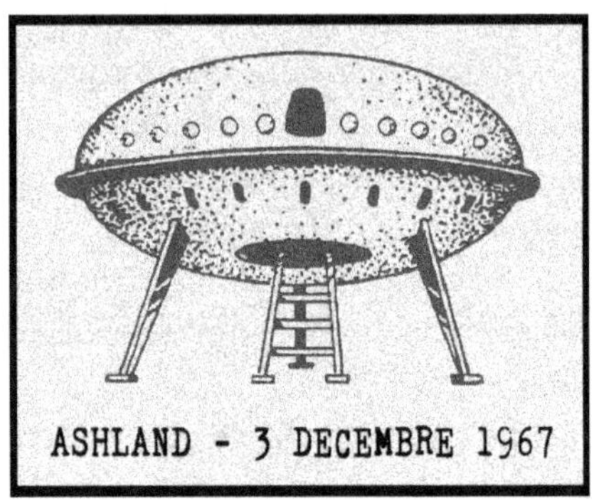

Croyez-le ou non !

Au moment où le vaisseau disparaît, Herb se sent physiquement mal. Il a chaud, se met à transpirer et est secoué de nausées. Il décide alors de regagner au plus vite le poste de police. De retour à son bureau, il consulte l'horloge murale. Il est 3 heures du matin. Là, quelque chose ne colle pas. Le jeune policier est persuadé que son observation n'a duré que quelques minutes. Il y aurait donc un trou d'au moins 25 minutes dans son emploi du temps. Un intervalle amnésique. Ce que les ufologues appellent un *missing time*, un épisode de temps manquant.

Sur le coup, Herb n'y prête guère attention. Sa gorge brûle. Il a, en priorité, un besoin impératif de boire. Il ne s'en prive pas en avalant de grandes rasades d'eau glacée.

« C'était, dit-il, comme si j'avais été privé d'eau durant une semaine. Il faut dire, qu'à ce moment-là, j'étais très agité, très nerveux. Ensuite, après m'être un peu calmé, j'ai décidé d'écrire mon rapport. Et j'ai noté finalement ceci : « J'ai vu une soucoupe volante à la jonction des autoroutes 6 et 63. Croyez-le ou non ! »

Herb attend la fin de son service et regagne, toujours mal en point, son domicile.

Quand l'US Air Force recommande l'hypnose

Une nuit de repos ne dissipe en rien son malaise.

« Ce matin-là, j'avais mal à la tête. Et il y avait un drôle de bourdonnement dans mon crâne. Dès que je commençais à m'endormir, ce bruit augmentait. J'avais aussi une marque rouge sur le nerf qui descend le long de l'oreille. Cette marque avait à peu près 5 centimètres de long sur 1 centimètre de large. Je me suis dit que je m'étais cogné quelque part, et je n'y ai plus pensé. »

Herb a plus que tout besoin de calme et de repos. Mais voilà, comme notre homme est policier, l'histoire s'ébruite rapidement. Les journaux de Lincoln et d'Omaha s'emparent du fait-divers. La télé suit, ainsi que la radio nationale, relatant l'étrange face-à-face vécu par un représentant des forces de l'ordre. Ce qui n'est pas banal.

À la suite de la déclaration de son journal de bord, l'US Air Force, aussitôt alertée, décide d'enquêter. Les membres du comité Condon demandent à Herb de prendre l'avion et de se rendre à Boulder, au quartier général de l'université du Colorado. Il s'exécute. Le 13 février 1968, il rencontre un groupe d'études sur les Ovnis créé par le gouvernement américain. Et c'est une première car l'US Air Force décide d'interroger notre témoin sous hypnose.

Herb raconte : « Nous fûmes introduits dans la pièce n° 202 du Woodbury Hall, sur le campus de l'université du Colorado. Le Dr Léo Sprinkle, un psychiatre de cette université, me mit sous hypnose. Je ne savais pas du tout en quoi ça consistait. Le Dr Sprinkle m'a plongé dans une sorte de transe. Là, on a découvert que j'avais fait bien plus que voir un Ovni. »

Alléché par ce fait-divers croustillant, le tabloïde *National Enquirer* lui consacre sa couverture en titrant : « L'US Air Force demande à un docteur d'utiliser l'hypnose pour prouver la bonne foi d'un policier qui rapporte avoir vu une soucoupe volante. » Sur une pleine page, on peut voir une photo d'Herb jouxtant un portrait d'Edward Condon qui s'est déplacé pour l'occasion.

On raconte que le Dr Condon et son équipe sont tombés des nues en entendant notre témoin, sous hypnose, faire d'incroyables révélations.

Une étonnante rencontre

Accompagné et soutenu par William Wlaschin, son supérieur hiérarchique, que révèle donc notre témoin ?

Plongé sous régression hypnotique à l'aide d'un pendule, les détails fusent. Les 25 minutes manquantes se reconstituent peu à peu. Coup de théâtre ! Herb raconte avoir eu un contact privilégié et prolongé avec les membres d'équipage de l'Ovni. Après avoir aperçu cette soucoupe, le moteur de sa voiture a calé. Les phares de son véhicule ont perdu de leur intensité. Puis, il se passa quelque chose d'extravagant. Pour mieux en apprécier l'étrangeté, voici un extrait des échanges enregistrés entre Herb et le Dr Sprinkle :

DOCTEUR : Avez-vous essayé de sortir votre pistolet ?

HERB : J'en ai été empêché.

Dr : Avez-vous utilisé la radio de la voiture ?

H : Je ne pouvais pas enclencher l'interrupteur. J'en fus empêché.

Dr : Et que s'est-il passé alors ?

H : Quelque chose s'est approché de mon véhicule.

Dr : Pouviez-vous voir les traits de cet être qui s'approchait ?

H : Non, il était tout blanc et très flou.

Dr : Savez-vous d'où ils viennent ?

H : De Vénus, de Jupiter et d'autres planètes. Ils sont originaires d'une galaxie voisine.

Dr : Quelles sont leurs intentions ?

H : Ils ne nous veulent aucun mal.

Dr : Pourquoi ont-ils atterri à Ashland ?

H : Ils voulaient s'approvisionner en courant électrique à partir de nos lignes à haute tension.

Dr : Comment s'y prennent-ils ?

H (longue pause) : Je ne peux pas le dire pour l'instant.

OVNI : Les 12 dossiers que le Pentagone ne s'explique pas

Dr : Comment fonctionne leur appareil ?

H : Il agit en annulant la gravité.

Dr : Comment fait-il cela ?

H : Je ne peux pas le dire. Ce n'est ni le moment, ni l'endroit.

Herb va mal

Après cette séance d'hypnose, Herb est soumis à différents tests psychologiques. Puis il est auditionné durant de longues heures.

Herb Schirmer, accompagné de son chef William Wlaschin, montre le pendule qui a servi lors de sa séance d'hypnose

De retour à Ashland, comme son chef a décidé de quitter son poste, Herb est promu à la tête du commandement local. Il devient ainsi le plus jeune chef de police du Midwest. Mais hélas dans les jours et les semaines qui suivent, ses états physique et psychologique se détériorent. Il assure péniblement sa mission de policier pendant encore 2 mois, mais finit par démissionner.

« Je ne faisais plus attention à ce que je faisais, explique-t-il. C'était obsessionnel, je ne cessais de me demander ce qui m'était réellement arrivé cette nuit-là. Mes migraines amplifiaient et devenaient atroces. Je me gavais d'aspirine comme on se gave de pop-corn. Vous ne pouvez pas être un bon policier quand vous avez de tels problèmes. Voilà pourquoi j'ai fini par poser ma démission. »

Une aide providentielle

Concernant ce cas classé n° 42, et fort embarrassant pour l'US Air Force, le rapport Condon tire de tout ça une conclusion assez laconique : « Le témoin dit souffrir d'une amnésie de 20 minutes durant lesquelles il aurait été à proximité d'un Ovni. Aucune preuve n'a cependant été fournie qu'un objet physique se soit posé là. De plus, les tests subis par le témoin – avec son consentement – n'ont pas prouvé que l'objet qu'il dit avoir aperçu était physiquement réel. »

Le Dr Leo Sprinkle, de son côté, déclare : « Il est certain que le témoin croit en la réalité des événements qu'il rapporte. »

Cela, évidemment, ne rassure pas Herb. Que lui est-il réellement arrivé ? Quelle était la nature de ce vaisseau et de ses étranges occupants ? Personne ne lui fournit les réponses qu'il espère. Bilan : notre témoin va de plus en plus mal. Son quotidien est bouleversé. Il demande alors de l'aide à des associations ufologiques qui, c'est un soulagement, semblent le prendre au sérieux. Il rencontre notamment l'ufologue Eric Norman (dont le véritable nom est Warren Smith). Herb lui confie derechef : « Avant ça, je n'avais jamais pensé à ces histoires de soucoupes volantes. Ni à leurs conséquences. Mais quand l'enquête du comité Condon a révélé qu'il manquait une demi-heure dans mon emploi du temps, ça m'a secoué. Je sais qu'il s'est passé beaucoup de choses cette nuit-là. C'est là, quelque part, enfoui dans mon cerveau. Mais impossible de l'extraire. »

Eric Norman propose alors à notre patrouilleur une seconde séance d'hypnose. Elle a lieu à Des Moines, dans l'Iowa. C'est Loring G. Williams, un professionnel, qui la dirige. L'essai semble si fructueux que d'autres séances suivront... Et petit à petit un étrange puzzle se met en place, rapportant ce que prétend avoir vécu Herbert Schirmer : un singulier face-à-face avec des êtres venus d'ailleurs.

De nouveaux détails

Que raconte, sous hypnose, notre témoin ? Tout d'abord, il dit que cette nuit du 3 décembre, lorsqu'il aperçoit l'Ovni à la jonction des voies rapides, il est fort intrigué. À ce moment précis, le moteur de sa voiture cale. Il tente de joindre du renfort, mais sa radio ne fonctionne plus. Tout en se rapprochant, il distingue de mieux en mieux cette machine. Et c'est à peine croyable ! Ce n'est pas un camion. C'est un engin plat, en forme d'ellipse, fait de métal. Une soucoupe volante, posée là, sur le bas-côté !

Herb panique. Il veut quitter les lieux au plus vite. Mais quelque chose l'en empêche. Puis, contre toute attente, deux êtres descendent de ce vaisseau et se dirigent vers sa voiture. Herb est terrifié. Il tente d'agripper son revolver. Impossible. Il est comme paralysé. Un des êtres braque un petit instrument sur la voiture... qui soudain est cernée d'une sorte de gaz vert !

Herb descend sa vitre. Il ne veut pas, précise-t-il, mais quelque chose l'oblige à s'exécuter. Un des humanoïdes le touche sur le cou, sous l'oreille exactement. Ça fait un mal de chien !

Herb quitte son véhicule bien malgré lui. La créature le regarde fixement. Les yeux de cette entité sont étranges, dérangeants, ils ressemblent « aux yeux d'un chat ».

L'humanoïde lui demande : « Êtes-vous le veilleur de cet endroit ? » (« *Are you the watchman over this place?* ») Herb répond : « Je suis un policier. » La créature lui demande encore : « Seriez–vous capable de tirer sur notre vaisseau ? » « Non », répond Herb. Comme rasséréné, l'ufonaute invite alors le policier à monter à bord de la soucoupe.

Le vaisseau

Les créatures accueillent Herb et lui révèlent que leur vaisseau est composé de magnésium pur. Notre témoin distingue, dans une pièce principale, une grande console et deux petits sièges de forme triangulaire face à un vaste écran de contrôle.

L'équipage de l'engin est composé de 4 membres. Ils sont de petite taille. Ils mesurent entre 1 mètre et 1,30 mètre, tout au plus. Ils sont cependant très musclés, assez secs, n'ayant, semble-t-il, « pas une once de graisse ». Leur torse est large et puissant. Ils bougent et se déplacent de façon plutôt rigide, un peu « militairement ».

Leur crâne est plus fin et plus long que celui des humains. Leur regard est fixe, sans aucun battement de paupières. Leurs pupilles se dilatent et se réduisent un peu comme l'objectif d'un appareil photo. Leur nez est plat. Leur bouche est réduite à une fente qui ne bouge pas. Leur peau est assez pâle, d'un étonnant gris blanc. Ils sont vêtus d'une sorte de combinaison moulante gris argent et sont chaussés de bottes. Sur leur combinaison, on distingue un emblème, une sorte d'écusson qui représente un serpent ailé (Quetzalcoatl ou le dragon chinois ?). Ces entités portent des gants. Et, enserrant leur tête, une cagoule. Ce serait plutôt une sorte de casque fin et rigide équipé d'une petite antenne au niveau de l'oreille gauche.

Un dialogue télépathique

S'établit alors, entre Herb et ces entités, un long dialogue télépathique.

Herb résume cet échange en disant : « Ils sont venus car nous, Terriens, gérons tout très mal. Toutefois, ils n'ont pas de message particulier à transmettre. Ils se sont posés à Ashland pour se ravitailler en courant électrique. Ils s'approvisionnent sur nos lignes à haute tension. Lorsqu'ils décident de s'adresser à un Terrien, ils font cela au hasard. Ils n'ont pas de critères de sélection. C'est la chance qui décide des rencontres. Ils collectent sur notre planète des échantillons végétaux et animaux. Ils mènent un programme d'hybridation, et pour cela utilisent parfois des humains. Ils font également partie d'une mission d'observation. D'ailleurs ils nous visitent depuis longtemps et ont des bases sous-marines, notamment au large de la Floride et de l'Argentine. Ils possèdent un équipement de protection contre lequel nous ne pouvons rien : un champ de force qui entoure leurs vaisseaux. C'est ce champ particulier qui stoppe le moteur des voitures et éteint les radios. Ils font cela car nous sommes une espèce hostile, très agressive. »

En conclusion, les entités ajoutent cette phrase sibylline : « Certes, nous voulons que vous puissiez croire en nous. Mais ne croyez surtout pas tout. »

Que veulent-ils entendre par-là ? D'ailleurs lors de l'échange, l'entité principale a répété plusieurs fois : « Nous voulons que face à nous, les gens restent perplexes... » Ou encore : « Nous voulons entretenir une certaine confusion dans votre esprit public. » Que comprendre ?

Herb réalise alors qu'il est temps de se séparer. Les deux entités apparues au début le raccompagnent galamment à sa voiture. En le fixant droit dans les yeux, ils lui disent : « Vous ne raconterez à personne que vous êtes monté à bord de notre vaisseau. Vous direz simplement qu'au moment où vous l'avez aperçu, il a aussitôt décollé. Vous direz cela et rien d'autre. Nous reviendrons vous voir deux fois dans le futur. »

Notre policier se retrouve alors dans sa Plymouth de fonction, sans trop comprendre. Il se sent à la fois mal et perdu.

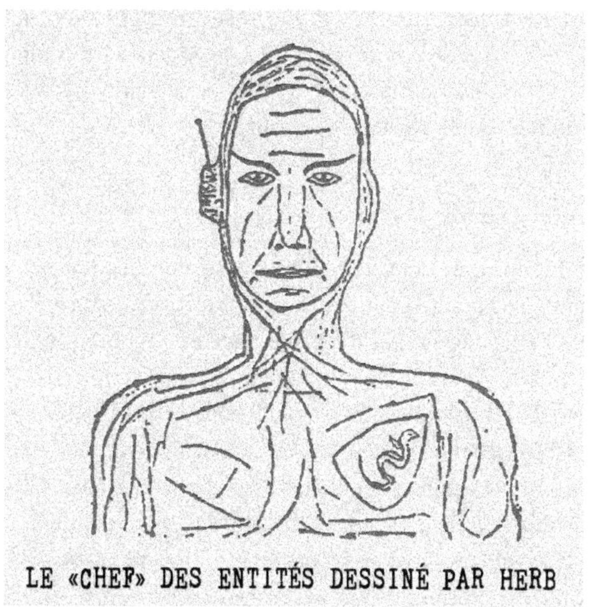

LE «CHEF» DES ENTITÉS DESSINÉ PAR HERB

Herb raconte

« À l'instant précis où j'ai quitté ce vaisseau, d'un seul coup, je suis redevenu moi-même. Et j'étais totalement terrifié. À l'intérieur de l'engin, je ne ressentais pas grand-chose. Mais là, en le quittant, voilà que j'étais soudain parcouru de frissons, je transpirais, j'avais chaud, j'étais secoué de nausées... J'ai regagné ma voiture de fonction, j'ai fait demi-tour et je suis rentré au poste de police. Durant ce trajet, j'avoue avoir commis un bel excès de vitesse ! J'ai également tenté de joindre le bureau du shérif de Wahoo, mais la radio ne fonctionnait plus.

À peine arrivé, j'ai bondi hors de la voiture. Et là, j'ai vu que l'horloge murale du commissariat disait qu'il était 3 heures du matin. Je me suis rendu directement aux toilettes, j'y suis allé pour boire car j'avais très chaud. Notre poste de police étant réduit, je suis allé dans la pièce principale. Je me suis assis à mon bureau. J'ai allumé une cigarette et je me suis dit : "Wow, que m'est-il donc arrivé ? Est-ce que j'ai réellement vu une soucoupe volante ? Ai-je vraiment vécu ça ?"

J'ai ouvert mon journal de bord. J'ai pensé à ces 20 minutes ou plus dont je n'avais pas le souvenir. Il fallait à tout prix que je fasse un rapport de ce que je venais de vivre, quelle que soit la nature de cette expérience. Alors j'ai pris mon stylo et j'ai écrit simplement ça : « Ce 2 décembre 1967, à 2 heures du matin, j'ai vu un Ovni à la jonction des autoroutes 6 et 63. Croyez-le ou non ! »

Un véritable chemin de croix

Le nom d'Herb Schirmer s'étale désormais à la une des journaux du pays. Semaine après semaine, la presse pilonne. Il faut dire que cette histoire de policier ayant eu un contact avec des entités d'outre-espace est une première ! Le fait-divers passionne le public américain. Le quotidien *Omaha World-Herald* publie un premier article le 6 décembre 1967 intitulé : « Le policier a vu un Ovni qui planait près de Ashland. » Puis ça feuilletonne sans répit. Le 16 février 1968, l'*Omaha Word-Herald* enfonce le clou : « Le policier qui a vu l'Ovni "se souvient" sous hypnose : les êtres de cette soucoupe ont dit qu'ils reviendraient. »

Comme souvent, voir un Ovni et en parler publiquement est dommageable pour les témoins. Herb Schirmer ne fait pas exception à la règle. Suite à sa déposition, il vit un véritable cauchemar. Moqué, malmené, menacé, sa vie devient un enfer. Sa femme, prétendant qu'il est mentalement dérangé, le quitte. Et les années qui vont suivre seront un long chemin de croix. Il raconte :

« Après mon témoignage, la télé a débarqué. Et avec elle, la presse, les quotidiens, les stations de radio... J'ai bientôt été submergé d'appels téléphoniques. Deux jours plus tard, le ridicule a pointé son nez. Par exemple, un homme a couru le long de trois pâtés de maison pour me rejoindre. Il haletait. Il possédait une boutique de pneus Goodyear dans le Nebraska. Il m'a dit : "Herb, si par hasard tu devais voir une autre soucoupe volante atterrir, essaie de leur vendre mes pneus !" Mon téléphone sonnait et on me disait : "Bonjour, ici la planète Mars !" Des trucs débiles du genre. Un jour, j'étais en Floride, dans un hôtel comme celui-ci, un homme m'a demandé : "Vous êtes bien Herb Schirmer ?" Je lui ai dit que oui. Alors il m'a rétorqué : "Je m'appelle monsieur Machin. Moi aussi j'ai été enlevé, mais à bord d'un fourgon de police !" Cette fois, j'ai trouvé ça plutôt futé.

» L'armée de l'air américaine, le comité Condon, le projet *Blue Book* sont venus au Nebraska pour mener l'enquête et m'interroger. Ils se sont rendus compte qu'il manquait 25 minutes dans mon journal de bord, 25 minutes dont je n'avais aucun souvenir. Alors ils m'ont dit : "Il faut que vous alliez à Boulder." J'ai accepté. Ils m'ont emmené là-bas et j'ai rencontré une équipe d'ufologues ainsi que des tas de gens. Ils m'ont fait passer beaucoup de tests... Lorsque j'étais à Boulder, les gens étaient courtois, vraiment sympathiques. Mais la nuit où je suis rentré à Ashland, ce fut différent. À Ashland, dans notre beau cimetière local, ils ont pendu un mannequin à un arbre, par le cou. Ils lui ont accroché une énorme étoile et sur cette étoile ils ont écrit : HERB. Ils l'ont également coiffé d'un chapeau de cow-boy. Puis ils l'ont criblé de balles, mis de la peinture rouge comme du sang. Ils ont vraiment fait les choses en grand. Ils ont ensuite appelé une ambulance, ont décroché le corps, l'ont mis sur un brancard en le couvrant d'un drap et l'ont transporté à la morgue. Ils ont pensé me faire peur. Mais pas du tout, en fait. Ils voulaient me terrifier. C'était raté. Ça m'a surtout fait rire quand j'ai découvert ça dans le journal et que j'ai pu voir les photos. Mais lorsque j'étais à Boulder, ils ont fait sauter ma voiture à la dynamite. Ça m'a rendu vert de rage. Je l'avais payée de ma poche. Là, j'avoue, j'étais furieux.

» En ce qui concerne ma famille, je suis allé voir mon père. Je lui ai dit : "Papa, toi qui as servi pendant 27 ans dans l'US Air Force, crois-tu que les Ovnis existent ?" Il n'a dit ni oui ni non. Il m'a juste répondu : "Fiston, si ce que tu racontes est la vérité, tiens-toi toujours à ça." C'est ce que je n'ai jamais cessé de faire. »

Épilogue

Voici donc l'étonnante histoire d'Herbert Schirmer, l'une des rencontres ufologiques les plus déconcertantes d'Amérique du Nord. De nombreux articles, livres et bandes dessinées lui ont été consacrés. On trouve même, évoquant son aventure, un *coloring-book*, ces albums de coloriage pour enfants.

En 1975, un disque vinyle, produit par E. Lee Spiegel, fut édité par le label *Columbia House*. Son titre : *UFOs: The Credibility Factor*. On peut y entendre les grands acteurs de l'ufologie nord-américaine, des figures tutélaires comme Donald Keyhoe ou J. Allen Hynek. Y figure également le témoignage très émouvant d'Herbert Schirmer !

Que reste-t-il de cette étrange aventure aujourd'hui ? En fait, en consultant le net, on réalise que ce cas est loin d'être oublié. Dernièrement, un jeune dessinateur et scénariste américain, Michael Jasorka, a conçu une bande dessinée de 56 pages intitulée *December 3rd 1967*, qui raconte en détail l'abduction de notre patrouilleur de nuit. L'ouvrage est vendu avec un CD où l'on peut entendre Herb raconter son singulier face-à-face. Jasorka eut la chance de rencontrer Herb. Il dit de lui : « C'était un être tout à fait authentique. Et je crois en son histoire. »

En 2019, un brasseur eut l'idée de créer une bière en hommage à Herb. La bière s'appelle *Star, Snake, Dank, IPA* (IPA signifie *India Pale Ale*, un style de bière à fermentation haute d'origine anglaise).

Herb Shirmer nous a quittés en 2017. Rêvons qu'aux confins des étoiles, il trinque désormais avec ses visiteurs, à grand renfort d'ambroisie.

Sources

Omaha World-Herald, 6 décembre 1967 • *Ashland Gazette*, 7 décembre 1967 • *Omaha World-Herald*, 16 février 1968 • *The UFO Investigator*, vol. IV, n° 5, mars 1968, p. 1 • *Ashland Gazette*, 22 février 1968 • *Flying Saucer Review*, vol. 4, n° 4, juillet-août 1968, pp. 18-19 • Dr Edward U. Condon, *Scientific Study of Unidentified Flying Objects*, Bantam, 1969, p. 389 • Eric Norman, *Gods, Demons and UFOs*, Lancer Books 1970, pp. 169-193 • Ralph et Judy Blum, *Beyond Earth: Man's Contact with UFOs*, Bantam, 1974 • *The Oregonian, Portland*, 10 août 1974 • *The Register*, 30 octobre 1974 • *The Province, Vancouver*, 20 mars 1976 • *Omaha World-Herald*, 26 avril 1976 • *CERPI* n° 10, février 1977, pp. 9-11 • D. Scott Rogo (dir.), *Alien Aductions: True Cases of UFO Kidnappings*, Signet Classics, 1980, pp. 112-121 • *Ashland Gazette*, 8 avril 2004.

VIII. Les Ovnis de la vallée de l'Hudson

Parmi les vagues d'Ovnis recensées, celle-ci reste injustement confidentielle. Pourtant, entre 1982 et 1995, 7 000 citoyens américains déclarent avoir aperçu un étrange vaisseau dans le ciel de l'État de New York. Et cela sans compter ceux qui – par crainte du ridicule ou par pudeur –, choisirent de se taire.

Il est donc indéniable que l'Est américain vécut une invasion inédite d'Ovnis. La presse régionale de ces années-là rapporte une masse de témoignages relatifs à des engins de forme triangulaire. Suite à cela, civils, pilotes ou policiers – donc une bonne partie d'observateurs formés –, réclamèrent aux autorités une explication. Ou tout du moins, une enquête officielle et circonstanciée. Ce ne fut hélas pas le cas.

Toutefois le nombre et la cohérence de ces rapports nous exhortent, encore aujourd'hui, à nous interroger, à fouiller les archives. Car n'est-ce pas là, comme l'ont déclaré J. Allen Hynek, Philip J. Imbrogno ou Bob Pratt – ces prestigieux ufologues et enquêteurs –, « l'une des plus importantes observations d'Ovnis de tous les temps ? »

Lieu des observations

Située au nord de New York, la vallée de l'Hudson s'étend sur près de 250 kilomètres de la pointe de Manhattan jusqu'à Albany, capitale de l'État. Décrite par le guide touristique du *National Geographic* comme l'une des 20 destinations incontournables au monde, cette vallée est connue pour la beauté de ses paysages et les nombreuses activités qu'elle propose : kayak, randonnée, escalade, baignade ou ski en hiver. Zone du patrimoine national, première terre viticole du pays, elle suit le fleuve Hudson qui délimite la frontière entre les États de New York et du New Jersey.

C'est là que se manifestèrent, dès les années 1980, de mystérieux objets célestes. Ces observations eurent lieu sur un territoire de 3 600 km² comprenant les comtés de Westchester, Putnam et Dutchess pour l'État de New York. Et les comtés de Fairfield, Litchfield et New Haven pour le Connecticut.

Portrait du phénomène

La plupart des témoins décrivent un vaisseau triangulaire. Ou en forme de V et de boomerang. Il est très imposant, voire gigantesque, aussi vaste qu'un stade de football. Certaines personnes l'ont comparé à « une ville volante ». D'autres, comme il obstruait le ciel, ont cru « que le soleil se couchait tant il était grand ».

Il est équipé, le long de son fuselage, de lumières multicolores : rouges, vertes et ambrées. Et de gros phares blancs. Sa masse est sombre, mate, métallique, et selon certains travaillée de structures complexes, trappes ou poutres diverses. Il semble particulièrement attiré par les lacs et les étangs.

L'Ovni est capable de rester stationnaire assez longtemps. Puis de s'éloigner à une vitesse vertigineuse. Il est totalement silencieux ou émet un faible « ronronnement de moteur électrique ». Il semble parfois interagir télépathiquement avec les témoins, ce qui semble insensé.

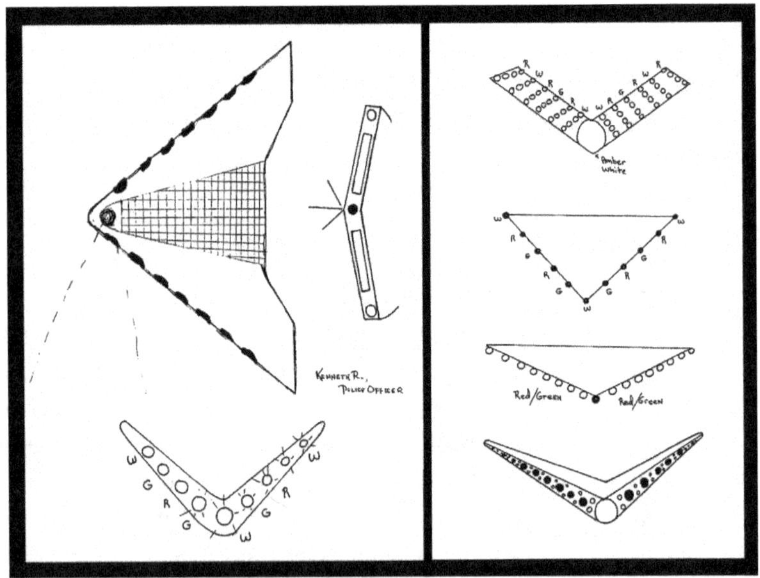

Dessins d'objets volants aperçus par les témoins

Une première observation

Date : 1er janvier 1982.

Lieu : Kent, une ville dans le comté de Putnam (États-Unis).

Notre témoin, quadragénaire, est un officier de police de la ville de New York à la retraite. Il vient d'emménager avec sa femme et ses deux enfants dans une nouvelle maison. En guise de « baptême », il lance une bouteille de champagne qui se brise sur les murs du nouveau domicile. Son épouse est alors inquiète car elle craint que les enfants ne se blessent avec les éclats de verre. Contraint de faire un peu de ménage, notre policier retourne collecter les tessons éparpillés. C'est alors que, levant la tête, il aperçoit un groupe de lumières rouges et vertes dans le ciel. Voici ce qu'il raconte :

« Ces lumières donnaient l'impression d'être reliées par une sorte de structure. La chose avait une forme de boomerang ou de V. Je pouvais entendre un léger bourdonnement profond. Ça ressemblait à une usine avec de nombreuses machines en train de fonctionner au loin. »

L'ancien policier ressent une étrange vibration au fond de sa poitrine. Équipé d'une caméra, il filme l'Ovni qui plane, 50 mètres au-dessus de la maison. Soudain ses lumières multicolores s'éteignent. Et à leur place, trois gros phares de lumière blanche délimitent un triangle. Puis ces phares s'éteignent à leur tour... Et les lumières initiales réapparaissent.

« Les lumières étaient si puissantes que je pouvais voir le sol autour de moi... Je n'avais jamais vu un truc pareil avant cela. Et je peux dire que ce n'était pas un appareil que je connais. »

Le même soir...

Ce même soir, à minuit passé, un chef d'entrepôt de 55 ans croise, non sans émotion, le même engin. Ce témoin se nomme Edwin Hansen et vit à Kent Cliffs, dans l'État de New York. Alors qu'il roule tranquillement sur l'autoroute, il aperçoit devant lui un groupe de lumières stationnaires.

« Au début, dit-il, j'ai cru qu'il s'agissait d'un hélicoptère en train d'examiner le sol avec son projecteur. » Intrigué, il scrute le ciel. Et au même moment, constate que plusieurs voitures se garent sur le bas-côté pour observer ce phénomène. L'objet se met alors à décrire, tout là-haut, des voltes serrées.

« Il projetait un rayon de lumière blanche jusqu'au sol. Et là, j'ai vu que ce n'était pas un hélicoptère car il était juste devant moi et je n'entendais aucun bruit. Je me suis dit : "J'aimerais que ça vienne plus près pour pouvoir mieux l'observer." Dès que cette pensée m'a traversé l'esprit, l'objet s'est mis à descendre et s'est dirigé droit vers ma voiture ! Il a éteint son projecteur et planait à une trentaine de mètres au-dessus de la route. Il avait la forme d'un boomerang, avec des lumières qui se déplaçaient le long de ses ailes. Une sorte de longue queue triangulaire apparaissait derrière les lumières du boomerang. C'était si énorme que ça remplissait complètement le ciel. »

L'objet progresse lentement vers notre témoin qui, terrorisé, se met alors à klaxonner frénétiquement, dans l'espoir de le faire fuir. De plus, aveuglé par les lumières intenses de l'engin, Edwin doit protéger ses yeux de la main. Mais l'Ovni se rapproche, projetant un rayon de lumière sur la route. Notre témoin, cédant à la panique se met à hurler, suppliant que ce damné truc disparaisse. Rien n'y fait, l'Ovni est tout près désormais. Soudain, notre homme sent comme une forme de communication s'établir entre cet objet et lui. « J'ai ressenti des pensées qui n'étaient pas les miennes, et une sorte de voix m'a dit de ne pas avoir peur. Puis brusquement, l'objet s'est éloigné et le faisceau de lumière s'est éteint. »

Sans demander son reste, Edwin démarre et rentre précipitamment chez lui. Il n'a souhaité raconter son étrange aventure à personne. Son épouse a précisé que les nuits suivantes, il restait de longs moments à l'extérieur, marchant et scrutant intensément le ciel.

L'observation de miss O'Driscoll

Une année s'écoule et notre engin se fait plutôt discret. Mais dès le mois de février 1983, il réapparaît. Et cette fois s'adonne à une démonstration époustouflante.

Date : 26 février 1983.
Lieu : Kent, une ville dans l'État de New York et le comté de Putnam.

Notre témoin, âgée de 38 ans, se nomme Monique O'Driscoll. Employée à la clinique psychiatrique de la ville de Brewster, elle réside à Lake Carmel. Ce soir-là, accompagnée de sa fille de 17 ans, Monique rentre chez elle au volant de sa voiture.

Le ciel est clair malgré la nuit. Soudain la radio de bord se met à émettre de forts grésillements. Voici ce que notre témoin raconte :

« Ma mère vit à Kent, près de la route 52. Après avoir dîné chez elle, nous sommes rentrées, ma fille et moi. Nous avons pris la route vers 20h30… Soudain, ma fille m'a dit : "Maman, regarde ces lumières sur la colline !" J'ai répondu : "Eh bien, il y en a qui font la fête là-haut !" Ces lumières flashaient comme un stroboscope, mais plus intensément que celles d'une discothèque. Puis soudain, elles ont commencé à se déplacer. Ma fille m'a dit : "En fait, il n'y a pas de maisons là-haut. Cette colline est déserte." »

Les deux femmes découvrent qu'il s'agit en réalité d'un objet gigantesque progressant dans le ciel avec lenteur. Alors qu'elles s'engagent sur *White Pond*, une route peu carrossable, l'objet se positionne devant leur voiture. « Ces lumières étaient intenses et impossibles à décrire. Elles étaient rouges, bleues et dorées… »

Monique quitte alors son véhicule et se retrouve directement sous l'engin. Sa fille, terrifiée, hurle : « Maman reviens, ils vont t'enlever ! » Mais notre témoin n'écoute désormais personne, elle avouera avoir été comme hypnotisée. « L'objet était très bas, 4 mètres au-dessus des poteaux téléphoniques. Au bout de 3 ou 4 minutes, il a commencé à s'éloigner. J'ai pensé : "Oh non, ne t'en va pas ! Je veux encore t'observer." Ça peut paraître fou, mais je suis sûre qu'il m'a entendu. Au moment où j'ai pensé cela, il s'est arrêté, a fait un tour complet et est revenu vers moi. Il avait la forme d'un boomerang. Ses lumières clignotaient selon une séquence bien définie, comme sur un ordinateur. Il flottait dans l'air, énorme. Ma fille tentait d'établir un contact sur la radio CB de la voiture, mais c'était impossible à cause des interférences statiques. L'engin était totalement silencieux. Si un monstre de cette taille avait été équipé d'un moteur, bien des fenêtres auraient tremblé. Je pouvais parfaitement voir sa partie inférieure. Elle était bien solide. Il y avait là tout un mécanisme, des entrecroisements, des éléments tubulaires et longs qui saillaient, le tout recouvert d'une lourde grille métallique. J'étais si proche que si j'avais lancé une balle, je l'aurais touché. Il était grand comme un stade de football, bien plus grand que la maison de ma mère ! Entre une soixantaine et une centaine de mètres d'une extrémité à l'autre. Je l'ai suivi un court instant, puis pfft ! il a disparu. Aussi rapidement que ça. »

Monique regagne alors son véhicule. Sa fille est morte de peur : « Maman, tu es complètement folle, lâche-t-elle d'un ton de reproche. Si l'engin t'avait kidnappée, j'aurais fait quoi ? » Imperturbable, Monique répond : « Pas d'inquiétude, j'ai une bonne assurance vie. »

Nos témoins se lancent à nouveau à la poursuite du boomerang. Elles le rattrapent sur *Farmers Mill Road*. « Je suis à nouveau descendue de voiture, confie Monique, et je l'ai regardé... On le voyait et, soudainement, il n'était plus là. »

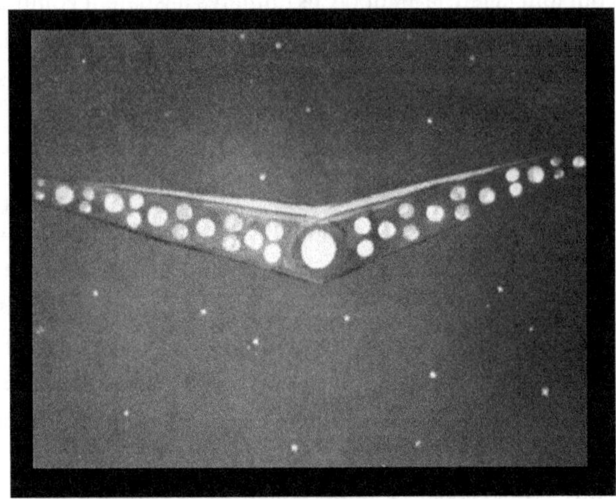

L'engin vu et dessiné par Monique O'Driscoll

Sources

Reporter Dispatch, White Plains, 11 septembre 1983 • *Inquirer*, Philadelphie, 28 septembre 1984 • *UFO Review* n° 20, 1984, pp. 1, 10.

L'observation de Dennis Sant

Date : 17 mars 1983.

Lieu : Brewster, État de New York, dans le comté de Putnam.

Le témoin, Dennis Sant, trentenaire, occupe une position importante au sein de l'administration locale. Craignant la réaction de sa hiérarchie, cet adjoint du greffier du comté de Putnam hésita avant de se confier. Mais, par devoir civique, il finit toutefois par accepter de témoigner.

Revenant d'un meeting religieux et accompagné de ses deux enfants (6 et 9 ans), ce trentenaire rentre chez lui. C'est alors qu'il aperçoit un vaste objet triangulaire survoler le jardin de sa maison. « J'ai remarqué, dit-il, au-dessus de la cour arrière de ma résidence un grand objet en forme de L. On aurait dit un camion remorque garé dans le ciel. Il est resté là environ 5 minutes. D'un bout à l'autre, il mesurait au moins 45 mètres et ne faisait aucun bruit. »

Il est près de 21 heures. Le temps d'installer les enfants pour la nuit, Dennis ressent soudain le besoin urgent de sortir, un désir puissant et pressant de retourner dehors « avec la sensation viscérale que quelque chose l'attend à l'extérieur ».

Notre témoin aperçoit alors l'engin au-dessus de la route 84. Une guirlande de lumières scintille sur sa carlingue, qui semble métallique. Il avertit son père et ses enfants qui le rejoignent aussitôt.

« L'objet planait au-dessus d'un camion... Et j'étais jaloux de ces routiers qui, garés sur le bord de la route, pouvaient le voir de près. J'ai ressenti un désir fou, extrême, d'observer moi aussi cet Ovni de plus près. À cet instant précis, l'objet a négocié un virage à 360 degrés, comme s'il pivotait sur une roue. J'ai vu qu'il était en forme de V. Et il a commencé à se diriger vers moi. Il s'est ensuite arrêté à 90 mètres de la maison. Et à 10 ou 15 mètres au-dessus des arbres. Il est resté stationnaire au moins pendant 5 minutes. Nous nous sommes alors avancés vers l'objet, mon père et moi. J'avais, par le passé, lu quelques articles sur les Ovnis. Et je m'étais dit que le jour où j'en verrai un, j'aurais sans doute très peur. Or sachez que cette rencontre fut loin d'être effrayante. Pour moi, ce fut une expérience spirituelle, riche en émotions. Les 19 à 20 minutes durant lesquelles j'ai observé cet engin furent comme une sorte d'autoexamen, une introspection pour savoir qui j'étais. En nous rapprochant, on distinguait parfaitement la nuance de ses lumières : rouge, ambre, verte. Avec une sorte de gros phare blanc au milieu. Ces lumières ont alors gagné en intensité, illuminant à la fois les alentours, la route et un marécage proche. Les enfants, terrifiés, sont rentrés en courant se réfugier dans la maison.

J'ai regardé l'objet avec mon père pendant 2 autres minutes, on s'est mis à marcher sous lui. Il donnait l'impression d'avoir la largeur d'un terrain de football. Il était gris métallique, très sombre... Je pouvais entendre un faible bruit de moteur, vraiment doux. Et peu perceptible jusqu'à ce qu'il soit très proche.

L'objet est resté là une minute supplémentaire. Puis j'ai eu peur à l'idée qu'il atterrisse. Tandis que je pensais à cela, il s'est éloigné en volant à la vitesse d'un dirigeable... Je l'ai observé 2 ou 3 minutes de plus, avant qu'il ne sorte de mon champ de vision. J'étais effrayé, mais j'ai regretté qu'il s'en aille. »

Dennis contacte alors le bureau du shérif.

« J'ai appris que cette nuit-là, un peu plus au nord, des tas de voitures s'étaient rangées sur le bas-côté alors que l'objet survolait tout le secteur. J'ai ensuite donné une interview à un journal en leur disant : "Je vous en prie, ne citez pas mon nom, je veux juste avertir les citoyens que quelque chose plane dans notre ciel." Je ne sais pas si cet engin vient d'ailleurs. Mais notre zone est comprise entre les 3 aéroports de New York, et elle se trouve sur le chemin de 5 petits aéroports locaux. Nous connaissons donc parfaitement, dans cette communauté, tout ce qui vole au-dessus de nos têtes. Or cet objet ne ressemblait pas du tout à un avion. Il ne ressemblait à rien de ce que j'ai pu voir de toute ma vie. »

24 mars 1983

Au cours de la nuit du 24 mars, l'Ovni se manifeste et s'exhibe ostensiblement. C'est sans conteste l'un des moments les plus fous de cette vague. Le quotidien *Reporter Dispatch* du 11 septembre note : « Ce fut comme *La Guerre des mondes* narrée par Orson Welles, une fois de plus. Sauf que cette fois, inutile d'allumer sa radio. Tout ce que vous aviez à faire était de lever les yeux vers le ciel. Dans la nuit du 24 mars dernier, c'est ce qu'ont fait des centaines de citoyens de Westchester et de Putnam. Des automobilistes se rangeaient sur le bas-côté des routes pour scruter le ciel. Les mères agrippaient leurs enfants et se réfugiaient à l'intérieur des maisons. Entre 20h30 et 23 heures, les standards des commissariats ont été submergés d'appels émanant de citoyens curieux, perplexes ou hystériques. »

C'est qu'un engin gigantesque et silencieux, parcouru de lumières intenses, survole durant plus d'une heure les localités de Yorktown, Somers et Carmel. Plusieurs milliers de personnes l'aperçoivent. On frôle l'hystérie collective.

« Les gens n'en croyaient pas leurs yeux », témoigne le sergent Vincent Puma, officier du quartier général de la police de Carmel. « Ils n'ont eu de cesse de rapporter cette énorme chose dans le ciel. Ça les a rendus littéralement fous. »

L'objet provoque un embouteillage monstre à l'intersection des routes 202 et 35, lorsque les automobilistes s'arrêtent pour l'observer. Certains témoins sont terrorisés et rentrent précipitamment chez eux. D'autres, plus curieux, n'ont qu'une envie : le suivre où qu'il aille.

Parmi la foule de témoignages recueillis, en voici brièvement quelques-uns.

Ed Burns, chef de projet chez IBM qui réside dans le secteur de Yorktown Heights, déclare : « S'il existe quelque chose comme une ville volante, alors c'était une ville volante. Ce n'était pas un petit appareil, c'était gigantesque. »

Bill Hele, chef météo pour la société nationale de météorologie, raconte : « J'ai évolué dans le domaine de l'aviation ces 20 dernières années et, lorsque j'ai vu cet engin, j'ai réalisé qu'il n'avait l'apparence d'aucun objet connu. »

John Piccone, un résident de Yorktown qui a travaillé dans l'aérospatiale, confirme : « L'objet est passé au-dessus de notre allée, et ça ressemblait à une formation en V. L'une des lumières du côté droit de sa structure s'est détachée et a légèrement reculé. C'était comme si elle était en train de nous observer. 10 à 20 secondes plus tard, elle a réintégré la formation. Je travaille sur des engins spatiaux aussi bien que sur des avions. Il ne fait aucun doute dans mon esprit que ce n'était pas un avion. »

L'officier de police Kevin Soravilla, en l'apercevant, pense sur le coup qu'il s'agit d'un long courrier en difficulté. Mais il change rapidement d'avis : « L'engin était équipé de 6 à 8 lumières très fortes, il avait la forme d'un V. Ce truc était immense. J'ai ensuite pensé à un dirigeable. Mais après s'être arrêté, l'objet s'est tourné. Il était alors perpendiculaire au sol. Un dirigeable est incapable de manœuvrer de la sorte. »

Si l'on parle de manœuvrabilité, cet Ovni s'est comporté de façon étonnante, voire inédite. Lorsqu'une conductrice, seule à bord, l'aperçut au loin, elle le découvrit une seconde plus tard au-dessus de son véhicule. Un couple raconte que l'objet a soudain filé à l'horizon à une vitesse vertigineuse avant de revenir à sa position initiale, le tout en une fraction de seconde... Quel est donc cet engin qui, paradant au-dessus des zones peuplées, semble défier nos lois aéronautiques connues ?

On mène l'enquête

Philip Imbrogno, professeur de sciences passionné d'Ovnis, raconte : « Tout a débuté en 1983. Je me souviens encore très bien de ce jour-là, je déjeunais lorsque le facteur est passé me voir et m'a dit : "Phil, as-tu lu le journal ? On y raconte que des centaines de personnes ont aperçu un Ovni au-dessus du comté." Je lui ai répondu que j'ignorais tout ça. Je me suis aussitôt jeté sur le journal et j'ai commencé à lire. À l'époque, j'étais un enquêteur de terrain pour le CUFOS. C'est alors qu'Allen Hynek m'a téléphoné : "Bon sang, mais qu'est-ce qu'il se passe dans votre ciel ?" Je lui ai répondu que j'étais en train de parcourir le journal, que je relevais le nom des témoins et que je m'apprêtais à les interviewer. Hynek m'a répondu : " Ne bougez pas, j'arrive !" J'étais sidéré. Ce fut ainsi le début d'une très longue collaboration. À partir de ce moment-là, j'ai côtoyé Allen Hynek fréquemment. Nous avons mené, lui et moi, un grand nombre d'enquêtes sur le terrain. Le Dr Allen Hynek était un homme exceptionnel. Il a été pour moi une sorte de mentor. Notre amitié a commencé là. C'était un homme très discret, très humble. Ce sont là de grandes qualités car il mettait aussitôt les témoins à l'aise, en confiance. Au début des années 1980, n'oubliez pas qu'il était de bon ton de suggérer que les témoins d'un phénomène Ovni était en général des gens illuminés, plutôt dingues. Alors les personnes qui avaient aperçu un Ovni n'osaient pas en parler. Mais quand Allen Hynek interviewait les témoins, il était si respectueux, si attentif, que les gens se confiaient aussitôt. On se sentait à l'aise en sa présence. Grâce à lui, nous avons recueilli un grand nombre de témoignages. Allen Hynek est devenu un véritable ami. J'ai souvent pris l'avion pour l'Arizona lorsqu'il s'est installé là-bas. Nous avons travaillé sur des projets en astronomie. J'ai beaucoup appris de lui pendant toutes ces années. Et bien sûr, c'est avec lui que j'ai enquêté sur cette vague exceptionnelle d'Ovnis dans la vallée de l'Hudson. »

Qu'en pense la police ?

Débordée, la police est d'abord fort sceptique et réticente. Elle finira toutefois par changer d'avis. En attendant, lorsque Imbrogno interroge les policiers de Danbury sur le nombre de rapports qu'ils collectent, leur réponse est cinglante : « Les gens équilibrés ne signalent pas d'Ovnis. » À une personne voulant rapporter une observation, un officier du même poste répond avec un ricanement : « OK, allez-vous coucher et l'Ovni rose s'en ira. » Un rien cavalier. Un agent de Danbury résume parfaitement l'attitude générale en tranchant : « Il ne peut s'agir d'Ovnis puisque ceux-ci n'existent pas ! »

Ce n'est pas l'avis de tous les agents. Sur le terrain, Imbrogno est secondé par le lieutenant George Lesnick, en service depuis 28 ans dans la police de Fairfield. Passionné par le phénomène Ovni, Lesnick, 56 ans, parcourt les comtés de Westchester, Putnam et Dutchess, localisant et interrogeant des milliers de témoins. « Nous nous sentons comme des pionniers, raconte-t-il. Ici les gens veulent une réponse concernant ces Ovnis et nous faisons notre possible pour tenter de résoudre ce mystère... » Notre enquêteur se définit comme un romantique, appréciant plus que tout cette aventure excitante, d'être un « justicier des Ovnis ». Impressionné par les témoignages, il déclare : « Cette somme d'observations à New York et Fairfield m'a permis de rencontrer les témoins les plus crédibles qui soient. J'ai croisé des juges, des médecins, des scientifiques, des avocats, des professeurs, des hommes d'affaires, des officiers de police, des ingénieurs en aéronautique et des météorologistes, tous convaincus d'avoir observé quelque chose de vraiment étrange au-dessus de leur tête. »

Premières explications

La première hypothèse avancée par la police d'État est celle de plusieurs ULM volant en formation. Ces ULM seraient équipés d'un éclairage spécial. Cette théorie est toutefois discutable car la plupart des observations ont lieu la nuit. Or voler en ULM de nuit est strictement interdit. De plus, voler en formation pour ces engins instables, sensibles au moindre coup de vent, est très risqué. Il est quasiment impossible qu'un groupe d'ULM puisse rester en formation parfaite, être stationnaire durant de longues minutes, ou tourner de façon synchrone comme l'Ovni décrit par de nombreux témoins. Enfin, dernier détail, un groupe d'ULM volant de concert produiraient à coup sûr un raffut du diable comparable à « une escadrille de tondeuses ». Or les triangles et boomerangs de l'Hudson Valley sont quasiment tous silencieux.

Seconde hypothèse : des avions militaires. Selon la *Gazette* de Schenectady du 29 novembre 1983, l'Ovni serait un avion ramenant de Pasadena, en Californie, des cadets de l'académie militaire américaine après un match opposant la marine à l'armée. Étonnant, car l'Ovni fut aperçu dans plusieurs endroits, plusieurs soirs de suite. Cet avion se promènerait donc inlassablement au-dessus de la vallée de l'Hudson ? Voyant que cette explication peine à convaincre, les policiers de Brewster et de Carmel ajustent le tir.

Nouvelle théorie : il s'agirait en fait d'avions militaires décollant de l'aéroport de Stewart – ancienne base de l'US Air Force – et se rendant vers le sud, dans le New Jersey. Connaissant mal l'itinéraire, les pilotes auraient alors coutume de suivre les réseaux routiers pour ne pas s'égarer, notamment le *Taconic Parkway* (une voie rapide nord-sud très éclairée) où l'Ovni fut repéré bien des fois. Là encore, cela pose problème. Peut-on imaginer que l'US Air Force puisse laisser des avions militaires pilotés par des hommes inexpérimentés, voler en formation au-dessus de zones urbaines très peuplées ? Et comment se fait-il que cet Ovni ait été vu volant vers le nord, l'est et l'ouest, alors qu'une formation d'avions quittant l'aéroport de Stewart pour le New Jersey doit impérativement se déplacer vers le sud ?

L'hypothèse des ULM et des avions militaires étant peu recevables, les forces de l'ordre ne désarment pourtant pas. La police de l'État de New York annonce, triomphante, avoir enfin résolu le mystère des Ovnis. Il s'agirait d'un groupe de 4 à 5 petits avions civils qui volent en formation, montant un canular pour se jouer de la population locale. Ces pilotes de la ville de Stormville aiment visiblement faire des plaisanteries. Le soldat K. C. Evans le confirme. Il dit avoir suivi ces lumières émanant de plusieurs avions jusqu'à ce qu'ils se posent sur l'aéroport de Stormville. Après avoir rencontré ces pilotes, il révèle au quotidien *Reporter Dispatch* : « En fait, il s'agit de 4 ou 5 mecs qui aiment effectuer des vols en formation chaque semaine. Et ils s'éclatent en lisant les témoignages d'Ovnis qui paraissent le lendemain dans la presse. C'est ça leur truc, même s'ils ne veulent pas vraiment l'admettre. Je pourrais vous fournir le nom de ces pilotes car ils n'enfreignent aucune loi. » Cette explication est reprise massivement par les médias du pays. On dit même que ces farceurs se font appeler « les Martiens ». Il est indéniable que de joyeux lurons, adeptes d'acrobaties, jouent de temps en temps à l'Ovni. Mais certains témoins disent les repérer aisément. Car selon eux, leur petite démonstration n'a rien à voir avec la manœuvrabilité et l'apparence du grand Ovni observé.

Les principaux départements de police adoptent pourtant cette explication, car pensent-ils, cela rassure le public. Donc plus d'inquiétude, bons citoyens, dormez tranquilles. Un quotidien d'Asbury Park, daté du 13 septembre 1984, confirme : « C'est évident, nous savons tous que les Ovnis ne sont pas pilotés par des créatures extraterrestres qui nous observent... Mais ces Ovnis ont tout de même un rôle utile. Ils détournent brièvement notre attention des soucis bien réels que connaît notre planète. Et ils nourriront, au cours des prochains mois, les conversations des soirées cocktails futures. »

Pourtant, un objet ne cesse de hanter le ciel du secteur. À partir du 24 mars, il est régulièrement aperçu le long de la vallée de l'Hudson, puis dans la région de Kingston, ensuite à New Paltz, près de Hook Mountain, et enfin à Rockland. On l'observe également au nord des comtés de Westchester, de Putnam et au sud de

Dutchess. Il se promène paisiblement partout, du sud de Manhattan jusqu'à l'est de Danbury. Ceux qui l'aperçoivent rejettent avec véhémence l'hypothèse officielle. Après avoir vu cet objet massif dans le ciel, Joanne Williams, inspectrice des bâtiments à Torrington, déclare à un journaliste du *Hartford Courant* : « Cette explication d'avions évoluant en formation n'est qu'un tissu de conneries ! »

Une vidéo en haute résolution

Date : 24 juillet 1984.
Lieu : Brewster, dans le comté de Putnam.
22 heures.

Robert Pozzuoli, vice-président d'une importante société d'électronique, lâche son chien dans le jardin. Soudain, il aperçoit d'étranges lumières dans le ciel. Il appelle aussitôt Lori, son épouse, et réclame son caméscope. Il fait alors le point sur cet étrange phénomène et le filme.

Une fois la séquence projetée, on aperçoit un objet en forme de disque avec une série de 6 lumières sur sa circonférence. L'objet passe derrière un arbre. Lorsqu'il réapparaît, il semble différent. Les lumières sont multicolores et une lumière rouge clignote en l'escortant. Cette vidéo est d'abord acquise par la chaîne de télévision ABC. Leur technicien déclare en la visionnant : « Jamais auparavant, je n'avais vu quelque chose de semblable. Chaque fois que je la regarde, j'ai la chair de poule. C'est bizarre. »

La vidéo est ensuite envoyée, pour analyse, au Dr John Baker de la West Coast University, en Californie. Ce spécialiste est formel : il ne s'agit pas d'aéronefs en formation. Mais de quoi s'agit-il alors ? Il n'en sait fichtrement rien et refuse de poursuivre son investigation.

En 1985, dans le cadre de son émission *American Undercover*, la célèbre chaîne de télévision HBO consacre un reportage aux observations de l'Hudson River. Pour cela, elle confie la vidéo au *Jet Propulsion Laboratory* de Pasadena, en Californie. Un expert en développement informatique, le Dr Al Hibbs, se charge de l'analyser. Pour cela, il utilise l'ordinateur du laboratoire, une machine coûtant plusieurs millions de dollars, qui a été utilisée pour traiter les images de Mars, Jupiter, Saturne et Uranus, prises par les sondes spatiales Voyager et Viking. Résultat : Hibbs est incapable d'identifier l'objet de la vidéo, il ne ressemble à rien de connu !

Si beaucoup prennent ce film au sérieux, d'autres en revanche le raillent. Pozzuoli déclare, philosophe : « Les gens peuvent me ridiculiser, je sais que j'ai vu un truc qu'il m'est impossible d'expliquer. S'il n'est pas de ce monde, j'aimerais bien savoir d'où il vient. »

S'il est impossible de déterminer avec certitude son origine, en revanche on sait qu'après avoir été filmé par notre témoin, l'Ovni prit immédiatement la direction de la centrale nucléaire d'Indian Point.

L'objet filmé par Robert Pozzuoli

Source

Reporter Dispatch, White Plains, 14 juillet 1988.

Au-dessus d'une centrale nucléaire !

Voilà sans doute l'observation la plus marquante et la plus stupéfiante de toute cette vague.

Date : 24 juillet 1984.

Lieu : site du réacteur nucléaire d'Indian Point, situé sur le fleuve Hudson, à Buchanan (New York).

Le personnel de la centrale avait déjà observé un Ovni – un engin d'une centaine de mètres d'un bord à l'autre –, le 14 juin précédent. Le 24 juillet, voilà que ça recommence. Cette fois, l'Ovni, en toute impunité, viole l'espace haute sécurité de la centrale, espace qu'aucun avion n'a le droit de franchir sans autorisation en bonne et due forme. Carl, l'un des agents de sécurité, se souvient : « Tout a commencé quand un gardien a appelé en disant : "Hé ! l'Ovni est de retour !" Ayant entendu cela, on a tous accouru pour le voir. On était alors 5, dont 2 chefs... Je me suis retrouvé à 150 mètres environ de l'objet quand celui-ci s'est rapproché de la centrale. Il ressemblait à un cône de crème glacée. On pouvait voir que c'était un objet solide ayant approximativement la taille de 3 terrains de football. À un moment donné, il s'est retrouvé directement à notre verticale, et on le regardait par en dessous. Il était toujours en mouvement, mais très lentement. J'aurais pu marcher et rester à sa hauteur, il devait se déplacer à moins de 15 km/h. »

L'objet se positionne alors, à moins de 10 mètres, au-dessus du seul réacteur en marche de la centrale. Cette nuit-là, un vent souffle jusqu'à 55 km/h, détail qui permet d'exclure l'hypothèse d'une formation d'ULM ou de petits avions civils.

Voici comment, après avoir interviewé les principaux témoins, l'enquêteur Philip Imbrogno résume cette étonnante visite : « Le 24 juillet 1984, à 20h10, l'objet a pu être filmé à Brewster, une ville dans l'État de New York. C'est la première vidéo en haute résolution qui a pu être réalisée de l'objet. 15 minutes plus tard, l'Ovni s'est dirigé vers l'Ouest... Et il est allé droit sur le site des réacteurs nucléaires de la centrale d'Indian Point. 12 officiers de police et gardes de sécurité ont été témoins de ce qui s'est passé alors. Je dois préciser qu'il s'agit là d'un territoire militaire, sous haute surveillance, qui abrite le réacteur nucléaire n° 3. Les officiers ont été en état de choc lorsque l'objet est apparu. Un état d'alerte a été immédiatement déclenché. Leur première impression fut qu'un gros avion allait entrer en collision avec le réacteur. D'où la panique ! Mais comme l'objet se rapprochait, ils se sont soudain rendu compte qu'il ne s'agissait pas d'un avion conventionnel. Ils se sont demandé : "Bon sang, quel est ce truc ?" L'objet s'est alors positionné et immobilisé juste au-dessus du réacteur n° 3, le seul réacteur qui fonctionnait à l'époque pour alimenter en électricité le métro de New York. Les officiers ont marché sous l'objet. Ils ont pu l'observer de très près. L'Ovni était gigantesque, plus vaste qu'un terrain de football. Et plus grand qu'un C-5A, le plus grand avion du monde qui a une envergure de 65 mètres. Il obscurcissait le ciel en entier. Selon les témoins, la base de l'objet était en métal gris et sombre. On pouvait apercevoir des ouvertures circulaires, comme des trappes, assez larges pour y faire pénétrer des voitures. L'objet était totalement silencieux. À cet

---

instant, le commandant a pris la décision de tirer sur l'objet. Les hommes se sont emparés de leurs armes. Mais au moment d'ouvrir le feu, le commandant a reçu un appel urgent. On lui a alors ordonné : "Ne faites rien !" Simultanément, tout le système de sécurité protégeant le réacteur est tombé en panne. Les détecteurs de mouvement se sont éteints. Le système d'alarme a cessé de fonctionner. Un agent préposé aux caméras a pu filmer l'objet. J'ai interviewé cet homme et il m'a révélé qu'il avait été obligé d'incliner sa caméra de 180 degrés pour pouvoir filmer l'Ovni en entier. Le lendemain de cette apparition, les officiers ont été convoqués tôt le matin. Un homme vêtu de vêtements civils les attendait. Cet homme a confisqué tous les rapports concernant l'Ovni, les enregistrements radio, les vidéos des caméras de surveillance. Puis le commandant s'est adressé aux hommes en leur disant simplement : "Rien ne s'est passé la nuit dernière ! Est-ce bien clair ?" »

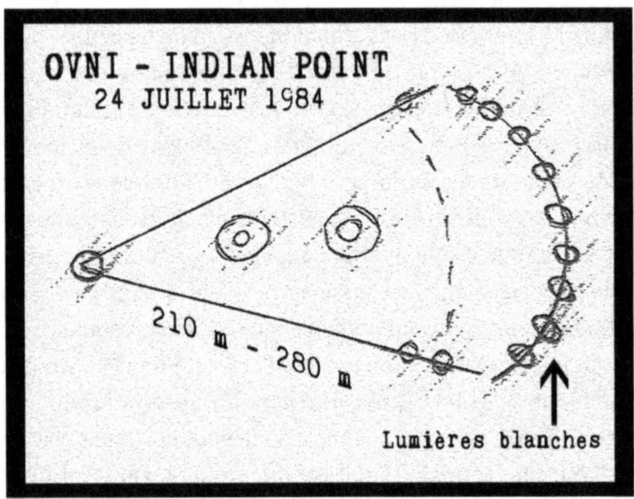

Croquis d'après la description du personnel de sécurité d'Indian Point

Une conférence prise d'assaut

Si les hautes instances, embarrassées, prétendent qu'il ne se passe rien, le public, lui, réclame à cor et à cri une explication. Philip Imbrogno et Peter Gersten, avocat de Peeskill, décident d'organiser une rencontre-conférence autour des observations de la vallée de l'Hudson. La date est rapidement fixée : elle aura lieu le 25 août 1984, de 10 heures à 22 heures, école Henri H. Wells Middle, située sur la route 312 de Brewster, à la frontière entre le Connecticut et l'État de New York. Un programme est rapidement mis sur pied : Budd Hopkins (spécialiste des abductions), John Keel, John Fuller et Whitley Strieber répondent présents. La crème de l'ufologie se rassemble pour discuter du phénomène. Mais nos organisateurs sont anxieux car la salle contient tout de même 500 places. Même s'ils s'échinent à rassembler le plus de témoins possible, réussiront-ils à la remplir ?

Dès l'ouverture des portes, c'est la ruée ! À 10 heures, tous les sièges sont occupés. Les citoyens arrivent en masse. L'énorme parking est engorgé. On s'entasse comme on peut pour écouter les conférenciers et les témoins. Une grande partie de l'auditoire reste debout. À midi, plus de 1 500 personnes se sont déjà déplacées.

Plus étonnant encore, plus de 75 journalistes assistent à la conférence. Certains gros journaux sont représentés comme le *New York Times* ou le *Chicago Tribune*. Les chaînes de télévision comme ABC, CBS et NBC ont dépêché des reporters. On diffuse alors la vidéo de Bob Pozzuoli. 10 chaînes de télévision la réclament. C'est un moment historique. Cette conférence qui durera jusqu'à minuit reste l'un des plus grands événements ufologiques jamais organisés aux États-Unis.

Les témoins se confient

Suite à cette conférence, les langues se délient. Philip Imbrogno peut alors brosser un portrait-robot plus précis du phénomène. Il précise : « En résumé, les témoins décrivent la même chose : un objet de la taille d'un stade de football, de forme triangulaire ou parfois comme un boomerang, tout dépend de la façon dont il se présente. Cet objet ne fait aucun bruit. Il est parcouru de lumières rouges, vertes et oranges. Cet objet est gigantesque. Il est souvent suivi par des objets de petites tailles, indépendants, qui plongent dans les eaux du lac. Beaucoup de témoins ont également vu des lumières rouges qui sortaient de l'immense Ovni. Ces lumières ont suivi des voitures, des gens. C'est comme si elles prenaient des photos, collectaient des informations et réintégraient ensuite l'immense vaisseau. Les témoins ont tous décrit la même chose, le même objet. Nous avons eu des témoignages d'officiers de police. Ils nous ont raconté qu'ils ont quitté leur poste précipitamment et se sont mis à poursuivre cet Ovni. C'était comme une scène sortie tout droit du film de Spielberg, *Rencontres du troisième type*. J'ai pu interviewer plus d'une vingtaine de ces policiers. Ils étaient tous ahuris par ce qu'ils ont vu. Ça a bouleversé la croyance des gens. Ceux qui ne croyaient pas aux Ovnis, confrontés à ce triangle, y croient aujourd'hui dur comme fer. Ils nous ont tous dit que cette chose, cet objet, n'était ni une méprise avec quelque chose de connu, ni un avion. C'était un vaisseau spatial gigantesque. Enfin, beaucoup de témoins nous ont fourni un détail troublant : cet objet est capable de disparaître en un éclair et de réapparaître ensuite. »

L'enquêteur voit l'Ovni

Coup de théâtre, le 21 mars 1985, l'enquêteur Philip Imbrogno aperçoit l'Ovni à son tour. Il plane dans les airs au-dessus de l'autoroute Interstate 95, à Bridgeport, dans le Connecticut. Un choc réel. Il raconte : « Les lumières étaient rigides. Il n'y avait pas de son. Il ressemblait à un boomerang de couleur orangée. Nous avons tenté de le suivre en voiture et nous avons failli avoir un accident. Les gens levaient les yeux vers lui, écrasant frénétiquement leurs freins. Toute la zone était en panique. »

Avant cette nuit, Imbrogno n'était pas convaincu de l'existence des Ovnis, même s'il avait consacré 10 années à enquêter sur les observations faites par d'autres.

« Habituellement, une équipe d'enquêteurs n'arrive jamais à voir l'Ovni sur lequel ils travaillent. Mais dans ce cas, nous l'avons vu. C'est à ce moment-là que j'ai été convaincu à 100 % que nous avions affaire à un phénomène ne correspondant pas à une technologie humaine. Je ne dis pas que c'est extraterrestre. Je dis simplement que je ne sais pas d'où ça vient. »

Des rencontres du troisième type

Pour certains, l'étrangeté du phénomène va encore plus loin. En effet, quelques témoins rapportent apercevoir, accompagnant l'Ovni, des êtres énigmatiques. Philip Imbrogno, circonspect, note qu'il se passe parfois, en plus des observations, « quelque chose de mystérieux ». Certains faits semblent difficiles à croire. Et pourtant... En voici un parfait exemple.

Date : octobre 1987.
Lieu : le lac Candlewood, dans les comtés de Fairfield et Litchfield.

Notre témoin habite à Brookfield, sur la rive ouest du lac. Voici son témoignage :
« C'était à la mi-octobre, vers 18 heures, je rentrais du travail. Je venais d'emprunter la route du lac Candlewood lorsque j'ai cru voir un avion qui volait bas dans le ciel. L'objet est passé au-dessus des arbres, mais je n'ai rien entendu qui aurait pu évoquer un crash. Toutefois cela m'a vraiment perturbé. J'ai ensuite bifurqué sur la route de l'aéroport et lorsque j'ai commencé à monter la colline, j'ai remarqué que 4 voitures étaient garées sans lumière, la plupart sur le bas-côté. J'ai fait un appel de phares et ma voiture s'est arrêtée. Je n'avais soudain plus de batterie, plus de radio et plus de phares. »

Notre témoin descend alors de son véhicule. Il s'approche des automobilistes qui discutent sur le bord de la route. Il y a là trois hommes et une femme. Très excitées, ces personnes lui expliquent qu'un énorme engin est passé au-dessus d'eux et a fait caler leurs voitures. L'objet, de forme triangulaire, était totalement silencieux. Il était brillant, équipé de lumières blanches et orangées. Il est visiblement descendu derrière la colline toute proche qui se trouve à l'ouest.

« Il commençait à faire sombre et je pouvais distinguer une lueur dans les bois. J'avais envie d'aller voir mais personne ne souhaitait m'accompagner. Je me suis dit que c'était peut-être un petit avion qui s'était écrasé et je voulais aller vérifier. Je me suis muni de ma lampe torche et je me suis mis en route vers les bois. J'ai parcouru approximativement 400 mètres avant d'arriver à la colline. La lueur devenait plus forte et je savais qu'il y avait quelque chose de l'autre côté. Lors de mon ascension, la lueur a viré au rouge sombre et puis à un blanc cassé. »

Lorsqu'il atteint enfin le sommet de la colline, notre témoin aperçoit alors un étrange objet illuminé. Vu la distance, difficile d'en distinguer les détails. Pour cela, il progresse davantage, avec peine, au travers d'une végétation très dense.

« J'ai dû descendre pour atteindre une trouée. J'ai été sidéré en apercevant un objet sombre en forme de triangle faire du vol stationnaire parmi les arbres. C'était très étrange, car il ne volait pas au-dessus des arbres, mais au milieu de ceux-ci... comme un fantôme ! Je veux dire qu'un engin avec de telles dimensions aurait dû briser des branches et ses moteurs auraient dû souffler les arbres alentour. Mais il n'y avait rien d'autre que du silence.

» J'ai voulu m'en rapprocher un peu plus quand j'ai entendu du bruit qui arrivait de là. J'ai alors vu cette silhouette portant un genre de combinaison s'approcher de l'objet. Je me suis aussitôt dissimulé derrière un buisson. Cet homme – si c'en était bien un –, s'est dirigé droit sur l'engin avant de regarder dans ma direction. Il était de taille moyenne. Sa combinaison était sombre avec des bandes rappelant du métal qui luisait autour des bras et de la taille. Je n'ai pas vu son visage, mais je suis sûr qu'il portait une sorte de casque. J'ai senti qu'il savait que j'étais là et j'ai perçu des pensées dans ma tête disant que je ne devais pas m'approcher davantage. J'étais plus que désireux d'obéir. Alors que je regardais, cet être a levé la main comme pour me dire au revoir et il a disparu dans un flash de lumière rouge. L'objet s'est ensuite évanoui comme si quelqu'un l'avait éteint. »

Bouleversé par ce qu'il vient de vivre, notre témoin repart en courant vers sa voiture. Au risque de passer pour fou, il réalise qu'il ne pourra raconter cette histoire à personne.

« Lorsque je suis arrivé sur la route, il n'y avait plus personne à l'exception d'un homme. Il m'a expliqué que les voitures avaient redémarré et que les autres étaient repartis. Lui-même avait été "choisi" pour rester afin de s'assurer de mon retour. Il m'a demandé si j'avais vu quelque chose. Je lui ai répondu que non. »

Une lettre relance l'enquête

En 1987, J. Allen Hynek, Philip Imbrogno et Bob Pratt éditent un livre sur ces observations intitulé *Night Siege: The Hudson Valley UFO Sightings,* qui sera traduit en français sous le titre *Ovnis sur l'Hudson River.* Un indispensable.

Quelques semaines plus tard, un événement rebat les cartes. On se souvient que la vidéo réalisée par Robert Pozzuoli en juillet 1984 fut analysée par plusieurs experts. Cela sans conclusion réellement officielle. Cependant, début 1988, une lettre rendue publique par la presse et émanant d'une division de l'US Space Agency (l'agence spatiale américaine) relance le débat. Signé par Lew Allen, directeur du *Jet Propulsion Laboratory* de Pasadena (Californie), ce document assure que les lumières aperçues sur la vidéo en question « sont attachées à un engin unique et rigide, tel un "vaisseau" ».

Cela fait grand bruit et balaie du coup l'hypothèse des ULM et des avions civils de l'aéroport de Stormville volant en formation. Les quotidiens osent alors des accroches du genre : « L'Ovni de l'Hudson : pas des avions ! » De quoi relancer l'enquête.

Ce document est bien sûr pris au sérieux car le *Jet Propulsion Laboratory* est une division privée de la *National Aeronautics and Space Administration* (NASA, l'administration fédérale de l'espace et de l'aéronautique). Rien de fantaisiste donc.

Aussitôt contacté, Robert MacMillian, porte-parole du *Jet Propulsion* confirme que la lettre est authentique et bien rédigée par Lew Allen, le directeur. Mais MacMillian ajoute, soudain prudent, que l'avis émis dans le document n'est qu'une « supposition » et qu'aucune analyse supplémentaire ne sera effectuée.

Cela fait bondir Philip Imbrogno : « Impossible de croire qu'ils n'ont pas effectué d'autres analyses. Les scientifiques sont curieux de nature. Je pense qu'ils ont mené des recherches plus approfondies. »

La presse relaie l'information tout en révélant que l'Ovni de l'Hudson River se fait de plus en plus discret. Il semble, depuis quelque temps, déserter les zones peuplées et urbaines... pour hanter les points d'eau et réservoirs du pays. Sachant que l'État de New York – le 3ᵉ plus peuplé des États-Unis – compte près de 7 000 lacs, il a donc de quoi explorer.

Source
Reporter Dispatch, White Plains, 21 février 1988.

Conclusions

Quel est cet objet triangulaire qui – dans un souci frénétique d'exhibition – survola autoroutes et habitations ? Doté d'une manœuvrabilité inédite, on le vit apparaître et disparaître en un éclair. Ou, en plein ciel, basculer sur son flanc et tourner, au nez des témoins stupéfaits, « à la manière d'une roue de fête foraine ! » De plus, sa vitesse en vol – ou contre le vent – était tout à fait inférieure à la vitesse de décrochage d'un avion.

Ni les forces de police, ni la FAA, ni l'US Air Force ne purent proposer d'explication satisfaisante. La FAA mena pourtant une enquête pour tenter de localiser les pilotes farceurs de Stormville et des environs, sans succès. Puis elle se désintéressa du cas. L'un de ses porte-parole, Louis Achitoff, déclara lors d'une interview : « Pourquoi devrions-nous nous occuper d'un Ovni ? Si le pilote qui est là-haut a une licence et qu'il vole à une bonne altitude, on se fiche de quelle planète il peut venir. » Sans commentaire.

Ainsi, l'Ovni de la vallée de l'Hudson échappa aux analyses, brouilla les pistes, se déroba à l'instant même où on pensait le tenir.

Philip Klass, sceptique fort connu, renonça lui-même à le démasquer. Dans le magazine *Omni* d'août 1983, il déclara : « Cela fait 18 ans que je mène des recherches sur les témoignages d'Ovnis, et je n'ai jusqu'alors pas trouvé d'indices suggérant un phénomène inconnu ou extraterrestre. Il en faudrait beaucoup pour me convaincre, mais ceci pourrait constituer le premier cas inexpliqué en 17 ans. »

Les enquêteurs zélés – J. Allen Hynek, Philip J. Imbrogno et Bob Pratt – qui menèrent une longue investigation conclurent : « Cet objet n'est pas une arme secrète, ni un hologramme, ni une formation d'avions, d'hélicoptères ou de dirigeables, ni, pensons-nous, rien qui soit de conception humaine. Il n'existe pas d'explication conventionnelle pour l'Ovni de la vallée de l'Hudson. Nous ignorons ce que c'est. »

Dès 1989, ces majestueux triangles quittèrent l'État de New York, pour venir s'encanailler – avec une égale insolence – au-dessus de la Belgique.

Sources

Gazette, Schenectady, 29 novembre 1983 • *The New York Times*, 25 août 1984 • *MUFON UFO Journal* n° 198, octobre 1984, p. 13 • *Discover, The Magazine of Science*, novembre 1984 (le cas illustre la couverture) • *The Wilton Bulletin*, 23 octobre 1985 • *Times*, Beverly, 11 août 1986 • *Reporter Dispatch*, White Plains, 25 et 28 septembre 1987 • *American*, Waterbury, 13 novembre 1987 • *Courant*, Hartford, 16 décembre 1987 • *Times Union*, Albany, 27 décembre 1987 • Émission télé « *Unsolved Mysteries* », saison 5, épisode 1, diffusée le 16 septembre 1992 • Émission radio *Coast to Coast AM* : « *Hudson Valley Ufos & the Paranormal* », 22 avril 2008 • J. Allen Hynek, Philip J. Imbrogno et Bob Pratt, *Ovnis sur l'Hudson River*, Trajectoire, 2011 • Linda Zimmermann, *Hudson Valley UFOs*, Eagle Press, 2014.

IX. Ovnis : rapts en plein ciel

« Les Ovnis représentent un authentique mystère, aussi déroutant et fascinant aujourd'hui qu'il l'était quand j'ai accepté l'idée de leur existence en 1975. Le seul élément que je tienne pour un fait est celui-ci : plus on en apprend sur le phénomène des Ovnis, plus cela devient complexe, et plus on réalise que l'on en sait tellement peu à leur sujet. Quelle que soit sa nature, il y a un côté sombre à ce phénomène... »

Bob Pratt

Bruce Maccabee, physicien spécialisé en optique et ex-employé de l'U.S. Navy – s'intéresse particulièrement aux incidents concernant des pilotes et des Ovnis. Il déclare : « Il est triste d'apprendre que de nombreux avions s'écrasent et que des pilotes, équipage et passagers perdent la vie chaque année. Dans la plupart des cas, il est assez simple d'attribuer ces accidents à des pannes mécaniques, au mauvais temps ou à des erreurs de pilotage. Il existe également un nombre considérable de cas où un aéronef disparaît sans raison apparente alors qu'il survole un lac ou un océan. Mais généralement des traces sont ensuite retrouvées telles que des parties flottantes de l'avion ou des gilets de sauvetage. Il reste, cependant, un petit nombre d'incidents dans lesquels un avion disparaît dans des circonstances plus mystérieuses : des circonstances impliquant des objets volants non identifiés ! »

C'est précisément quatre de ces cas que nous allons évoquer.

L'ultime vol de Felix Moncla

Un premier cas d'enlèvement présumé date des années 1950.

Date : 23 novembre 1953.
Lieu : lac Supérieur, près de Soo Locks, dans le Michigan, aux États-Unis.

Peu après 18 heures, le radar du Commandement de la défense aérospatiale américain détecte un Ovni au-dessus du lac Supérieur, cette immense étendue d'eau à cheval entre les États-Unis et le Canada. Un biréacteur F-89C Scorpion, matricule 51-5853A, décolle à 18h17 de la base aérienne de Kinross. Guidé depuis le sol, il tente d'intercepter ce mystérieux intrus.

L'intercepteur F-89C est piloté par le lieutenant Felix Eugene Moncla, âgé de 27 ans. Dans le cockpit arrière, le 1er lieutenant Robert L. Wilson, 22 ans, observateur radariste, tente également de suivre la trajectoire de l'Ovni. L'intercepteur, dont le nom de code est *Avenger Red*, vole à près de 800 km/h. Il a assez de carburant en réserve pour 1h45 de vol.

Alors que Felix Moncla décrit son approche vers l'intrus, sa transmission radio est soudain brouillée par d'importantes interférences électromagnétiques. Depuis la base, une équipe de la Force aérienne suit l'opération. Ces hommes voient le F-89C poursuivre l'Ovni sur 260 kilomètres au-dessus du lac Supérieur. Mais une fois la communication interrompue, les contrôleurs constatent, médusés, que le F-89C se rapproche dangereusement de sa cible. Sur leur écran radar, de façon incompréhensible, les deux *blips* – ces signaux désignant les appareils –, fusionnent et disparaissent soudain !

Le contrôleur déclenche en toute hâte un dispositif de recherche. On se dit que Moncla et Wilson ont pu s'éjecter avant la collision. Ils ont à leur disposition des gilets de sauvetage et des radeaux gonflables. Mais il faut faire vite, car ils ne pourront pas tenir bien longtemps dans les eaux glacées.

Toute la nuit, des avions américains et canadiens survolent le lac, patrouillant à basse altitude et lançant régulièrement des fusées éclairantes. Dès l'aube, des bateaux se joignent aux recherches tandis que les avions ratissent le secteur sur 150 kilomètres. On ne trouve aucune trace, ni débris, ni taches d'huile. L'Ovni, l'avion et les deux lieutenants semblent s'être mystérieusement volatilisés.

Rapidement, la base de Truax envoie un communiqué officiel à l'*Associated Press* précisant : « L'avion a été suivi au radar. Il a été vu entrant en collision avec un objet à 110 kilomètres au large de la pointe Keweenaw, dans le Haut-Michigan. » Suite à cela, le quotidien *Chicago Tribune* titre : « Un avion d'interception avec deux hommes à bord disparaît au-dessus du lac Supérieur. » L'affaire, tragique et auréolée de mystère, fait grand bruit.

Dans un premier temps, l'état-major de l'US Air Force tente d'étouffer l'incident. Il déclare que les radaristes ont mal vu ou mal interprété les données de leur écran. Il n'y a donc pas eu collision.

Peu convaincu, le NICAP (Comité national des enquêtes sur les phénomènes aériens) mène l'enquête. En 1958, ils échangent plusieurs courriers avec la mère et le beau-frère de l'un des aviateurs disparus. Ils découvrent également que la veuve de l'officier, qui exigeait quelques explications, a obtenu des réponses surprenantes et contradictoires de la part de deux représentants de l'US Air Force.

• 1ʳᵉ explication : en essayant d'identifier un avion de ligne volant à basse altitude, Felix Moncla se serait glissé sous l'appareil en question, sans prêter suffisamment attention à son altimètre. Heurtant alors l'eau avec son aile, il se serait crashé. Les enquêteurs du NICAP s'insurgent : « Cela ne tient pas debout. Lorsqu'il repère un engin inconnu, les procédures standard et de défense exigent que le pilote de l'intercepteur l'éclaire d'abord de ses puissants phares et le contacte ensuite par radio. Aucun pilote de jet n'essaierait de se glisser sous un avion volant si près de l'eau. Il n'en aurait d'ailleurs aucun besoin puisque tous les avions ont des identifications peintes sur leurs côtés ou sur le dessus de leurs ailes. »

• 2ᵈᵉ explication : le F-89C aurait explosé à haute altitude et aucun autre avion ne serait impliqué dans l'incident. Cette seconde version fut visiblement improvisée dans l'urgence car la première, d'un avis général, fut jugée ridicule. Là aussi, pour les enquêteurs, l'explication est absurde. Si le F-89C a effectivement explosé en haute altitude, pourquoi aucun corps et débris de l'épave ne furent jamais retrouvés ? Lors d'un accident de ce type, des fragments de gilets de sauvetage, de radeaux ou de parachutes remontent invariablement à la surface.

L'US Air Force ment

En 1960, les enquêteurs du NICAP envoient un questionnaire à l'ATIC, le service du renseignement technique de l'US Air Force. Une des premières questions posées est la suivante : « Quelles sont vos conclusions concernant l'incident survenu à Kinross où un intercepteur F-89 disparut en traquant un Ovni ? A-t-on seulement retrouvé des fragments de corps ou d'appareil ? » La réponse, obtenue le 1ᵉʳ juin 1960, est fort brève : « L'ATIC n'a aucune connaissance de ce cas. » Deux semaines auparavant, le 16 mai 1960, le major L. J. Tacker, porte-parole de l'US Air Force, avait prétendu la même chose dans un courrier adressé à l'enquêteur Richard Levine. Voilà qui est surprenant lorsqu'on sait que la disparition du jet et des deux pilotes fut pourtant confirmée en novembre 1953 par le capitaine Robert C. White, responsable de l'information de l'armée de l'air nord-américaine.

C'est aussi la première fois que l'ATIC contredit frontalement un sénateur. En effet, lors d'une commission d'enquête du Congrès, le sénateur Byrd avait déclaré : « L'incident de Kinross, en novembre 1953, fut un malheureux accident où n'intervint aucun Ovni. Le pilote identifia avec succès un avion d'une compagnie canadienne. De façon flagrante, le F-89 rencontra quelques problèmes lors de son retour à la base et se crasha au final dans le lac Supérieur. » Le sénateur Byrd avait donc reçu de la part de l'US Air Force un dossier complet sur l'incident. Et des copies furent également envoyées aux présidents et autres membres de la commission sénatoriale des forces armées. Pourquoi donc ce mensonge ?

D'hypothèse en hypothèse...

La version du sénateur Byrd, où le prétendu Ovni est en réalité un avion de ligne canadien dévié de son couloir de vol, est rapidement balayée. En effet, les compagnies canadiennes s'insurgent : « Aucun de nos appareils, ce jour-là, n'a traversé ce secteur. »

La base aérienne de Kinross propose alors une nouvelle explication : le soi-disant Ovni était un appareil militaire appartenant à la Royal Air Force canadienne. Mais après enquête, le capitaine Robert White, officier du bureau de presse au Pentagone, conclut qu'en réalité l'objet aperçu à 112 kilomètres de Keweenaw ne fut jamais identifié. Tout en affirmant qu'il n'y eut jamais de collision, il révéla que l'US Air Force ignorait totalement la nature de cet intrus. Il précisa que le F-89C n'avait jamais intercepté un avion canadien ou autre aéronef du genre. Et que Moncla et Wilson n'avaient lancé aucun appel de détresse avant de disparaître.

Une autre version fut avancée : Felix Moncla, dont on dit qu'il souffrait de vertige, aurait été pris d'un malaise et aurait perdu le contrôle de l'avion qui se serait alors abîmé dans le lac. De quoi faire rire bon nombre de pilotes. Juste aberrant. Moncla aurait enclenché le pilotage automatique en attendant que son malaise passe. Et au pire, le copilote Wilson aurait été parfaitement en mesure de le relayer momentanément.

Un triste canular

Le major Donald Keyhoe, qui enquêta sur ce cas, note dans son ouvrage *Les Étrangers de l'espace* : « Une lettre me parvint un peu plus tard de la mère de Moncla. Elle disait : "Je suppose que les Forces aériennes ont leur raison pour nous cacher ainsi la vérité, mais c'est dur pour une mère. Dieu vous bénisse pour ce que vous faites." Classé en 1953, le rapport d'accident n'a jamais été divulgué. » En application de la loi américaine d'accès à l'information ou FOIA, et suite à une demande effectuée le 27 décembre 1993, ce rapport sera finalement rendu public.

« L'affaire de Kinross » sombra peu à peu dans l'oubli. Mais, coup de théâtre, elle ressurgit de façon inopinée en 2005. Adam Jimenez, porte-parole de la société *Great Lakes Dive Company* (Compagnie de plongée des Grands Lacs), affirma qu'une équipe de plongeurs venait de repérer l'épave du F-89C au fond du lac. Pour preuves, il afficha sur le site Internet de la compagnie des scans sous-marins de l'appareil. Alors qu'ils recherchaient les restes du *Cerisoles* et du *Inkermann*, deux navires anti-mines français, ils tombèrent, grâce à leur sonar Sharc2, sur l'avion englouti depuis 1953. À partir de ces scans, l'équipe aurait déterminé que l'aile et le nez du jet étaient « enfoncés » dans le lit du lac, mais que la verrière et le fuselage étaient tous deux intacts. Et, ultime surprise ! l'équipe aurait également repéré un objet « inhabituel » à une soixantaine de mètres de l'avion. « L'objet, précise Jimenez, semble de grande taille et est en forme de larme. Il est à exactement 64,77 mètres du F-89C. Et le scan montre un détail intéressant : une longue traînée derrière lui, comme s'il s'était crashé. [...] Nous pouvons confirmer que cet objet est métallique. Nous avons distingué une marque, comme un impact, à la hauteur de l'aile manquante du F-89C Scorpion. Il est d'ailleurs possible que cette aile manquante se trouve sous l'objet mystérieux. » Il n'en fallait pas plus pour créer une belle agitation dans les milieux ufologiques. Cependant, le site de la compagnie disparut rapidement sans laisser de trace. Et cette exaltante histoire de repérage s'avéra au final être un triste canular.

Des questions sans réponses

Encore aujourd'hui, aucune explication concernant la disparition du F-89C n'est pleinement satisfaisante. Bien des questions restent en suspens. Par exemple, comment peut-on expliquer les interférences qui brouillèrent la communication radio de Moncla avec la tour de contrôle ? Était-ce dû à des interférences magnétiques émises par l'Ovni ? Ou simplement provoqué par le mauvais temps et le front météorologique qui progressait au-dessus du lac ? On notera toutefois qu'aucun problème de radiocommunication ne fut vécu par les vols de recherche du F-89C, vols pilotés par le lieutenant Mingenbach, le lieutenant Nordeck et le capitaine Bridges. Ces officiers de l'US Air Force traversèrent pourtant le même front météorologique très peu de temps après Moncla et Wilson.

Un témoignage reste également troublant : celui du lieutenant Mingenbach, qui affirma avoir capté une transmission radio environ 40 minutes après la disparition du F-89C. Il dit que cela ressemblait à une transmission accidentelle du lieutenant Moncla. Il reconnut de façon quasi certaine sa voix traînante, caractéristique du Sud. Peut-on alors imaginer que le F-89C ne se soit pas écrasé après sa disparition des radars ? Si oui, qu'a-t-il pu arriver à l'avion et à l'équipage ?

Un documentaire, réalisé par David Cherniak en 2007 et intitulé *The Moncla Memories*, retrace l'affaire de Kinross, convoquant toutefois d'étranges « souvenirs » surgis d'outre-tombe et une hypothétique hybridation extraterrestre. Pour avertis seulement.

Dans le cimetière de Moreauville, en Louisiane, une stèle est dressée à la mémoire de Felix Moncla. Sur la plaque commémorative, on peut lire le texte suivant : « À la tendre mémoire de Gene, Felix Eugene Moncla Jr., 1er lieutenant de l'US Air Force des États-Unis, né le 21 octobre 1926 et disparu le 23 novembre 1953, alors qu'il interceptait un Ovni près de la frontière canadienne, aux commandes d'un avion F-89. » Étonnant, non ?

Sources

The Capital Times, Madison, 24 novembre 1953, p. 1 • *The Fresno Bee*, 26 novembre 1953, p. 52 • *UFO Investigator*, vol. 1, n° 10, juillet-août 1960, p. 1 • *UFO Investigator*, vol. 1, n° 12, avril-mai 1961, p. 3 • *BUFOI Magazine n° 4*, mars-avril 1965, p. 32 • Donald Edward Keyhoe, *Les Étrangers de l'espace*, France-Empire, 1975, pp. 225-227 • *The Standard*, Warrnambool, Australie, 22 octobre 1986 • *UFOs: The Global View*, compte rendu du 6e congrès international les 16, 17 et 18 août 1991 à Sheffield, Angleterre, p. 29 • *MUFON UFO Journal n° 462*, octobre 2006, pp. 3-13 • *Daily Press*, Ashland, 20 novembre 2003 • *Capital Times*, Madison, 26 octobre 2006 • *Capital Times*, Madison, 26 avril 2007 • *Wisconsin State Journal*, Madison, 23 octobre 2008 • *Phenomena n° 35*, mars 2012, p. 21 • *Phenomena* n° 76, août 2015, pp. 4-5.

L'affaire du capitaine Coyne

Ce fait divers fit grand bruit. Et s'imposa bien vite comme un classique de l'ufologie. Considéré comme solide, il implique 11 témoins, dont 4 militaires. Cette rencontre en plein ciel fut classée parmi les 20 cas de rencontres avec un Ovni les plus crédibles jamais rapportés aux États-Unis.

Date : 18 octobre 1973.

Lieu : à une quinzaine de kilomètres au sud-est de Mansfield, dans l'État de l'Ohio, au sud des Grands Lacs.

Il est environ 23h05.

Après avoir décollé de Columbus, un hélicoptère-ambulance de l'armée américaine, modèle Bell Huey UH-1H, regagne sa base de Cleveland. L'appareil appartient à une unité de réserve de l'armée américaine, le 316e détachement aéromédical basé sur l'aéroport Hopkins de Cleveland. À son bord, 4 soldats réservistes. Le lieutenant Arrigo Jezzi, 26 ans, ingénieur chimiste et copilote de l'appareil, est aux commandes et occupe le siège avant gauche. Derrière lui, se trouve le sergent John Healey, 35 ans, policier et médecin de l'air. Également, à l'arrière, Robert Janacsek, 23 ans, chef mécano. Enfin, occupant le siège avant droit, le capitaine Lawrence « Larry » Coyne, 36 ans, commandant du vol, réserviste et vétéran de l'Armée. Pilote depuis l'âge de 17 ans, Coyne est ce qu'on appelle un pilote aguerri.

Les 4 hommes sont allés passer des examens de routine à Columbus. Leur retour s'effectue dans des conditions idéales. Tout est calme. L'hélicoptère vole à une altitude de 750 mètres. C'est une nuit claire, étoilée. La température extérieure est de 6° C. L'appareil survole les champs et les collines de la région de Mansfield. La lune, dans son dernier quartier, diffuse une douce lumière blafarde.

Soudain, le sergent John Healey aperçoit vers l'ouest une lumière rouge qui ne ressemble pas aux feux d'un avion – d'ailleurs à cette heure-ci aucun aéronef n'est censé croiser leur couloir de vol. Il surveille ça un bref moment et évite d'en parler. Ça ne semble pas préoccupant. 4 minutes plus tard, c'est au tour du sergent Robert Janacsek de localiser, sur sa droite cette fois, en direction du sud-est, une même lumière rouge. Elle semble stationnaire et ressemble à un feu de balisage au sommet d'une tour de transmission radio. Mais soudain cette lumière se met à fondre vers l'hélicoptère à une vitesse estimée de 600 nœuds. Alerté, le capitaine Coyne pense qu'il s'agit d'un chasseur F-100 de la garde nationale de l'Ohio. Craignant une collision, il reprend aussitôt les commandes de l'appareil et amorce une descente de 150 mètres par minute.

Un rayon vert

Coyne contacte aussitôt la base aérienne de Mansfield : « Ici hélicoptère de l'armée 15444, localisez-vous un avion à haute performance dans notre secteur, à 2500 pieds *[762 mètres]* ? » Pas de réponse, car il perd rapidement le contact avec le contrôleur au sol. Coyne puis Jezzi tentent en vain les différentes fréquences de transmission. Ils perçoivent parfaitement la tonalité des canaux, ce qui indique que la radio fonctionne, mais ne peuvent ni transmettre ni recevoir. Assez incompréhensible.

Soudain, coup de théâtre ! la lumière gagne en intensité. Elle ressemble à présent au phare d'atterrissage d'un Being 727 et fonce droit sur l'hélicoptère. C'est clairement anormal. Coyne amorce un mouvement de descente pour l'esquiver. Il déclare : « Cette lumière a foncé sur nous à plus de 900 km/h. Tout d'abord, elle était distante, assez loin sur l'horizon mais en 10 secondes elle a traversé le ciel pour se rapprocher de nous. À cet instant, j'ai pensé que la collision était inévitable. »

L'équipage est extrêmement inquiet. L'hélicoptère perd rapidement de l'altitude et tente, tant bien que mal, de se stabiliser à 500 mètres au-dessus du sol.

« À 500 mètres d'altitude, raconte Coyne, j'ai rassemblé toute mon énergie en prévision du choc avec cet engin. Il arrivait sur notre droite et fondait littéralement sur nous. J'étais effrayé car nous disposions de peu de temps pour réagir. Et cette chose était terriblement rapide ! »

De façon étonnante, la lumière se stabilise à 150 mètres au-dessus de l'hélicoptère. Dieu merci, il n'y a pas eu impact ! Mais nos 4 militaires ne sont pas au bout de leurs surprises.

« En levant les yeux, raconte Coyne, nous avons vu qu'il s'agissait en fait d'un objet qui venait de s'arrêter au-dessus de nous. Il avait une coque grise d'aspect métallique, et mesurait environ 18 mètres de long. Il avait un profil aérodynamique et la forme d'un gros cigare caréné. Il était équipé à l'avant d'une lumière rouge. Cette lumière brillait à une courte distance de son nez. Et une lumière verte à l'arrière se reflétait sur sa coque. »

« C'était comme un sous-marin », a précisé Janacsek.

Cet objet étrange, totalement silencieux, ne présente aucune marque visible, ni hublots, ni portière, ni orifice d'évacuation, juste un dôme central sur sa partie supérieure. Il semble tout à fait solide car il occulte une partie du ciel et des étoiles. Et là, quelque chose d'inexplicable se produit : la lumière verte à l'arrière de l'objet se transforme en un puissant rayon qui éclaire la cabine de l'hélicoptère. Coyne dira : « Cette lumière pivotait comme le faisceau d'un projecteur. Elle s'est braquée sur nous, très brillante, a inondé l'intérieur de la cabine, effaçant par son intensité les lueurs des voyants rouges de notre tableau de bord, rendant verte toute chose. » Selon Coyne, l'objet était si grand qu'il emplissait le pare-brise avant droit de l'hélicoptère.

Aspiré par l'Ovni ?

L'étrange objet survole l'hélicoptère pendant quelques secondes puis, négociant un virage de 45 degrés sur sa droite, s'éloigne rapidement vers le nord-ouest, en direction de Mansfield. Sous le choc, les hommes sont toutefois soulagés. Le danger d'une collision semble alors écarté !

Mais soudain nos 4 réservistes sont confrontés à l'expérience la plus étrange et la plus inexplicable de toute leur carrière de pilote. D'un seul coup, l'hélicoptère est littéralement aspiré, comme attiré sur 700 mètres par l'Ovni. Est-il happé par un courant ascendant provoqué par l'objet ? Est-ce dû au déplacement d'une masse d'air ? Un effet plasma ? Une intention de l'intrus ? Quoi qu'il en soit, l'hélicoptère se met à monter à une vitesse extraordinaire. C'est incompréhensible car le rotor de l'appareil est incliné vers le bas, donc il devrait logiquement descendre. Or il semble littéralement aimanté par l'Ovni. L'équipage est terrifié. L'aiguille du compas magnétique est déviée, tournant d'environ 1 tour toutes les 15 secondes.

Contre toute logique, Coyne braque le rotor de l'hélicoptère vers le haut. À une altitude de 1 150 mètres, l'appareil subit une sorte de secousse et finit par s'immobiliser. À l'intérieur de l'hélicoptère tout se remet à fonctionner normalement. Et le contact radio est miraculeusement rétabli.

Une vitesse impossible

Très secoués, mais heureux d'être en vie, les hommes reprennent le contrôle de l'appareil et retournent, cette fois sans encombre, à la base de Cleveland.

De retour, Larry Coyne déclare : « Si j'avais été seul aux commandes de l'hélicoptère, je n'aurais jamais rapporté cet incident, parce que ce qui s'est passé cette nuit-là est trop invraisemblable et qu'en en parlant, j'aurais risqué ma position de commandant d'unité. »

Le lendemain, Coyne approche P. J. Vollmer, chef d'opérations de la FAA à l'aéroport d'Hopkins, pour savoir à quel organisme il doit signaler l'incident. À propos de sa rencontre avec Coyne, Vollmer confiera dans une interview menée par J. Allen Hynek : « Je n'oublierai jamais cet homme lorsqu'il est venu me trouver. Je connais Coyne depuis un certain temps, pas personnellement, mais j'apprécie vraiment son honnêteté et ses capacités de pilote. Dans un cas comme celui-ci, je ne connais personne d'autre en qui j'aurais plus confiance. Je me fie à son jugement, et cela sans la moindre hésitation. Je ne sais pas ce qui s'est passé, mais une chose est certaine : un léger tremblement dans sa voix m'a fait sentir qu'il était très choqué. J'ai compris qu'il souhaitait en parler. Il avait besoin de signaler cet incident, mais il ne savait pas à qui s'adresser. »

Les 4 réservistes ressentent également le besoin de se confier. Ils font le même récit au commandant de la base ainsi qu'aux enquêteurs. Rapidement, les autorités de la FAA ouvrent une enquête sans toutefois parvenir à une conclusion satisfaisante. Pour enregistrer l'incident, un mois plus tard, Coyne remplit un rapport intitulé *Operational Hazard* (« Danger lors d'opérations »), document destiné au personnel militaire confronté à un risque, notamment à bord d'avions ou d'hélicoptères.

P. J. Vollmer fit plus tard la déclaration suivante au magazine *National Enquirer* : « C'est la première fois que nous observons un tel incident avec un Ovni. Nous nous demandons quel peut être cet engin volant, comment il a pu entraîner un hélicoptère et faire passer sa vitesse de 160 à 900 km/h sans dommages apparents. Et d'après les instruments de bord du capitaine Coyne, son hélicoptère s'est élevé, à travers les couches d'air, à une vitesse qui est impossible. »

Encore aujourd'hui, le mystère reste entier.

Des faits étranges

Le 19 octobre, le rotor de l'hélicoptère subit un test Magnaflux-Zyglo dans le but de déterminer si, soumis à des efforts mécaniques anormaux, il a pu être endommagé. Les résultats furent négatifs.

En revanche, après l'incident, on constata que le compas magnétique de bord était totalement hors d'usage. Il dut être remplacé.

Plus troublant, Coyne contacta l'aéroport de Mansfield pour écouter les enregistrements de leurs échanges radio. De façon inexplicable, leurs communications ne purent être enregistrées. Rien ne subsistait de leurs dialogues au cours de l'incident.

Des tentatives d'explication

Le journaliste et enquêteur Philippe Klass, un sceptique assumé, émit l'hypothèse que l'équipage aperçut, ce soir-là, une boule de feu causée par une pluie de météorites. L'enquêtrice Jennie Zeidman, collaboratrice d'Allen Hynek, a conduit une analyse chronologique de l'incident, seconde après seconde. Selon elle, la durée du contact, la décélération de l'objet et l'angle des déplacements éliminent totalement la possibilité que l'objet aperçu ait été un météore.

De plus, l'hypothèse du météore ne tient pas si l'on considère les points suivants :

- les lumières rouges, blanches et vertes alignées selon une position fixe sur l'objet ;

- aucune queue ne fut observée ;

- la manière de voler de l'objet est contraire à celle des météores ;

- l'objet a été observé durant un bon moment, alors que les météores, dans les meilleures conditions météorologiques, ne sont visibles que durant 30 à 40 secondes.

L'affaire fit grand bruit. Le 4 novembre 1973, le *Mansfield News Journal* rapporta l'incident. Ainsi que l'*Arkansas Gazette*. Le quotidien précisait : « Le capitaine Lawrence Coyne, pilote d'hélicoptère et réserviste, ne croit pas aux Ovnis ni à d'autres "trucs" du genre. Mais après l'expérience qu'il vécut il y a deux semaines, il n'en est plus tout à fait certain. »

Une dizaine de témoins

Ce qui est troublant et rend ce fait-divers d'autant plus crédible, c'est que nous comptons pas moins de 11 témoins, divisés en 3 groupes, qui ont observé la scène à partir de leur voiture ou de leur domicile.

Erma C, son fils Charly, sa nièce Carene ainsi que deux autres adolescents revenaient d'un dîner de famille. Ils circulaient en voiture sur la route 430. Au niveau du pont enjambant le lac artificiel de Charles Mill, à l'est de Mansfield, ils purent observer l'incident en garant leur véhicule sur le bas-côté. Deux des enfants (âgés de 13 ans) sont sortis de la voiture. Ils ont aperçu un hélicoptère ainsi qu'un gros objet décrit « comme un dirigeable », « aussi gros qu'un autobus scolaire » et « en forme de poire ». L'objet était en vol stationnaire au-dessus de l'hélicoptère, à environ 650 pieds (200 m) au-dessus des arbres. L'objet a alors émis une lumière verte. Ce rayon a éclairé les enfants ainsi que l'étendue de la route autour d'eux. « Tout est devenu vert. Les arbres, la voiture, tout ! », ont-ils déclaré. Les enfants se sont alors précipités avec effroi dans le véhicule. Mme C. a démarré aussitôt et a filé sans demander son reste.

Autre exemple : Jeanne Elias, 44 ans, était tranquillement installée chez elle, à Mansfield. Il était 23 heures passées et elle regardait les informations du soir. Jeanne entendit soudain le bruit d'un hélicoptère militaire, si fort et si proche qu'elle pensa qu'il allait s'écraser sur la maison. Le bruit a persisté pendant « un long moment ». Lorsqu'il a cessé, John, son fils de 14 ans, l'a appelée depuis sa chambre. Un bruit l'avait réveillé. Et il était surpris de constater qu'une lumière verte baignait la pièce. John s'était alors rendu compte « qu'une sorte d'objet, juste au-dessus de la maison, éclairait violemment sa chambre à coucher ».

5 000 dollars !

En 1974, *The Cleveland Press* rapportait : « Suite à une quasi-collision avec leur appareil, Larry Coyne, un pilote d'hélicoptère, et ses compagnons de vol ont reçu un chèque de 5 000 dollars pour avoir témoigné de cet incident. *The National Enquirer*, magazine hebdomadaire, a estimé que ces pilotes ont fourni le rapport le plus crédible et le plus scientifique concernant une rencontre d'Ovni durant l'année 1973. Le magazine offre chaque année une récompense de 5 000 dollars à la première personne capable de prouver qu'un Ovni est un appareil venant d'outre-espace et non un phénomène naturel... L'équipe rédactionnelle du journal ainsi qu'un jury de scientifiques déterminent qui sont les gagnants de ce prix. Le colonel Andrew Sullivan du Pentagone a déclaré au *National Enquirer* : "Il n'y a aucune raison de douter de l'honnêteté du récit de Lawrence Coyne." Toutefois, la FAA ne tient pas à reconnaître officiellement cet incident. »

Épilogue

Suite à cet incident, Lawrence Coyne devint un ufologue actif. En 1978, un événement fit couler beaucoup d'encre : Sir Eric M. Gairy, premier Ministre de La Grenade, proposa à l'Assemblée générale des Nations unies que l'ONU établisse « une agence ou un département pour entreprendre, coordonner et disséminer les résultats de la recherche sur les objets volants non identifiés et phénomènes apparentés ». Suite à cela, le 14 juillet 1978, une réunion entre le secrétaire Kurt Waldheim et quelques ufologues de renom fut organisée. Jacques Vallée, Claude Poher, Allen Hynek, David Saunders et Leonard Springfield purent présenter leurs conclusions récentes sur le phénomène Ovni. Puis le 27 novembre 1978, un cours de 5 heures fut tenu sur les divers aspects de la problématique Ovni devant un comité spécial de l'ONU. Le Dr Hynek évoqua les aspects physiques du phénomène, Jacques Vallée mit plutôt l'accent sur les aspects sociaux et Lawrence Coyne (désormais lieutenant-colonel) put raconter son incroyable aventure à bord d'un hélicoptère de l'armée. Hélas aucun autre pays ne soutint La Grenade et l'affaire s'arrêta là.

Lawrence Coyne fut ainsi médiatisé. On le vit même à la télévision française, dans l'émission « Ces Ovnis qui nous échappent », réalisée par Bernard Mermod et diffusée sur FR3 le 13 juin 1980. Il déclara : « Quand je repense à cette nuit où je vis cet objet, c'était comme si un autre monde s'ouvrait à moi. Je me sentais insignifiant. Cet engin représentait une technologie inconnue sur notre planète. » Ce qui, on peut bien l'imaginer, décontenança l'US Air Force.

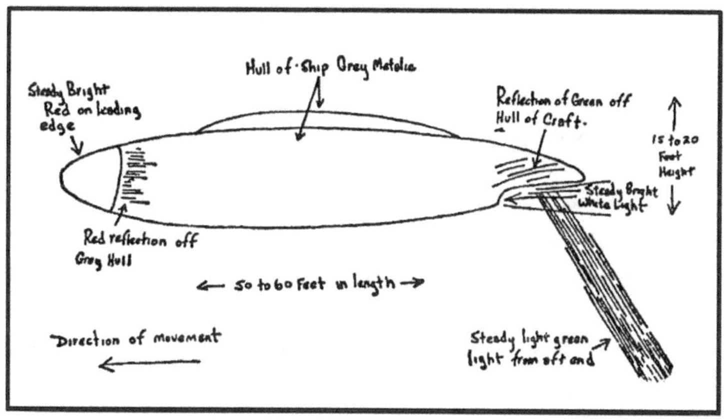

Dessin de l'Ovni par le capitaine Coyne

Sources

The APRO Bulletin, vol. 22, n° 2, septembre-octobre 1973, pp. 1-5 • *UFO Investigator*, novembre 1973, pp. 1-2 • *National Enquirer*, 16 décembre 1973 • *The Cleveland Press*, 7 juin 1974 • *Phénomènes Spatiaux* n° 40-41-42, juin-septembre-décembre 1974, pp. 13-16 • *Historia* hors-série n° 46, « Les Soucoupes volantes », 1976, pp. 38-39 • *Ovnis, Un desafío a la ciencia* n° 10, février 1976, pp. 29-33 (ce cas illustre la couverture) • *Flying Saucer Review*, vol. 22, n° 4, novembre 1976, pp. 15-19 • *Fate*, vol. 31, n° 8, août 1978, p. 66 • Jennie Zeidman, « *A Helicopter-UFO Encounter Over Ohio* », *Center for UFO Studies*, mars 1979 • *UFO NYT* n° 5, septembre-octobre 1982, pp. 4-9 (ce cas illustre la couverture) • Philip J. Klass, *UFOs, The Public Deceived*, Prometheus Books, 1983, pp. 135-160 • *MUFON UFO Journal* n° 256, août 1989, p. 3 • *Lumières dans la nuit* n° 321, mai-juin 1993, pp. 4-10 (ce cas illustre la couverture).

Le dernier vol de Frederick Valentich

Date : 21 octobre 1978.

Lieu : le détroit de Bass, au sud-ouest de Melbourne, en Australie. Ce bras de mer de l'océan Indien sépare l'Australie de la Tasmanie.

La famille Valentich coule des jours paisibles dans une petite maison aux briques jaunes sur Avern Avenue, à Avondale Heights, dans la banlieue de Melbourne. Guido, le père, et Alberta, la mère, chérissent leurs 4 enfants : Frederick, Richard et des jumelles en bas âge, Olivia et Laura. Les parents sont italiens, originaires de Trieste.

Frederick, né le 9 juin 1958, est l'aîné. Âgé, au moment des faits, de 20 ans, il a une passion : piloter. Il a passé 3 ans, en tant que cadet, dans le corps d'entraînement de la Royal Australian Air Force. Mais il a été recalé pour la formation de pilote militaire à cause de ses mauvaises notes. Il prend à présent quelques cours afin de passer son brevet de pilote commercial. En attendant de voler régulièrement, il travaille dans un surplus militaire situé sur Puckle Street. Son patron, Dick Williams, le décrit comme un jeune homme « très fiable, enjoué, bien qu'assez timide ».

Ce samedi d'octobre est une douce journée. L'air est à peine tiédi par une légère brise qui souffle du nord. À 18h05, le soleil amorce sa descente sur l'horizon. Le soir tombe doucement sur la côte australienne. Un temps idéal pour voler de nuit car la visibilité est excellente. Pas un nuage. Et le service météo ne signale aucune turbulence.

Ça tombe bien : Frederick doit effectuer son premier vol de nuit. Il a 200 dollars australiens en poche, que lui ont confiés les officiers de la Royal Air Force de Melbourne. Ces militaires lui ont demandé, s'il se rendait sur King Island, d'acheter à un pêcheur local un stock de langoustes.

D'excellente humeur, vêtu d'un jean et d'un T-shirt bleu, Frederick remplit avec enthousiasme le formulaire standard, « plan de vol intérieur », du ministère des Transports. Comme il a une qualification valide de vol aux instruments de classe 4, il est, pour une première fois, autorisé à voler de nuit. Mais il doit impérativement s'agir d'un vol dit *full reporting*, ce qui signifie qu'il doit contacter les autorités civiles par radio juste après le décollage, une fois son altitude de croisière atteinte. Ainsi que plus tard, à la hauteur du Cap Otway, lorsqu'il quittera la côte australienne pour débuter la phase de vol au-dessus de l'océan pour rejoindre King Island.

Entre ciel et terre

Sur l'aérodrome de Moorabbin, Frederick fait le plein d'un petit avion de location, un Cessna 182L monomoteur à 4 places. Cet avion de tourisme, de couleur blanche et bleue, dont le n° de série est 182-58572, date de 1967. Puis Frederick fait le tour de l'appareil pour les dernières vérifications : ailes, queue, pneus, hélice... Tout est en ordre.

18h19.

Frederick décolle avec 44 minutes de retard. Il a eu soin d'embarquer 4 gilets de sauvetage en polystyrène jaune vif. On ne sait jamais, à son retour, des personnes de King Island pourraient lui demander de les ramener sur le continent.

Frederick a préréglé autant de fréquences radio possibles sur son équipement de communication et de navigation. Il a commencé par composer la fréquence 125,9 MHz car il doit appeler le service de vol de Tullamarine lorsqu'il atteindra une altitude de 2 000 pieds *[609 mètres]*. C'est la procédure standard.

En attendant, le moteur tourne avec régularité. La buse d'air fait danser ses cheveux bruns. Frederick est heureux, suspendu, dans son Cessna, entre ciel et terre.

Sur l'aéroport...

Sur l'aéroport de Tullamarine, Steve Robey, 31 ans, est en charge des installations radio et radar. Lui-même, depuis 1968, est pilote professionnel. Ce soir-là, il

---

officie en tant qu'opérateur de vol, dont le travail consiste à aider les pilotes lorsqu'ils volent dans un espace aérien non contrôlé. Il peut les informer des changements de temps, de la possibilité d'un autre trafic aérien dans la région ou d'alertes du même genre. Robey a sous la main le plan de vol de Frederick. Le jeune pilote doit effectuer un aller-retour entre Moorabbin et King Island, ce qui représente un trajet de 480 km. Il devrait mettre à peine plus d'une heure.

La nuit tombe

Frederick survole la ville de Mornington, puis longeant la côte, dépasse Torquay. Il est 18h41. Très vite, la nuit tombe et le ciel devient d'un noir opaque. Sur sa droite, il aperçoit quelques petites lumières qui courent, plus bas, sur le littoral tout proche. À gauche, c'est l'étendue sombre et infinie de l'océan qui semble étonnamment compact.

Sa radio crachote. Une voix nasillarde, couvrant le bruit du moteur de 6 cylindres, demande : « Delta Sierra Juliet... Voulez-vous revoir votre heure d'arrivée à King Island ? Vous aviez déclaré 21h30, mais vous y serez visiblement plus tard. » Frederick se redresse sur son siège, soudain sérieux. « Affirmatif, disons plutôt 22h00 », répond-il fièrement.

Puis soudain, il tressaille. Il réalise qu'il a oublié de demander l'allumage des lumières sur la piste de King Island. Comme il pensait arriver avant la nuit noire, ce détail, qui n'en est pas un concernant la sécurité, lui a échappé. L'espace d'un instant, dans cette immensité de ténèbres qui soudain l'enveloppe, Frederick se sent vulnérable.

Un immense objet métallique

Frederick Valentich vole paisiblement à une altitude de 1 500 pieds *[457 mètres]*. Il aperçoit Cap Otway. C'est le signal pour lui de négocier un virage à 45 degrés sur sa gauche, de quitter la proximité rassurante de la côte et d'affronter le plein océan. Il devra ensuite survoler, durant 48 miles *[77 km]*, le détroit de Bass avant de pouvoir gagner la pointe nord de King Island.

À 19 heures, notre pilote s'engage au-dessus des flots noirs. Mais au bout de quelques minutes un détail le tracasse. Très vite, il contacte Tullamarine et s'entretient avec Steve Robey. Voici, dans leur chronologie exacte, le détail de leurs échanges :

• 19h 6 min 14 s

Valentich : Melbourne, ici Delta Sierra Juliet. Y a-t-il un trafic connu en-dessous de 5 000 pieds *[1 524 mètres]* ?

Opérateur : Aucun trafic connu.

V : Delta Sierra Juliet. Je suis... On dirait... un gros avion en-dessous de 5 000 pieds.

• 19h 6 min 46 s

O : Delta Sierra Juliet, de quel type d'avion s'agit-il ?

V : Delta Sierra Juliet. Je ne peux rien confirmer, on dirait 4 gros phares lumineux d'atterrissage.

• 19h 7 min 32 s

V : Melbourne, ici Delta Sierra Juliet. L'avion vient de passer au-dessus de moi, à moins de 1 000 pieds *[304 mètres]*. »

O : Reçu. Et c'est un gros avion ? Confirmez.

V : Euh... Inconnu en raison de sa vitesse de déplacement. Y a-t-il un avion militaire dans le coin ?

O : Delta Sierra Juliet, aucun avion connu dans les parages.

• 19h 8 min 18 s

V : Melbourne, il s'approche de moi, en venant de l'est.

• 19h 8 min 49 s

V : Delta Sierra Juliet. Il me semble qu'il joue à une sorte de jeu. Il me passe au-dessus 2 ou 3 fois et invariablement à des vitesses que je ne peux pas identifier.

• 19h 9 min 2 s

O : Reçu. Quelle est votre altitude ?

V : Mon altitude est 4 500 : quatre, cinq, zéro, zéro *[1 371 mètres]*.

O : Delta Sierra Juliet, et vous confirmez que vous ne pouvez pas identifier l'avion ?

V : Affirmatif.

• 19h 9 min 28 s

V : Melbourne, Delta Sierra Juliet. Ce n'est pas un avion. C'est...
[Micro ouvert pendant 2 secondes.]

- 19h 9 min 46 s

O : Delta Sierra Juliet, Melbourne. Pouvez-vous décrire le, euh, l'avion ?

V : Delta Sierra Juliet. Il passe. C'est une forme allongée. [Micro ouvert pendant 3 secondes.] Je ne peux pas l'identifier plus que ça. [Micro ouvert pendant 3 secondes.] Melbourne, il est devant moi maintenant.

- 19h 10 min 7 s

O : Reçu, et quelle est la taille de, euh, de l'objet ?

- 19h 10 min 20 s

V : Delta Sierra Juliet. Melbourne, on dirait qu'il est stationnaire. En ce moment, je fais des cercles. Et ce truc fait des cercles au-dessus de moi. Il a aussi une lumière verte, il est comme métallique, très brillant à l'extérieur.

- 19h 10 min 48 s

V : Delta Sierra Juliet. [Micro ouvert pendant 5 secondes.] Il vient de disparaître.

- 19h 11 min 3 s

V : Melbourne, sauriez-vous à quel type d'avion j'ai affaire ? Est-ce... un avion militaire ?

O : Delta Sierra Juliet, confirmez que, euh, l'avion vient de disparaître.

V : Répétez.

O : Est-ce que l'avion est toujours là ?

V : C'est... [Micro ouvert pendant 2 secondes), il approche maintenant par le sud-ouest.

- 19h 11 min 52 s

V : Delta Sierra Juliet. Le moteur cafouille. Je l'ai réglé sur 23, 24 *[c'est-à-dire probablement entre 2 300 et 2 400 tr/min]*, mais il tousse. »

O : Delta Sierra Juliet, bien reçu. Quelles sont vos intentions ?

V : J'ai l'intention d'aller jusqu'à King Island. Ah, Melbourne, ce drôle d'avion est de nouveau au-dessus de moi... [Micro ouvert pendant 2 secondes.] Il est là et ce n'est pas un avion.

• 19h 12 min 28 s

V : Delta Sierra Juliet. Melbourne... [Micro ouvert pendant 17 secondes au cours desquelles on entend un étrange et un fort bruit métallique.]

Ce sont là les toutes dernières paroles de Frederick Valentich. La communication est brutalement coupée. On ne reverra jamais ni l'avion, ni le pilote.

Porté disparu

À 19h12, une « phase d'alerte » est déclenchée autant à Melbourne que sur King Island.

À 19 h 33, voyant que l'avion n'a toujours pas atteint sa destination, le Flight Service australien bascule en « phase de détresse ». Aussitôt des secours importants sont déployés. Un avion de la Royal Australian Air Force, type Orion, survole le secteur toute la journée du dimanche. On repère une tache d'huile mais, après analyse, elle ne provient pas d'un aéronef. Durant 4 jours de recherches intensives, les eaux de la zone sont quadrillées, explorées par les avions et les bateaux des équipes côtières. Mais aucune trace du pilote et du Cessna n'est retrouvée. Les recherches prennent fin, le 25 octobre 1978 à 19 heures.

Le ministère des Transports s'empresse de fournir l'explication officielle suivante : « Valentich a dû, sans s'en rendre compte, voler la tête en bas et a probablement été abusé par des reflets de lumières venant du Cap Otway ou de King Island, ou encore par la réflexion de ses propres feux de position dans la mer faisant office de miroir ! »

Le 23 octobre 1978, adoptant cette théorie, le quotidien *Sydney Sun* titre : « Selon les experts, le Cessna disparu volait sur le dos ! »

Toutefois, cette hypothèse est rapidement écartée. Détail technique : le Cessna 182L est équipé d'ailes creuses qui servent de réservoirs de carburant. Et le carburant alimente le moteur par gravité, en passant dans des tuyaux installés le long du montant des portes. Lorsqu'un Cessna 182L vole à l'envers, son alimentation est immédiatement interrompue et son moteur s'arrête au bout d'une vingtaine de secondes. L'avion se met alors à planer. Et comme le Cessna 182L est un piètre planeur, il tiendrait moins de 3 minutes avant de tomber dans l'eau. Cela ne colle donc pas avec l'enregistrement des échanges entre Valentich et le contrôleur de vol, qui a duré plus de 12 minutes.

L'enquêteur Paul Norman explique : « Cet événement étrange a d'abord été traité comme une disparition d'avion ordinaire. Cependant, entre 19 heures et 19h30 ce même soir, d'autres pilotes volaient en utilisant la même fréquence. Plusieurs témoins ont donc entendu les derniers mots de Valentich. Un de ces pilotes a décidé d'avertir la presse. C'est ainsi que le monde a découvert cette mystérieuse rencontre. »

Très vite, répercutée autour de la planète, la tragique disparition de Frederick Valentich est et sera – de façon définitive – associée au phénomène Ovni.

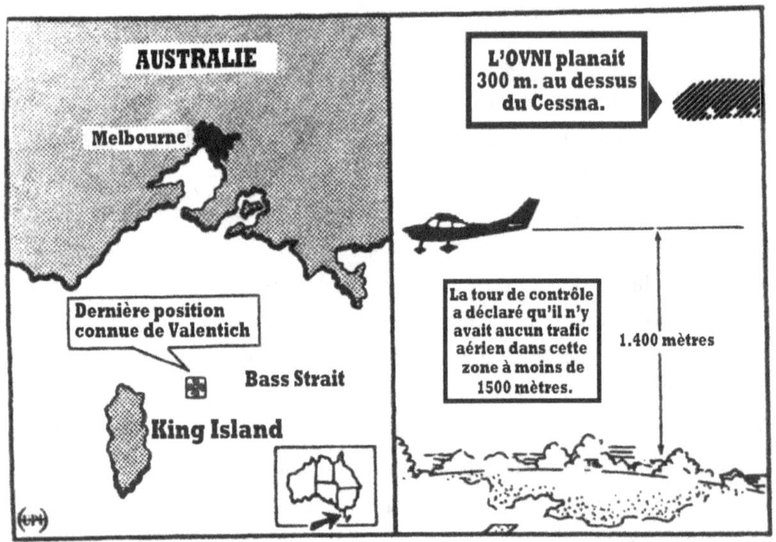

(United Press International)

Le calvaire d'un père

Guido Valentich, le père du jeune pilote, est persuadé que son fils a été enlevé par des visiteurs d'un autre monde. Le 24 octobre 1978, il déclare au quotidien *The Sun* : « Puisque nous ne possédons aucune preuve de sa mort, je pense qu'il a dû être kidnappé, mais j'ai bon espoir que ses "ravisseurs" me le rendent ! »

Dans l'attente d'un éventuel rebondissement, il se bat sur tous les fronts. Recevant des lettres du monde entier, il prend le temps de répondre à chaque personne. Il contacte le célèbre océanographe français Jacques Cousteau, lui demande d'explorer les hauts fonds du delta de Bass avec sa « soucoupe plongeante ». Cousteau accepte, mais n'obtiendra jamais l'autorisation du gouvernement.

Pourtant Guido Valentich ne baisse pas les bras. Il collabore avec Richard Haines, ancien scientifique de la NASA qui travailla avec les anciens astronautes d'Apollo. Ensemble, ils interrogent les témoins et relancent sans cesse l'Air Force. Guido accorde, sans se lasser, des interviews à la presse. Et accepte d'apparaître dans d'importantes émissions télévisées.

4 ans plus tard, le 20 octobre 1982, *The Sun* publie un article intitulé « Le père du pilote est toujours plein d'espoir ». Guido Valentich déclare : « Est-il sur une autre planète ? Je n'en sais trop rien. Il est difficile de savoir exactement où il se trouve. » Malgré ces interrogations, il pense que son fils est toujours vivant. Son épouse, âgée de 43 ans, partage son sentiment. « D'ailleurs elle croit aux Ovnis », conclut l'article en question.

Chaque année désormais, Guido se rend au Cap Otway. Et scrute ciel et mer dans l'espoir d'obtenir un signe de son cher disparu.

Pour la famille, en l'absence de débris retrouvés, la thèse de l'accident est jugée improbable. Il est vrai qu'en cas de crash, le Cessna aurait dû se briser en touchant la surface de l'océan. On aurait alors repêché des débris. Le bout des ailes, les gouvernails de direction et de profondeur de l'avion sont légers et flottent en priorité.

Guido Valentich décède en avril 2000. Il n'a jamais cessé de fouiller, d'enquêter, de chercher des explications sur l'inacceptable disparition de son fils. Le quotidien australien *Herald Sun* du 11 octobre 2000 révèle que, mourant, Guido Valentich s'accrochait à l'idée que Frederick était toujours vivant. Il déclarait : « Je ne pense pas le rencontrer là où je vais. »

De nombreuses hypothèses

On tenta, de par le monde, d'apporter une explication à la disparition du jeune pilote.

• Pour certains, Frederick Valentich aurait été impliqué dans un trafic de drogue. Le détroit de Bass est en effet emprunté par de nombreux trafiquants, faisant des allers-retours entre l'Australie et la Tasmanie. Dans de petits avions volant à basse altitude, ils transportent leurs marchandises, suspendues dans des filets au ras de l'eau. En cas d'interception, ils peuvent tout lâcher rapidement dans l'océan. Mais il est peu probable que notre pilote ait été confronté à de tels trafiquants. Son échange avec la tour de contrôle n'évoque pas ce genre de scénario. De plus, la description de l'objet – avec ses 4 projecteurs très éclairants – ne cadre pas avec le mode opératoire des contrebandiers qui agissent en toute discrétion, évitant de se faire remarquer.

• Notre pilote volait-il, lui-même, sous l'emprise de substances illicites ? Hautement improbable. Tous les proches sont formels, Valentich buvait très peu d'alcool. Et détestait la drogue. Gregory Reaburn, un ami de longue date, confirme : « Frederick était le genre de garçon à informer la police s'il constatait qu'une personne dans son entourage se droguait. »

• Le suicide. Cette théorie colle peu. Frederick Valentich était visiblement un jeune homme heureux. Au sein d'une famille unie et aimante, il n'a jamais manifesté un quelconque mal de vivre. Son frère cadet, Richard Valentich, qui s'exprime pour la première fois, déclare : « J'ai pleuré durant 3 jours, je pense que j'ai pleuré sans arrêt. Sa disparition a été un vrai choc pour moi. Ça a causé un grand vide dans ma vie. La thèse du suicide est totalement impossible. Il avait une petite amie, Rhonda Rushton, âgée de 17 ans, qu'il aimait et avec qui il voulait passer du temps. Mes sœurs n'avaient que 4 ans, il les adorait et les protégeait comme la prunelle de ses yeux ! Ça ne colle pas. Il ne serait pas parti comme ça. Il y a des façons plus simples de disparaître si vous voulez quitter votre famille. En tous cas pas comme ça ! Je pense régulièrement à ce qu'il s'est passé. Et j'arrive toujours à la même conclusion : je ne sais pas. Voler était sa grande passion. Il adorait ça. Il a passé ses dernières années à ne faire que ça. C'était tout pour lui. »

• On a ensuite imaginé que Valentich aurait monté ce scénario pour voler le Cessna et ensuite le revendre. Avec la somme obtenue, il aurait disparu de la circulation et refait sa vie ailleurs. Le réservoir du Cessna contenait assez de carburant pour parcourir près de 800 kilomètres. Mais cela reste fort improbable, car on n'a jamais retrouvé l'avion. Depuis tout ce temps, même maquillé, l'appareil aurait fini par ressurgir.

• Le vertige. Désorienté, Valentich aurait soudain perdu ses moyens, et se serait crashé dans l'océan. Peu crédible. Notre pilote n'était pas sujet à ce genre de malaise.

• Un problème météorologique. À définitivement écarter. Le bureau de météorologie de Melbourne confirme que ce soir-là, « les conditions étaient parfaites pour un vol de nuit. Aucune turbulence à signaler. La visibilité était excellente. À 22 heures, un avion au-dessus de King Island, pouvait clairement voir la lumière du phare de Cap Otway ». Cela, bien sûr, rend la thèse d'une perte d'orientation très improbable.

• Frederick Valentich aurait été abattu accidentellement par l'armée. Un missile lors d'une opération expérimentale aurait pu pulvériser l'avion et son pilote. Mais le comportement de l'engin inconnu, qui joua pendant plusieurs minutes avec le Cessna, infirme cette hypothèse.

• James McGaha, pilote de l'US Air Force à la retraite, et Joe Nickell, auteur et enquêteur, pensent que Valentich, trompé par l'illusion d'un horizon incliné, a mis son avion dans une spirale descendante, dite « spirale de la mort », puis a fini par se crasher dans l'océan. Quant aux lumières aperçues par le jeune pilote, il s'agirait simplement des planètes Vénus, Mars et Mercure ainsi que l'étoile brillante Antarès.

• Il reste enfin, peu conventionnelle certes, l'hypothèse d'un engin « exotique », d'outre-espace, qui aurait « enlevé » l'appareil et son pilote. Cela prendrait en compte le fait que Valentich ait affirmé que l'intrus aperçu n'était pas un avion. Et qu'à ce moment, les radars n'aient détecté aucun avion civil ou militaire.

La bande magnétique de l'échange

L'enregistrement des échanges radio entre Frederick Valentich et Steve Robey ne facilite en rien la tâche de l'enquêteur. On sait que ces échanges ont duré un total de 12 minutes et 13 secondes. Or la copie disponible de cette communication est de plus courte durée. Richard Haynes précise : « La durée totale de l'enregistrement vocal que j'ai pu obtenir et que j'utilise pour mon analyse n'est que de 6 minutes 32 secondes. Soit les heures indiquées sur la version officiellement publiée sont incorrectes, soit ma bande a été "tronçonnée". Si des segments de cet échange vocal authentique ont été coupés, il faut se demander par qui et pour quelle(s) raison(s). Ce problème a été soulevé par d'autres enquêteurs ; aucune réponse satisfaisante n'a été avancée jusqu'ici. »

Nous avons la certitude qu'une partie de cette bande est manquante. Un article du *Sun*, édition de Melbourne, daté du 9 juillet 1980, révèle que 5 minutes de l'enregistrement ont été supprimées « au nom de la sécurité nationale ». On appréciera. Cela est corroboré par un article paru le 25 octobre 1980 dans le quotidien *Star* de Nouvelle-Zélande.

La fiancée de Frederick Valentich, Rhonda Rushton, envoya, le 25 août 1980, un courrier à Richard Haynes spécifiant : « Le ministère des Transports m'a dit que le gouvernement retenait certaines informations qui figuraient sur l'enregistrement.

Puis un jour, un homme du ministère des Transports est entré dans mon bureau et, au cours d'une conversation, m'a dit qu'il y avait 1 minute et demie de l'enregistrement qui n'avait pas été diffusée parce que le gouvernement pensait que cela provoquerait la panique et ils ne voulaient pas que cela se produise. »

Une photo très troublante

Un cliché inattendu va relancer l'hypothèse très discutée de l'Ovni. Le soir de la disparition de Valentich, au même endroit, sur le Cap Otway, un plombier nommé Roy Manifold prend 6 photos du coucher de soleil. Au moment des prises de vue, il ne remarque rien d'anormal. Mais lors du développement des clichés, il constate, sur la photo numéro 5, que quelque chose semble surgir de la mer. Et sur le cliché numéro 6, un curieux objet plane au-dessus des flots.

Ces photos furent prises à 18h47, soit 20 minutes avant que Valentich n'alerte la tour de contrôle de Melbourne au sujet d'une étrange apparition.

Les négatifs sont sérieusement analysés, notamment par le groupe ufologique *Ground Saucer Watch* (GSW) de Phoenix, en Arizona. Le rapport final d'analyse précise : « Sur l'image 6, prise environ 20 secondes plus tard, on aperçoit un objet en forme de nuage. Une structure de disque est visible au-dessus de la forme générale. [...] Tous les modes d'analyse informatique ont été utilisés pour obtenir ces données, notamment : renforcement du contraste, amélioration des couleurs, numérisation, informatisation et filtrage...

» Un examen attentif des négatifs originaux a révélé que l'objet n'est pas causé par un défaut de l'émulsion. L'analyse informatique a révélé que l'objet n'est pas un type connu de nuage ou de phénomène météorologique. En fait, la densitométrie numérique a révélé une zone hautement réfléchissante en "haut" de l'objet, indiquant une structure métallique. Il n'y a aucune preuve d'un canular... [...] La taille de l'objet est estimée à environ 20 pieds *[6 mètres]*. Conclusion : sur la base des données des images informatisées, les techniciens de GSW concèdent de bonne foi que l'image présente un objet volant inconnu, de dimensions modérées, apparemment entouré d'un résidu de vapeur/d'échappement ressemblant à un nuage. »

L'Air Force et plusieurs sceptiques ne sont pas de cet avis. Ils suggèrent qu'il s'agit-là d'un nuage résiduel, « un cumulus mourant ». Étrange, car aucun nuage n'apparaît dans les 4 premiers clichés pris chacun à 20 secondes d'intervalle...

La photo de Roy Manifold fait alors le tour de la presse internationale. Les avis restent partagés.

OVNI : Les 12 dossiers que le Pentagone ne s'explique pas

Un fou d'Ovnis ?

Ce qui a décrédibilisé aux yeux des sceptiques l'hypothèse Ovni, c'est que les journalistes de l'époque répétèrent à l'envi que Frederick Valentich était passionné, voire obsédé par le sujet. Dans le rapport d'enquête de l'Air Force australienne, document V116/783/1047, on peut lire ce qui suit : « Frederick croyait dur comme fer aux Ovnis. Il a collectionné des articles et des informations sur le sujet. Il a lu l'ouvrage *Chariots Of The Gods [Présence des extraterrestres]* de Erich von Däniken, ainsi que d'autres livres traitant du sujet. Son intérêt est né il y a 6 ans. Et il fut définitivement convaincu lorsqu'il eut accès à des dossiers confidentiels de la Royal Air Force australienne consacrés aux Ovnis, sur les bases de East Sale et Laverton. Il n'a visiblement pas partagé ces informations avec sa famille car elles doivent restées confidentielles. Une nuit, sa mère aurait également vu un Ovni. Elle appela son fils, et ensemble, ils purent observer le phénomène... Cela se passa près de 8 mois avant sa disparition. »

Frederick Valentich était-il donc un fou d'Ovnis qui en voyait partout ? Il semble que la réalité soit un peu plus nuancée. Oui, le jeune pilote s'intéressait au phénomène. Mais, après avoir interviewé sa fiancé Rhonda Rushton le 24 octobre 1978, l'enquêteur J.C. Sandercock note dans son rapport officiel : « Nous avons ensuite abordé le sujet des Ovnis, amplement évoqué par la presse. Miss Rushton m'a confié que le dimanche 15 octobre 1978, alors qu'il roulait au cœur des Dandenong Ranges, Valentich lui a dit : "Si un Ovni atterrissait devant moi, c'est sûr, j'aimerais monter à bord, mais jamais sans toi." Miss Rushton savait que Valentich gardait quelques articles concernant les Ovnis, mais elle affirme qu'il n'avait rien d'un collectionneur avide. Il s'intéressait raisonnablement au sujet, voilà tout. »

De nombreux témoins

À ce jour, aucune preuve matérielle de sa mort n'ayant pu être apportée, Frederik Valentich est toujours officiellement considéré comme « disparu ». Ce qui lui est arrivé est encore aujourd'hui inexpliqué.

Il faut noter que la région du détroit de Bass est connue depuis longtemps pour être une zone importante d'activité Ovni. De nombreux témoins, même avant l'année 1947, affirment y avoir observé de mystérieux objets célestes.

L'après-midi et la soirée de la disparition de Frederick Valentich, plus de 20 personnes résidant autour du détroit et de ses environs disent avoir vu une lumière verte. Cette lumière était quasiment à l'endroit où Valentich fit part de sa rencontre.

L'armée de l'air australienne a d'ailleurs indiqué avoir reçu officiellement 11 rapports de personnes présentes le long de la côte déclarant avoir vu des Ovnis la nuit de l'incident.

Parmi les témoins, à 18h55, P. Farr, officier de réserve de l'Air Force australienne, qui roulait sur Huntingdale Road, aperçut dans le ciel une forme métallique scintillante. Toujours le même soir, à 23h45, John Snow, qui roulait dans la zone de Barwon Heads, entendit son fils de 11 ans lui décrire une lumière verte qui traversait rapidement l'horizon.

Mais le témoignage le plus étonnant fut tardif. Le 11 octobre 2000, le quotidien australien *Herald Sun* livrait un récit plus que troublant. Monsieur Hansen confia qu'il roulait ce soir-là entre Apollo Bay et Cap Otway. Parti chasser le lapin, il était accompagné de ses deux nièces. Sur le chemin du retour, sa nièce Tracy, assise à sa droite, aperçut dans le ciel les lumières d'un avion accompagné d'une grande lumière verte. La présence de ce grand feu vert était si inhabituelle que notre témoin décida de s'arrêter et de sortir de son véhicule. Il dit avoir clairement vu une grande lumière circulaire verdâtre « qui semblait voler au-dessus de l'avion ». Sa taille était équivalente à celle d'une balle de tennis tenue à bout de bras. Sa couleur était similaire aux feux de navigation d'un avion. Il raconta son étrange observation ce soir-là à son épouse. Et le lendemain, à ses collègues de travail. Cela avant même que l'histoire de Valentich ne soit divulguée. Cela corrobore le témoignage de Frederick Valentich à la tour de contrôle.

Épilogue

Le 21 octobre 1998, soit 20 ans jour pour jour après la disparition de Frederick Valentich, au Cap Otway, tout près du phare, Steve Robey, qui fut la dernière personne à parler au jeune homme, inaugura une plaque commémorative à la mémoire du pilote disparu. Il fit un discours émouvant et déclara aux parents de Valentich, Guido et Alberta, qui étaient présents : « Je sais aujourd'hui – cela dû au fait de vous avoir connu, et d'avoir ainsi vu l'environnement stable dans lequel a grandi votre fils – que Frederick a disparu après avoir rencontré quelque chose qu'il nous est impossible d'expliquer, même 20 ans après. »

Jolie conclusion d'un des acteurs de ce drame. Mais qui ne fait qu'ajouter du mystère au mystère.

Frederick Valentich et presse d'époque (Australian Express, 27 octobre 1978)

Sources

The Sun, Melbourne, 23 octobre 1978 • *Sunday Press*, Melbourne, 29 octobre 1978 • *International UFO Reporter*, vol. 3, n° 12, décembre 1978, pp. 2-10 • *Lumières dans la nuit* n° 182, février 1979, pp. 14-17 • *MUFON UFO Journal* n° 141, novembre 1979, pp. 5-7 • *The Australian UFO Bulletin*, septembre 1980, pp. 13-14 • Richard F. Haines, *Melbourne Episode. Case Study Of A Missing Pilot*, L.D.A. Press, 1987 • *Phenomena* n° 28, juillet-août 1995, pp. 16-20 (ce cas illustre la couverture) • Archives Nationales australiennes (NAA), dossier V116/783/1047 intitulé « VH-DSJ: Cape Otway to King Island, 21 October 1978 », 319 pages.)

Le vol perdu de Porto Rico

Date : 28 juin 1980.

Lieu : canal de la Mona, ce détroit des Antilles qui sépare les îles de Porto Rico et Hispaniola.

18h10.

José Luis Maldonado Torres, 31 ans, et José Alberto Pagán Santos, 22 ans, décollent de l'aéroport international de Las Américas à Saint-Domingue, en République dominicaine. Les 2 jeunes pilotes sont aux commandes d'un avion biplace, modèle Ercoupe 415-D, immatriculé N3808H et datant de 1947. L'appareil appartient à José Pagán Jiménez, officier de la police aérienne de Porto Rico, et père de Pagán Santos.

José Luis Maldonado Torres est instructeur de vol. Il comptabilise 200 heures de pilotage. José Alberto Pagán Santos, lui, est un jeune élève-pilote.

Près de 2 heures plus tard, les 2 jeunes hommes survolent le canal de la Mona. La visibilité est parfaite. Ils sont impatients de rentrer chez eux, à Porto Rico. Jusque-là, leur voyage s'est déroulé sans encombre.

Un objet étrange

20h03.

Plusieurs avions captent un message radio alarmant lancé par N3808H : « Mayday, Mayday, ici Ercoupe trois, huit, zéro, huit. Nous sommes confrontés à un objet étrange sur notre parcours, nous sommes perdus. »

Le vol Iberia Airlines IB-976, en provenance du Guatemala et à destination de l'Espagne, répond aussitôt. Demandant quelques précisions quant à cet appel de détresse, il obtient la réponse suivante : « Euh, nous allons de Saint-Domingue à San Juan. Mais nous avons croisé, euh, un objet étrange sur notre chemin qui nous a fait changer d'itinéraire à 3 reprises. En ce moment, il nous devance, en position une heure. Notre cap est zéro, sept, zéro degrés... Notre altitude est de 1 600, à zéro, sept, zéro degrés... Notre VOR ne répond pas, plus de fréquence... »

Le vol Iberia IB-976 relaie le message au centre de vol de San Juan. Et demande à N3808H d'allumer son transpondeur.

20 heures 5 minutes 10 secondes.

     OVNI : Les 12 dossiers que le Pentagone ne s'explique pas

N3808H répond brièvement : « Mais nous n'avons pas de transpondeur, monsieur ! »

20 heures 5 minutes et 40 secondes.

Iberia IB-976 demande à l'équipage en détresse son indicatif d'appel et sa position estimée. Les pilotes répondent : « En ce moment, nous sommes censés être à environ 35 miles *[56 kilomètres]* des côtes de Porto Rico mais nous avons quelque chose de bizarre devant nous qui nous empêche sans cesse de suivre le cap... J'ai changé de cap une seconde. [Inintelligible.] Notre itinéraire actuel est à peu près de 300... Nous sommes encore dans la même situation, monsieur. »

Puis la communication avec l'Ercoupe s'interrompt définitivement. Après cela, on entend un étrange bruit métallique.

De vaines recherches

20h07.

Le N3808H disparaît des radars de *l'Atlantic Fleet Weapons Range*. Dernière position relevée de l'appareil : 35 miles *[56 kilomètres]* à l'ouest de Porto Rico, en pleine mer.

20h15.

Un objet réapparaît sur les radars. Comme il ne répond pas aux appels, il est impossible de l'identifier. S'il s'agit du N3808H, les 2 pilotes n'envoient plus de signaux de détresse. Puis l'objet finit par disparaître.

Dans les heures qui suivent, des recherches conjointes sont menées par les autorités de Haïti, de Porto Rico et de la République dominicaine. Très affecté, le lieutenant Pagán, père de José Alberto Pagán Santos, y participe activement. Il effectue plusieurs missions de repérage, notamment à l'aide de son propre hélicoptère, se concentrant notamment sur la zone indiquée par la dernière position radar. Mais au bout de 2 semaines, aucune trace ni aucuns débris n'ayant été trouvés, les recherches sont abandonnées.

C'est alors que le lieutenant Pagán est contacté par un certain Carlos Busquets, qui a des accointances avec la FAA d'Isla Verde. L'homme lui révèle qu'il existe un enregistrement où son fils évoque une confrontation avec un objet volant non identifié. Grâce à son statut d'officier de police, Pagán peut écouter cette bande et est estomaqué. Cependant la FAA refuse de lui en fournir une copie et lui demande de ne parler de cette affaire à personne.

Le 18 juillet 1980, le lieutenant commandant M. R. Adams envoie un courrier au bureau des recherches aéronautiques de Washington, spécifiant : « À ce jour, rien n'a été trouvé qui puisse nous éclairer sur le funeste sort du N3808H. La garde côtière a suspendu ses recherches et, à moins que de nouvelles informations positives indiquant la localisation de l'avion et/ou de son équipage ne soient disponibles, aucune nouvelle recherche ne sera entreprise. »

Le mystère reste donc total concernant le mystérieux aéronef aperçu par les 2 jeunes pilotes. Quel est donc cet objet qui a contraint un petit avion biplace à faire demi-tour ? le petit appareil ayant visiblement négocié un virage à 300 degrés pour échapper à l'intrus.

Épilogue

Première théorie avancée : l'inexpérience du copilote, qui a sans doute oublié de faire le plein. Puis, pour être nettement plus convaincantes, les autorités finirent par classer le cas en déclarant officiellement que le petit biplace s'était crashé en pleine mer suite à une défaillance technique.

Cela fit bondir le lieutenant Pagán qui déclara : « Mon fils était déjà un pilote expérimenté et ce n'était pas la première fois qu'il effectuait ce vol Porto Rico-République dominicaine, aller et retour. Et puis, notre avion était en parfait état. J'étais d'ailleurs responsable de son entretien. Je venais de remplacer son vieux moteur par un neuf. L'avion était en parfait état de marche. La meilleure preuve, c'est qu'à aucun moment, ils n'ont parlé d'un éventuel souci mécanique. Bien que les autorités portoricaines sachent parfaitement que nos 2 pilotes ont évoqué un objet étrange qui les traquait, elles ont préféré livrer aux médias ce genre de "théories". »

Tout comme Guido Valentich (le père de Frederick), le lieutenant Pagán garde espoir. Il confie : « Mon fils croyait en la réalité des Ovnis. Il en avait aperçu plusieurs. Moi également. Je n'ai, bien sûr, aucune certitude qu'il ait été enlevé par l'un de ces objets. Mais ce que nous savons de façon certaine, c'est que l'un d'eux est impliqué dans ce qui s'est passé. Si c'est le cas, j'espère vraiment qu'un jour mon fils me soit rendu. Difficile à dire, mais j'ai comme un pressentiment. Et puis, c'est une petite consolation pour mon épouse et pour moi. J'espère sincèrement qu'un jour, nos deux pilotes seront de retour. »

Sources

Rapport de l'accident n° MIA-80-D-A079, archives du National Transportation Safety Board de Washington • *Flying Saucer Review*, vol. 43-44, hiver 1998, pp. 6-9 • *Daily Mail*, Londres, 11 novembre 2000 • Gian J. Quasar, *Into The Bermuda Triangle*, International Marine-McGraw-Hill, 2004, pp. 43-45 • *Thimoty Good, Need To Know*, Pan Books, 2007, pp. 312-320 • *UFO* n° 251, Brésil, octobre 2017.)

X. Betty Cash et Vickie Landrum : un cuisant remake d'*Apocalypse Now*

Les faits

Date : 29 décembre 1980.

Lieu : une forêt près d'Huffman, au nord-est de Houston, dans l'État du Texas, aux États-Unis.

Témoins : Betty Joyce Cash, née Collins, une femme d'affaires de 52 ans ; Vickie Marzelia Landrum, née Holifield, 57 ans, salariée dans un restaurant ; Colby Lee, 7 ans, le petit-fils de Vickie.

Les lendemains de Noël sont toujours des moments de détente et de soirée à partager entre amis. Ce soir-là, Betty propose à son amie Vickie d'aller faire une partie de bingo à Cleveland. Hélas, une fois sur place, les 2 femmes, fort déçues, constatent que la plupart des commerces sont fermés. Elles décident alors, sait-on jamais, d'aller tenter leur chance à New Caney, une ville toute proche. Même scénario, la ville est quasiment déserte et les boutiques closes. Non seulement nous sommes en période de vacances, mais nous sommes un lundi. Les commerçants ont donc de bonnes raisons de rester bien au chaud chez eux. Et en famille.

Dépités, et en guise de consolation, Betty, Vickie et Colby se restaurent dans un relai routier tout proche. Puis rassasiés, prennent la route du retour, à destination de Dayton, leur lieu de résidence.

Au volant de son Oldsmobile Cutlass Supreme, modèle 1980, Betty emprunte la voie secondaire 1485 qui traverse une forêt de chênes et de pins près de la ville d'Huffman. Cette route, en direction des faubourgs de Houston, est connue pour être sombre et isolée. Il est environ 20h30. La nuit est tombée, le ciel est partiellement nuageux. La pluie qui est tombée tout le jour vient de cesser. Le moteur du véhicule ronronne paisiblement. La radio, réglée sur la chaine KIKK, diffuse en sourdine quelques refrains de country western. Installé à l'arrière, le nez contre la vitre, Colby regarde défiler le paysage frotté d'ombres.

Vickie, Colby et Betty

Notre trio parcourt ainsi une vingtaine de kilomètres. Soudain Colby interpelle sa grand-mère et demande : « Mamie, c'est quoi cette chose bizarre qui vole au-dessus des arbres ? » Surprises, les 2 femmes se penchent, scrutent le ciel et aperçoivent en effet un point lumineux qui se rapproche lentement. Puis, qui à force de grandir, prend finalement l'apparence d'un engin colossal en forme de diamant.

Cet engin extraordinaire perd alors de l'altitude et s'immobilise au milieu de la chaussée, à 7 mètres du sol. Il bloque totalement le passage de notre trio sidéré. Betty, terrifiée, freine à mort. À l'intérieur du véhicule, Colby hurle de terreur. Vickie – qui est très croyante – se met à prier.

Betty se dit qu'elle peut contourner l'obstacle en roulant sur le bas-côté. Mais le sol est détrempé et elle craint de s'enliser. « Vickie, finit-elle par crier, je n'arrive même pas à distinguer les abords de la route. Je ne peux ni faire marche arrière, ni faire demi-tour ! »

Voilà donc notre trio désemparé, immobilisé au milieu de nulle part, face à un gigantesque vaisseau qui éclaire violemment les environs, « comme si la forêt entière allait s'embraser ».

L'Ovni en forme de diamant mesure près d'une vingtaine de mètres. D'un gris métallique terne, il est « bien plus haut qu'un château d'eau ». Des flammes oranges et rouges jaillissent de sa base. Cela fait penser à un réacteur de fusée. Il dégage une odeur de liquide inflammable, « comme de l'essence à briquet ». Sa lumière est aveuglante. Et il émet une chaleur intense, très vite insupportable.

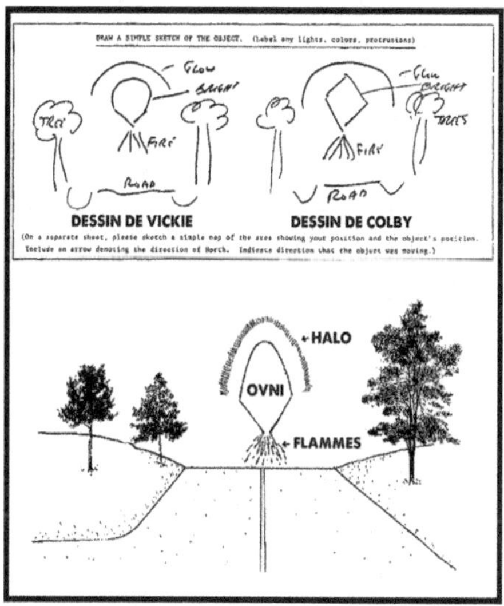

Dessins de l'Ovni réalisés par Vickie et Colby. Et reconstitution.

Une chaleur infernale

Notre trio quitte le véhicule. Terrifié, Colby tente de s'enfuir dans les bois. Vickie le rattrape de justesse. L'enfant regagne alors la voiture et se réfugie à l'avant, sous le tableau de bord. Près de la portière ouverte, Vickie est incapable de bouger. Elle regarde un bref moment cette chose insensée. Puis rapidement, rejoint à l'intérieur Colby qui ne cesse de hurler.

Betty Cash est plus aventureuse. Poussée par la curiosité, elle s'avance, décidée à voir de plus près cette monstruosité. Une main protégeant ses yeux, elle reste 10 minutes à la contempler. Quel est donc cet engin ? Et d'où provient-il ?

À une trentaine de mètres de la voiture, l'OVNI émet un son étouffé, comme une soufflerie. Ainsi qu'une série de bips irréguliers.

La chaleur qu'il dégage est suffocante, difficilement supportable. À l'intérieur de la voiture, Vickie supplie Betty de revenir. Appuyant ses mains sur le tableau de bord, ses doigts s'enfoncent dans le revêtement en vinyle qui est en train de fondre !

Incommodée, Betty rebrousse chemin. Elle tente de remonter dans la voiture. Mais en ouvrant la portière, elle se brûle la main sur la poignée chauffée à blanc. Elle doit se servir de son blouson de cuir comme d'un gant de protection. Malgré le froid de décembre qui règne aux alentours – il fait 4 °C –, les flammes de l'Ovni dispensent une chaleur intolérable.

Ce drôle d'engin semble en mauvaise posture. Chaque fois qu'il tente de décoller, les flammes de sa base redoublent. Finalement, après plusieurs essais, au bout d'une dizaine de minutes, il finit par s'élever dans un énorme fracas et s'éloigne en direction de Galveston Bay. « Cette chose, précise Betty, éclairait le ciel. On y voyait comme en plein jour. C'est à ce moment-là que nous avons vu qu'il était entouré de nombreux hélicoptères. » Betty et Colby les compte. Il y en a 23 ! « Je les ai comptés, précise Betty, pour me persuader que je n'étais pas devenue folle ! »

Le cauchemar commence

La voie est enfin libre. Vickie lâche, soulagée : « Nous sommes sains et saufs. Mais je brûle et il fait si chaud. » Betty réalise que le moteur de la voiture a calé. Elle redémarre et quitte rapidement ce drôle d'endroit, pied écrasant l'accélérateur. Tout en roulant, elle enclenche l'air conditionné car l'habitacle s'est transformé en une véritable fournaise.

Après cet éprouvant face-à-face qui a duré une vingtaine de minutes, Betty n'a qu'une hâte : regagner Dayton au plus vite. Pour cela, elle emprunte la voie secondaire 2100. Il est 21h50 lorsqu'elle dépose Vickie et Colby chez eux. Notre conductrice regagne ensuite son domicile, accueillie par son amie Wilma Emert.

On pourrait penser que tout cela n'est plus qu'un mauvais souvenir. Mais hélas, le cauchemar ne fait que commencer.

Une fois chez elle, Betty se sent mal. Déshydratée, elle boit verre d'eau sur verre d'eau. Elle souffre à la fois d'une terrible migraine et de nausées. Elle se dit qu'en s'asseyant, cela va passer. Mais voilà que de larges plaques apparaissent sur son cou et son cuir chevelu. Sa peau devient extrêmement rouge. Les heures passant, les paupières de Betty se mettent à enfler jusqu'à pratiquement se fermer. Les plaques, apparues plus tôt, se transforment en cloques pleines d'un liquide plus clair. Betty souffre alors de vomissements à répétition et de violentes diarrhées. Ses oreilles sont si enflées qu'elle doit ôter ses boucles d'oreilles.

30 décembre 1980

Le matin suivant, l'état de Betty s'est considérablement dégradé. Ses amis sont sérieusement inquiets. Ils craignent qu'elle décède d'un instant à l'autre sous leurs yeux.

À Dayton, Vickie et Colby sont également malades. Leur état est un peu moins sérieux que celui de Betty. Leur peau est toutefois devenue rouge comme après un mauvais coup de soleil. Ils ont des crampes d'estomac, vomissent et souffrent également de diarrhée. Durant les jours suivants, Vickie videra 3 bouteilles d'huile pour bébé pour tenter d'apaiser l'irritation soutenue de leurs peaux.

Sur le côté droit de sa tête, Vickie perd quelques cheveux. Mais ils repoussent assez vite. Son cuir chevelu, constate-t-elle, est devenu comme « insensible ». Colby, lui, a du mal à dormir. Il fait de nombreux cauchemars et mouille son lit car, terrorisé, il refuse de se lever la nuit. Il ne veut plus dormir seul. Il faudra attendre la seconde semaine de février pour qu'il accepte de réintégrer sa chambre.

31 décembre 1980

Catastrophés, les amis de Betty joignent Vickie et la supplient de veiller sur son amie qui est désormais dans un état de semi-conscience. Ils se sentent impuissants et ont réalisé « qu'obtenir de l'aide pour des personnes se disant victimes d'Ovnis est impossible ». En cette période de Noël, la plupart des médecins sont absents. Et les quelques praticiens disponibles refusent de prendre en charge une patiente « inconnue ». Les personnes ne faisant pas partie de leur clientèle ne sont pas leur priorité. Surtout, lorsque les proches prétendent que la malade en question a été victime d'un Ovni. Croyant à une mauvaise plaisanterie, les médecins raccrochent systématiquement.

Il faut ajouter à cela que Betty est cardiaque. Les généralistes contactés, n'ayant pas en main son dossier médical, ne veulent prendre aucun risque. Pourtant le temps presse. Betty, à peine consciente, est incapable de communiquer le nom et l'adresse de son cardiologue. Ce qui complique singulièrement la situation.

Impuissante face au refus des médecins, Vickie continue de s'occuper de Betty comme elle peut. Hélas, toute nourriture et toute boisson qu'elle lui donne sont aussitôt rejetées. Quelque chose ne va vraiment pas, dira Vickie, Betty étant réputée pour son solide appétit.

La situation devient de plus en plus critique. Betty s'affaiblit de jour en jour. Ultime tentative : Vickie contacte le pharmacien chez lequel Betty s'approvisionne. « Fouillez ses ordonnances, supplie-t-elle, il doit bien y avoir le nom et le téléphone de son cardiologue. » Excellente initiative : on retrouve une partie de son dossier médical. Armée de ces informations, Vickie contacte aussitôt les urgences du *Parkway General Hospital* de Houston.

3 janvier 1981

Betty est enfin hospitalisée à Houston. Elle perd de larges portions de peau, ses cheveux tombent par poignées. Elle est si faible qu'elle est incapable de marcher. Ses paupières sont si gonflées, qu'elle est quasiment aveugle. Une infirmière doit régulièrement les enduire de baume. Il faudra une semaine avant que Betty puisse entrouvrir les yeux et reconnaître les gens qui l'entourent.

Malgré son état critique, les médecins disent que c'est une patiente conciliante qui ne se plaint jamais. Son cardiologue, le Dr V. B. Shenoy confirme. Il demande alors une batterie d'examens pour déterminer les causes de ses étranges brûlures. Mais au terme d'une série de tests effectués, aucune réponse ne semble satisfaisante.

Au bout de 12 jours, malgré son état fort préoccupant, on renvoie Betty chez elle. Mais une fois à Dayton, rien ne va plus. Il faut alors, le 25 janvier, l'hospitaliser de nouveau pour une durée de 15 jours.

   OVNI : Les 12 dossiers que le Pentagone ne s'explique pas

De drôles de symptômes

De leur côté, Vickie et Colby souffrent également, mais de façon moins alarmante que Betty. Au bout de 2 à 3 semaines, leurs crampes d'estomac et leurs diarrhées finissent par se calmer. Mais ils présentent toujours une irritation persistante et douloureuse de la peau et des yeux. Vickie – qui portait des lunettes pour lire –, note que sa vue s'est altérée et doit désormais les porter continuellement. Maintenant, ses ongles tombent... Elle les récupère, les numérote et les conserve dans une boîte dans l'espoir qu'un scientifique puisse un jour les analyser.

Début février, Betty quitte l'hôpital et trouve refuge chez sa mère, Pauline Collins, qui vit à Birmingham, en Alabama. Trop faible, elle ne peut reprendre son travail et a besoin, pour chaque geste du quotidien, de se faire assister. À Birmingham, sérieusement prise en charge, Betty est hospitalisée plusieurs fois en urgence.

Nos 3 témoins présentent une singulière symptomatologie. D'abord, un état de fatigue inexplicable. Le moindre effort les anéantit. Puis une perte d'appétit. Enfin, une moindre résistance aux rhumes et autres petits bobos habituellement passagers qui étonne les spécialistes. Comment expliquer la lente détérioration de leur forme physique ?

Jusque-là, nos 3 témoins étaient en forme. Colby se portait comme un charme. Les proches témoignent que c'était un garçon actif qui aimait le sport, la pêche, et adorait les activités de plein air.

Idem pour Vickie. Auparavant, c'était une femme très active, qui ne ménageait pas ses efforts pour subvenir aux besoins de sa famille. Elle travaillait à la fois dans le restaurant de Betty et s'occupait de la cantine de l'école locale. Les journées de 16 heures étaient courantes pour cette femme hyperactive.

Betty Cash était aussi une femme pleine d'énergie. Elle dut subir une intervention chirurgicale cardiaque en 1977, mais s'en remit parfaitement. Son médecin traitant témoigne : « Les symptômes qu'elle présente depuis le 29 décembre 1980 n'ont rien à voir avec ses précédents problèmes cardiaques. Elle nous consulte tous les 6 mois et je peux vous dire que jusque-là, elle était en parfaite santé. Ces symptômes n'existaient pas avant cette nuit de décembre. » Betty, qui avait prévu d'ouvrir un nouveau restaurant, est contrainte d'abandonner à jamais son projet.

Quelle est donc la cause de leur détérioration physique ? Est-ce la proximité de cet Ovni ? Betty fut directement exposée à la chaleur et à l'éclat de l'objet durant 10 minutes. Vickie entre 3 et 5 minutes, Colby environ 1 minute. Suite à cela, voici dressée par plusieurs spécialistes, la liste des effets physiologiques induits :

- Colby : érythème (rougeur de la peau), yeux enflés et larmoyants, douleurs d'estomac, diarrhée, anorexie (perte brutale d'appétit), perte de poids (il passa de la taille 6 à la taille 5), augmentation des cavités dentaires ;

- Vickie : érythème, photophtalmie (yeux enflés, larmoyants et douloureux), diminution importante de la vue, douleurs d'estomac, diarrhée, anorexie, immuno-déficience accrue, ulcération des bras due aux escarres et à une dépigmentation, ongles détériorés qui finissent par tomber, perte des cheveux, repousse de cheveux d'une texture différente ;

- Betty : érythème, photophtalmie aggravée (yeux enflés et fermés, douloureux et larmoyants), vision asymétrique, douleurs d'estomac, vomissements, diarrhée, anorexie, infections pulmonaires, sévère perte de vitalité et de poids, léthargie, escarres et dépigmentation, importante chute de cheveux, repousse de cheveux d'une texture différente.

Un combat s'organise

Si d'un commun accord, les deux femmes avaient décidé de se taire (« On ne peut pas raconter ce que nous avons vécu, on va nous prendre pour des folles ! »), face à la gravité de leurs blessures, elles finissent par parler. « J'ai fini par tout raconter lors de ma deuxième hospitalisation », lâche Betty. « J'avais peur qu'on se moque de moi et qu'on me transfère directement en unité psychiatrique. » Pourtant son médecin traitant confie aux enquêteurs : « Lorsque je l'ai auscultée, je me suis dit qu'elle présentait tous les signes d'un empoisonnement aux radiations. Mais j'ai pensé que cette hypothèse était ridicule et je l'ai très vite écartée. Ensuite, lorsque madame Cash m'a raconté ce qu'elle avait vécu, mon premier diagnostic a alors pris tout son sens. »

La parole libérée les pousse alors au combat. Vickie réagit la première. Tentant de faire une déposition et cherchant de l'aide, elle contacte tout d'abord le chef de la police de Dayton, Tommy Waring. Deux jours plus tard, celui-ci communique à Vickie le numéro de la hotline de monsieur Robert Gribble à Seattle, un pompier à la retraite et directeur du *UFO Reporting Center*. Vickie l'appelle le

2 février. Celui-ci la met aussitôt en relation avec le MUFON, l'APRO et le CUFOS, les 3 principales associations ufologiques du pays, associations connues pour leur aide apportée aux témoins d'observations d'Ovnis.

Betty et Vickie contactent ensuite le Congrès américain. Mais cela ne fait qu'amplifier leur frustration. Elles ne reçoivent qu'une seule réponse, fort laconique, leur disant que le groupe d'État censé s'occuper des Ovnis n'existe plus depuis des années. On leur suggère plutôt d'intégrer un mouvement sectaire basé en Californie !

Grâce à l'avocat du MUFON, maître Peter Gersten (qui décide d'assurer leur défense), Betty et Vickie cherchent à déterminer la nature de cet engin qui leur a causé tant de tracas. Des dizaines de lettres et d'appels sont adressés à des officiels et des membres du Gouvernement (dont les sénateurs Lloyd Benson, Charles Wilson et John Tower), qui restent la plupart sans réponse.

L'enquêteur John F. Schuessler, collaborateur de plusieurs programmes spatiaux (Skylab, Space Shuttle) et ingénieur de la NASA, rencontre Betty à Houston le 22 février 1981, et Vickie le 28 février à Dayton. Schuessler – également cofondateur du MUFON et membre du Projet *Vehicle Internal Systems Investigative Team* (VISIT) – s'intéresse aux Ovnis. Il s'empare aussitôt du dossier. Convaincu de la bonne foi des témoins, il pense que l'objet aperçu par les deux femmes est vraisemblablement d'origine extraterrestre. « S'il s'agissait d'un engin secret expérimenté par l'armée, pourquoi attirer l'attention autour de cet essai à l'aide de 23 hélicoptères ? Ça n'a aucun sens. » Dans la foulée, il contacte les bases aériennes texanes susceptibles d'abriter autant d'appareils. Le porte-parole de la base militaire de Fort Hood, à Killeen, qui héberge plus de 100 hélicoptères, répond qu'aucun de leurs aéronefs ne volait ce soir-là dans les environs de Houston. Le major Tony Geishauser déclare : « Je ne connais pas d'autres endroits dans les parages où on peut trouver autant d'hélicoptères. S'il s'est passé quelque chose, je ne sais pas ce que c'est... Il y a peut-être là un super secret dont on ne m'a visiblement pas mis au courant. »

Le père de l'ufologie scientifique, le Dr J. Allen Hynek, qui vient de fonder un centre d'études des Ovnis à Evanston dans l'Illinois, trouve qu'il s'agit là « d'un cas tout à fait crucial », et cela à cause « d'effets physiques absolument indéniables ». Il déclare : « Quelque chose s'est réellement passé. Ces deux femmes n'ont pas arraché leurs cheveux, ni n'ont décidé de se rendre quasiment aveugles. Nous sommes face à un cas solide. C'est l'évidence même. Nous possédons dans nos dossiers de nombreuses autres confrontations avec des Ovnis, mais rarement aussi réelles que celle-ci. »

Presse et médias se déchaînent

Un article, paru dans le *Weekly World News* met le feu aux poudres. Ce long papier, signé par un certain Dick Donovan, titre : « Trois personnes vivent désormais dans la douleur et la terreur après avoir subi l'attaque d'un Ovni en flammes ! »

Mais c'est un reportage publié par le tabloïde *National Enquirer*, distribué en août 1981 dans toutes les grandes surfaces du pays, qui va offrir à l'affaire « Cash-Landrum » une exposition nationale. Pour ne pas dire internationale.

Flairant un sujet aussi croustillant, la presse s'en donne à cœur joie. Betty et Vickie sont sollicitées de toutes parts. Au hasard des interviews, les deux femmes se confient. Très croyante, Vickie Landrum avoue aux journalistes, que cette nuit de décembre, elle crut vivre la réalisation d'une prédiction biblique. « Toute m'a vie, on m'a répété que ce monde finirait en flammes. Comme cet objet semblait fendre le ciel en deux, j'ai cru que c'était la fin des temps. J'ai dit à Colby, mon petit-fils : "Regarde bien au centre de cette lumière. Tu vas voir apparaître un visage. C'est celui de Jésus-Christ. N'aie pas peur, il vient nous chercher pour nous conduire dans un endroit bien meilleur qu'ici". »

Vickie détaille ensuite le calvaire qu'elle endure depuis cette terrible rencontre. Les brûlures de ses bras ont laissé plusieurs cicatrices blanchâtres. Mais au cours des derniers 8 mois, ses brûlures se ravivent lorsqu'elle s'expose au soleil. Colby et elle fuient désormais les journées ensoleillées, impossibles à supporter. Ils évitent également l'eau chaude, trop douloureuse pour leur épiderme, et doivent se contenter de bains d'eau froide.

Certes les cheveux de Vickie ont repoussé, « mais ils ne sont plus les mêmes. Avant, ils étaient souples et faciles. Ce n'est plus le cas. À cause de ça, j'ai même honte d'aller à l'épicerie ». Mais le pire, dit-elle, est sa vue qui drastiquement faiblit. « Mes yeux ont subi une telle brûlure que j'ai cru qu'ils tombaient en morceaux. Depuis cet incident, j'ai dû changer 2 fois de lunettes et chaque fois avec des verres progressifs plus puissants. Je suis en train de perdre ma vision périphérique et je développe une forte cataracte. Et Colby, mon petit-fils, doit également porter des lunettes. »

La célèbre émission de télévision, « *That's Incredible* », a décidé de traiter de l'affaire. Le tournage s'effectue en 2 temps. Le 15 juillet 1981, l'équipe se déplace à

Dayton pour filmer Vickie chez elle. Puis le 10 septembre, Vickie et Colby prennent un avion pour être filmés cette fois en studio. L'Amérique commence à sérieusement s'émouvoir.

Weekly World News, mars 1981

23 hélicoptères !

Si jusque-là l'US Air Force semble prêter peu d'intérêt à cette affaire, tout change après la diffusion de l'émission « *That's Incredible* ». À Washington, des membres du Congrès se disent « dérangés » par cette histoire. Ils demandent alors au Pentagone d'enquêter. La présence des 23 hélicoptères dans le ciel du Texas cette nuit-là les met mal à l'aise. Le lieutenant-colonel George Sarran du Bureau de l'Inspecteur général de l'armée américaine s'implique activement. Il contacte un grand nombre de bases aériennes afin de déterminer leur éventuelle implication, mais cela sans succès. Le major Dennis Maire de la 136e unité de transport d'Ellington à Houston contribue également en fournissant des données précieuses sur les capacités de ces appareils.

Le 17 août 1981, Betty, Vickie et Colby sont reçues à la base aérienne de Bergstrom (Texas) et auditionnés par plusieurs militaires : le capitaine William J. Camp, le capitaine Terry Davis et son aide, Pat Wolfe. Nos trois témoins sont formels. Ils ont nettement distingué des hélicoptères qui semblaient escorter l'Ovni. Les appareils étaient nets dans le ciel malgré la nuit très sombre et la lune dans son troisième quartier. Betty confirme : « Le ciel était plein d'hélicoptères, dit-elle. J'ai même craint une collision entre ces appareils qui étaient si proches les uns des autres. » Vickie acquiesce : « Le bruit qu'ils faisaient était semblable à celui d'une tornade. »

Colby répond timidement aux questions. Il dessine les hélicoptères qu'il a vus, volant en essaim compact autour de l'Ovni. Grâce à un tableau d'identification, nos témoins finissent par désigner sans équivoque des modèles Chinook à 2 rotors, Boeing CH-47. Ce sont des hélicoptères courant de l'US Air Force, servant généralement à déplacer des charges lourdes ou des bataillons de soldats. Fait notable : depuis, le petit garçon est terrorisé par ces engins.

Vickie raconte d'ailleurs aux militaires que le 30 avril 1981, un CH-47 de la base aérienne d'Ellington s'est posé à Dayton, dans le cadre d'une future célébration de la journée des agriculteurs. L'engin était piloté par Willy Culberson. Lorsque l'appareil survola la ville en vue de l'atterrissage, Colby fut littéralement pris de panique. Vickie décida alors de l'emmener voir l'appareil de plus près, dans l'espoir qu'il semblerait moins effrayant une fois au sol. Lorsqu'ils débarquèrent dans la zone d'atterrissage, ils constatèrent qu'il y avait là beaucoup de monde. En effet, le public était invité à monter à bord de l'appareil et à rencontrer Culberson.

Vickie et Colby durent attendre un certain temps avant d'être autorisés à entrer dans l'hélicoptère et à discuter avec le pilote. Au cours de la visite, Vickie et Colby ont demandé à Culberson s'il avait déjà volé dans la région. Celui-ci répondit qu'en décembre dernier, il avait été appelé, avec d'autres militaires, pour surveiller un Ovni en difficulté près de Huffman ! Vickie bondit. Elle dit alors à l'homme à quel point elle était heureuse de le rencontrer. Elle lui révéla qu'elle était l'une des personnes brûlées par cet Ovni. Mais le militaire changea aussitôt d'attitude. Il refusa de lui parler davantage, puis les poussa hors de l'appareil.

Plus tard, interviewé au téléphone par John Schuessler, Culberson nia avoir été impliqué dans une telle mission. À la suite d'appels de John Schuessler au major Dennis Haire, Cumberson nia à nouveau avoir tenu de tels propos. Ce n'est que plus tard, face au lieutenant-colonel George Sarran, qu'il reconnut avoir fait de telles déclarations.

L'enquête progresse à tous petits pas. Contacté, le représentant FAA de l'aéroport intercontinental de Houston révèle que 350 à 400 hélicoptères opèrent pour raison commerciale dans la région de Houston. Mais hélas, cette flotte d'appareils ne compte aucun Chinook. Au final, les nombreux appels passés aux responsables des installations militaires n'apportent aucune réponse. Fort Polk, Fort Hood, *Dallas Naval Air Station* ou *England Air Force Base* en Louisiane disent n'être pour rien dans ces vols nocturnes et ne rien savoir. Au final, personne ne revendique la paternité de ces Chinooks !

De nouveaux témoins

Pourtant, on les a bien vus ! Un officier de police de Dayton, Lamar Walker, se manifeste. Il raconte qu'il n'était pas de service ce soir-là. Accompagné de son épouse Marie, il rentrait chez lui depuis Cleveland. Sur la FM 1960, à 8 kilomètres au nord de Dayton, il a bien vu plusieurs gros hélicoptères progresser en formation. Les appareils volaient bas et semblaient chercher quelque chose. Il dit avoir un léger doute sur la date exacte, mais pense qu'au final, c'était bien durant la soirée du 29 décembre 1980.

Rosalie Semour et sa fille Michelle affirment avoir aperçu, le même soir, un grand nombre d'hélicoptères survolant leur maison. « Ils venaient de toutes les directions », ont-elles précisé. Un des appareils a stationné un moment au-dessus d'un arbre qui se trouve à 60 mètres de leur demeure. Michelle a dit qu'il s'agissait d'un long aéronef vert, dépourvu de bulle de verre à l'avant comme on en voit habituellement. Plus loin, il y avait une forte lueur comme si un engin s'était crashé ou était en panne. Les deux femmes ont observé cet intense ballet aérien durant 15 minutes. Les hélicoptères braquaient de puissants projecteurs vers le sol, comme s'ils cherchaient quelque chose.

On découvre que d'autres personnes ont également vu l'Ovni. Cette même nuit, Angie Stanley, 26 ans, employée des postes de Dayton, rentrait de New Caney sur la FM 1485, à environ 20 kilomètres à l'ouest de Dayton. « J'ai vu, assez loin dans le ciel, une lumière vraiment brillante, raconte-t-elle. Cela faisait comme deux phares de voiture, intenses et fixés sur une chose de forme ovale. »

Nellie Zedick, 57 ans, témoigne : « J'étais au volant, accompagnée de mon fils John et de son épouse Toni. Nous roulions vers Dayton. Nous avons aperçu cette lumière dans le ciel. J'ai stoppé net afin de l'observer. Cette chose était silencieuse et elle allait sacrément vite. Elle avait la forme d'un diamant avec une extrémité un peu arrondie. Je n'ai jamais rien vu de tel de ma vie. »

Depuis son domicile de Dayton, Jerry McDonald, 24 ans, un dur à cuire, foreur de pétrole, a également été témoin de quelque chose d'étrange cette nuit-là. Il dit : « J'ai entendu un bruit comme un grondement, et j'ai pensé que c'était le dirigeable Goodyear. Mais l'objet que j'ai vu était plutôt triangulaire, en forme de diamant. À l'arrière, il avait deux torchères qui crachaient des flammes bleues et lumineuses. Il était également équipé de 2 projecteurs et d'une lumière rouge en son centre. J'ai vu tout cela lorsqu'il est passé à 45 mètres au-dessus de ma tête. » Deux jours plus tard, Jerry est tombé malade. Durant 6 semaines, son état ne s'est guère amélioré.

Belle Magee, 55 ans, boulangère, était chez elle à East Gate, à environ 12 kilomètres à l'ouest de Dayton. En regardant à l'extérieur, elle aperçut une lumière brillante se diriger en direction de New Caney. « C'était aussi intense que l'éclairage d'un terrain de football. Mais ça se déplaçait haut dans le ciel », a-t-elle dit.

Deux séances d'hypnose

Pour rafraîchir sa mémoire, Vickie Landrum est placée sous hypnose régressive à 2 reprises par le Dr R. Leo Sprinkle, psychologue à l'université du Wyoming. L'homme est réputé. Au cours des 20 dernières années, il a collaboré avec 250 personnes témoins d'observations d'Ovnis.

« Sous hypnose, Vickie n'a révélé aucun nouveau détail, déclare l'hypnothérapeute, mais elle n'a pas non plus modifié son histoire. Elle a exprimé de manière très dramatique ses sentiments alors qu'elle les revivait. Elle n'arrêtait pas de tirer sur son chemisier et de bercer son bras comme si elle tenait Colby contre elle. Elle a dit qu'elle pensait que c'était la fin du monde et que Jésus allait surgir de toute cette lumière. »

Sprinkle précise toutefois qu'il n'y a aucun moyen de savoir si une personne est réellement plongée sous hypnose. « Mais sur la base de mon expérience de 15 ans, madame Landrum l'était vraiment. Ou alors, elle a pris de sérieux cours de théâtre. » Il souligne qu'un récit livré sous hypnose n'est pas une « preuve absolue » d'un événement passé. C'est toutefois ce que ressent la personne, « sa vérité », sa vision du réel.

La première séance eut lieu le 11 juillet 1981. Les semaines qui suivirent furent particulièrement pénibles pour Vickie. Au lieu de l'aider, cela aggrava son mal-être. « Je ne revivrai plus jamais ces moments de terreur », jura-t-elle.

Des années difficiles

Le 18 mars 1982, Betty, Vickie, Colby et John Schuessler apparaissent dans « *Good Morning America* », un show télé extrêmement populaire. On sent les deux femmes très affectées.

Devenues médiatiques, les deux femmes sont sans cesse sollicitées. Dans la presse, les interviews se multiplient. Vickie déclare : « Pas une minute je n'ai songé que cet engin puisse venir d'une autre planète. Je n'ai jamais cru aux Ovnis. Je n'y crois toujours pas. Vous savez, je suis une personne très religieuse. » Elle confie ensuite sa pire angoisse : « Moi, j'ai vécu ma vie. Mais j'ai peur pour Colby. J'ai peur qu'il puisse, dans les années à venir, développer une sorte de leucémie. C'est ce que m'ont dit certains docteurs, comme le Dr Rank du Wisconsin ou le Dr Shoney. Cela dépend du taux de radiation auquel il a été soumis cette nuit-là... C'est ma préoccupation première. Ils doivent nous dire ce qu'était réellement cet objet. Alors, on sera en mesure d'aider mon petit fils. »

En attendant, le garçon développe « des cloques de la taille de son pouce » à l'intérieur des genoux.

Les dégâts subis par nos témoins ne sont pas seulement sanitaires. Ils sont aussi économiques. Betty Cash est quasiment ruinée, les frais médicaux coûtent une fortune. De plus, trop épuisées, les deux femmes sont incapables de travailler.

Betty Cash est préoccupée par sa perte de vision qui s'accentue. « Je n'ai jamais porté de lunettes de vue auparavant. Depuis cette rencontre, j'en suis à ma troisième paire ! » Puis de confier : « J'irais beaucoup mieux si j'étais morte. »

En juillet 1982 et mars 1983, John Schuessler déclare à la presse : « Cet événement a profondément traumatisé nos 3 victimes. Elles sont aujourd'hui partiellement aveugles. Et ce n'est qu'une partie de leurs problèmes médicaux. Sans parler de leur perte de cheveux, des diarrhées, d'un nombre excessif de caries dentaires et de leurs plaies qui se ravivent et réapparaissent régulièrement... Les trois présentent en fait les symptômes d'une sévère exposition à des radiations. » Il ajoute : « Je pense que l'armée sait très bien ce qu'il s'est passé. De toute façon, il y a deux hypothèses plausibles. Soit l'engin venait d'ailleurs. Soit c'était un prototype militaire secret qui a subi de graves avaries et les hélicoptères ont été envoyés pour le récupérer et nettoyer ce désastre. »

Un an plus tard, Betty développe un cancer du sein. Le 29 mars 1983, elle doit subir une mastectomie à l'hôpital Saint-Vincent de Birmingham. Les médecins renoncent à la soigner à l'aide de rayons car sa peau est devenue « aussi fine que du papier ».

Les cauchemars de Colby

La chaîne de restauration rapide McDonalds et le quotidien *Houston Chronicle* organisent un concours réservé aux enfants. Le principe en est simple : pour gagner un voyage à Washington, il suffit de rédiger un texte évoquant un événement vécu. Colby – clandestinement – décide d'y participer. Il expédie alors un texte intitulé « Le cauchemar sans fin », qui résume parfaitement ces temps de questionnements et de désarroi. Voici ce qu'on peut y lire : « C'est la nuit du 29 décembre 1980 que ce cauchemar a commencé. Ma grand-mère, ma tante Betty et moi-même étions allés à New Caney. C'est au retour que cela s'est passé. Il y avait un objet très grand dans le ciel alors que nous roulions sur une route très sombre. Il s'est rapproché, il était énorme et très lumineux. Il avait la forme d'un diamant. Alors qu'il volait au-dessus des arbres, du feu en sortait. Nous avons dû nous arrêter. J'ai d'abord essayé de m'enfuir en courant mais finalement je suis retourné dans la voiture. Ma peau est devenue toute rouge à cause de la chaleur qu'il dégageait. On a tous eu plein de cloques. Ce fut pire pour Tante Betty. Nous avons tous été vraiment malades. Nos cheveux sont tombés. Les journaux ont essayé de nous aider en essayant de découvrir ce qu'était cet objet. Ils n'ont pas pu. J'ai du mal à sourire à présent. Parfois, quand je repense à cette nuit, je me réveille et je pleure dans mon oreiller. Il y avait plein d'hélicoptères cette nuit-là, avec de grands rotors. Peut-être qu'un jour je finirai par découvrir ce que c'était et mon cauchemar s'arrêtera. Ceci est une histoire vraie. Je l'ai vécue. »

Si Colby n'a hélas pas remporté le voyage tant convoité, John Schuessler note : « Ce petit garçon de 7 ans a toutefois gagné nos cœurs. Nous avons alors redoublé d'efforts pour que cesse enfin son cauchemar. »

Des explications rationnelles

Dans un article du *Time* daté du 15 avril 1991, on apprend que le département de Défense stratégique américain aurait investi 24 billions de dollars dans la création de missiles balistiques, cela sous le nom de code *Timberwind*. Si l'on en croit ce papier signé par le journaliste Philip Elmer-Dewitt, ces engins, équipés d'un réacteur nucléaire, dégageaient, lors de leurs déplacements, une grande chaleur tout en répandant dans l'atmosphère des résidus hautement radioactifs. Sous le nom de *Project Rover*, on aurait fabriqué et testé plus d'une dizaine de ces prototypes... Est-ce que nos trois victimes ont été confrontées à un test de ce genre ? Impossible de le savoir car ce type d'opérations est mené dans le plus grand des secrets. Il faut pourtant savoir que ces actions clandestines, au cœur de l'État régalien, se déroulent paradoxalement dans l'illégalité. Et induisent d'importants risques.

Le très sceptique Philip J. Klass, de Washington, auteur de quatre livres sur les Ovnis, qui étudie le sujet depuis 22 ans, affirme que l'affaire « Cash-Landrum » est un coup monté. Il pense que les deux femmes étaient à l'origine en mauvaise santé et ont inventé toute cette histoire afin que le gouvernement assume leurs nombreux frais médicaux. Mesdames Cash et Landrum ont répondu qu'elles étaient habituées à de telles remarques. « Je sais parfaitement ce que j'ai vécu, a rétorqué Betty Cash. Voyons, je n'aurais pas arraché mes cheveux par poignées. Et je ne me serais pas brûlée jusqu'à me couvrir de cloques pour paresser ensuite au lit durant des mois. »

Un dénommé Stewart Campbell, résidant à Édimbourg en Écosse, pense que notre trio fut abusé par une planète. Il aurait fallu, dit-il, savoir à quelle heure exactement nos victimes ont quitté le relais routier de New Caney. Car selon lui, l'observation se serait déroulée vers minuit plutôt que vers 21 heures. « Je peux vous assurer, dit-il alors, qu'une étoile très bas sur l'horizon peut produire les effets rapportés par mesdames Cash et Landrum, à l'exception de la chaleur. » Il semblerait pourtant que ce détail a son importance !

Enfin, on avança l'hypothèse que notre trio aurait en fait pris un panneau publicitaire pour un Ovni. Grand comme un château d'eau ? Crachant des flammes ? Émettant des bips assourdissants ? Et cerné par un vol d'hélicoptères ? À chacun son opinion.

On efface les traces

Durant un épisode de la série télévisée « *Unsolved Mysteries* », John Schuessler, interrogé sur le « cas Cash-Landrum », fait une surprenante révélation : « J'ai d'abord réalisé plusieurs interviews de Betty et Vickie. Ensuite, ensemble, nous nous sommes rendus sur les lieux de leur observation. Elles fournirent des détails très précis sur ce qui s'était passé. Et comment cela s'était déroulé. Elles ont pu me montrer l'endroit exact où elles s'étaient arrêtées au bord de la route, face à l'engin. Il y avait des traces qui témoignaient de cela. Elles m'ont également montré l'endroit où l'objet, descendant du ciel, s'était immobilisé au-dessus de la chaussée. Effectivement, on voyait qu'une partie de la route avait été soumise à une très forte chaleur. Le revêtement en était brûlé. C'était évident, ça sautait aux yeux. Quelques semaines plus tard, des personnes se sont rendues sur les lieux, ont ôté ce tronçon d'asphalte et l'ont remplacé. Des témoins qui ont assisté à cette opération ont rapporté avoir aperçu des camions qui ne portaient aucune inscription. Des hommes ont alors découpé cette partie de la route, coulé une nouvelle couche de bitume, puis sont repartis... »

Essaierait-on d'effacer ce que l'on pourrait considérer comme des preuves ? Cela sera confirmé par plusieurs personnes. Notamment un certain Larry, qui note sur le site Internet de l'émission : « Cela s'est passé à Huffman... À environ 2 kilomètres de chez moi. Lorsque j'étais enfant, mon bus scolaire empruntait cette route et roulait précisément sur la marque en question. Elle commença à s'effacer dans les années 1990, mais restait encore visible. Ils ont remplacé le morceau d'asphalte plusieurs fois pour tenter de recouvrir cette trace. Le plus drôle, c'est qu'après avoir regoudronné cette portion de route, quelques jours plus tard la marque réapparaissait en traversant l'asphalte... »

Source

Unsolved Mysteries, saison 3, épisode 18, diffusé en février 1991.

Un rude combat

Betty et Vickie ne désarment pas. Concernant leurs blessures, les autorités militaires de la base aérienne de Bergstrom à Austin (Texas) suggèrent aux deux femmes – « à condition qu'elles trouvent un avocat qui veuille bien les défendre ! » – d'intenter un recours contre le Gouvernement américain. C'est chose faite. Mais ce recours est rejeté. Elles font appel. Rejet à nouveau.

Avec l'aide de leur avocat et du *Citizens Against UFO Secrecy* (CAUS), Betty et Vickie décident de porter leur cas devant la Cour fédérale. En janvier 1984, leur avocat demande – en guise de dommages et intérêts – la somme de 20 millions de dollars. Le 3 septembre 1985, le cas est examiné par l'*United States District Court Docket Call*. Mais finalement, décision du juge Ross Sterling, l'affaire ne sera pas instruite.

Près d'un an plus tard, des officiels sont entendus, jurant que l'objet aperçu par nos témoins ne correspond à aucun engin militaire connu. Conclusion : le Gouvernement n'y est pour rien. L'armée non plus. Voici ce que ces personnages influents déclarent.

Robert W. Sommer, expert de la NASA : « De tous temps, aucun objet décrit par les plaignantes n'a été possédé ou utilisé sous le contrôle de la NASA. »

Le colonel William E. Krebs, chef tactique de l'US Air Force, expert concernant le test et l'évaluation de tout appareil de l'armée de l'air capable de voler : « Aucun appareil semblable n'est en possession ou n'est utilisé par l'Air Force américaine et ne figure dans son inventaire. Je n'ai jamais vu ni entendu parler d'un tel engin associé à des exercices militaires. »

Le vice-amiral Robert F. Schoultz, chef adjoint de la Marine américaine : « Aucun engin volant décrit par mesdames Cash et Landrum n'est la propriété ou n'est utilisé par la Marine américaine. »

Et enfin Richard L. Ballard, de l'*Aviation Systems Divisions* : « J'ai comparé la description de cet objet avec l'inventaire que je possède concernant tous les engins de notre armée capables de voler. Aucun appareil semblable n'est en possession ou n'est utilisé par l'armée américaine. »

Suite aux propos de ces experts, le juge décide alors de clore le dossier. Le 21 août 1986, les plaignantes sont définitivement déboutées et l'affaire est classée sans suite. Circulez, il n'y a rien à voir ! À l'époque, John Schuessler, principal enquêteur de l'affaire, fulmine : « Le juge Ross Sterling a considéré que ces raisons étaient suffisantes pour classer ce dossier sans suite. Cela signifie qu'il ne rencontrera ni Betty Cash, ni Vickie, ni Colby Landrum. Et il ne prendra pas connaissance des documents et évidences que possède leur avocat. » Drôle d'attitude.

1988/1990

Si la justice et l'armée – fort embarrassées – détournent le regard, l'Amérique se passionne pour ce brûlant fait-divers. La médiatisation de nos deux victimes continue. Vickie Landrum et Betty Cash apparaissent toutes deux dans l'émission de télévision « *UFO Cover Up ?: Live !* », animée par Mike Farrell. À nouveau, elles évoquent leur rencontre avec cet Ovni, leurs graves problèmes de santé et les batailles juridiques éreintantes qui ont suivi. Betty, élégante, vêtue de noir, confie : « J'ai un cancer, on m'a opérée en mars 1983. Les médecins ne savent pas s'ils ont pu tout retirer. Certains jours, je vais bien. D'autres en revanche sont terribles. » On comprend que chaque journée qui passe est une victoire pour Betty. Elle survit, percluse de douleurs. À cela, s'ajoute un profond sentiment d'injustice et d'abandon. « Je suis totalement furieuse et déçue par le Gouvernement des États-Unis », confie-t-elle. L'animateur Mike Farrell, que l'on sent touché, compatit : « Comment vous blâmer, madame Cash ? Quant à vous, madame Landrum, merci d'être venue nous voir à Washington. Vous êtes toutes deux des personnes incroyablement courageuses. » Et le pays entier de s'émouvoir.

Betty et Vickie nourrissent désormais une défiance envers les institutions et autorités de leur pays. Le *Birmingham News* du 29 janvier 1989 rapporte : « L'autocollant sur le pare-chocs de l'Oldsmobile Cutlass de Betty Cash résume parfaitement 8 ans de sa vie. On peut y lire : "Les Ovnis existent. Pas l'armée de l'air." Betty Cash affirme que ce slogan est désormais au cœur de sa philosophie depuis sa confrontation avec un objet en forme de diamant qui crachait des flammes oranges et jaunes et illuminait le ciel. "Nous avons cru que c'était la fin du monde", raconte-t-elle depuis son mobile home situé sur le lac Morgan Martin. "J'ai eu plusieurs frayeurs dans ma vie, mais jamais comme celle que j'ai éprouvée cette nuit-là !" »

Malgré certaines voix qui insinuent que tout cela n'est qu'une vulgaire arnaque, le Dr Bryan McClelland de Birmingham, médecin traitant de Betty, accepte de s'adresser aux journalistes : « Madame Cash a tous les symptômes d'un empoisonnement par rayonnement. Cela ressemble aux blessures des victimes qui vivaient à 5 et 8 kilomètres de l'épicentre d'Hiroshima. Une biopsie de la peau de madame Cash, effectuée en 1981, a d'ailleurs révélé une dermatite radique. »

Ruinée, vivant recluse, Betty Cash explique que ses frais médicaux s'élèvent à plus de 1,5 million de dollars. Malgré le tumulte de la presse – qui parle désormais d'un « Watergate cosmique » – le gouvernement joue à la fois la carte de l'apathie, de l'opacité et de l'indifférence.

Pour Vickie, les temps sont également rudes. Toujours domiciliée à Dayton, elle explique qu'à chacune de ses sorties, les gens la dévisagent, font de grands détours pour l'éviter et l'ont baptisée *The UFO Lady*. Colby, qui a désormais 17 ans, essuya tant de moqueries qu'il finit par sombrer dans une profonde dépression. Vickie refusait qu'il soit interviewé mais fournit aux journalistes quelques extraits de son journal intime : « On ne se moque plus de moi autant qu'avant, note Colby. Mais je suis fatigué de tout ça. Mes yeux sont en piètre état. Chaque fois que je sors, j'ai le réflexe de scruter le ciel. C'est devenu une habitude et je me demande ce qu'il peut bien y avoir tout là-haut. Bien des nuits, je me réveille et je me demande si d'autres gamins ont enduré ce que j'ai vécu... »

Une triste fin

En 1998, après avoir passé des années à enquêter sur le cas « Cash-Landrum », John Schuessler publie un ouvrage intitulé *The Cash-Landrum UFO Incident*, livre de référence sur cette funeste rencontre.

18 ans, jour pour jour, après son observation, Betty Cash s'éteint le 29 décembre 1998. Elle avait 71 ans. Ce fut une fin de vie de souffrances. Pas un mois ne passa sans que Betty ne fût hospitalisée ou traitée pour diverses complications. Suivie par 15 médecins, elle fut régulièrement placée dans des unités de soins intensifs. Grâce aux compétences du Dr Bryan A. McClelland, domicilié à Alabaster (Alabama), Betty Cash put survivre quelques années supplémentaires, devenant ainsi, pour beaucoup de citoyens américains, à la fois une martyre et une infatigable combattante, luttant jusqu'au bout de ses forces contre le silence des institutions.

Vickie Landrum lui survécut une dizaine d'années. Elle s'éteignit le 12 septembre 2007, 7 jours avant son 84e anniversaire.

Sources

The APRO Bulletin, vol. 29, n° 8, 1981, pp. 1-4 • *Daily Courrier*, Conroe, 22 février 1981 • *Weekly World News*, 24 mars 1981, p. 19 • *UFO Report*, hiver 1981, pp. 16-19, 54-56 • *MUFON UFO Journal* n° 158, avril 1981, p. 3 (ce cas illustre la couverture) • *Globe*, 28 avril 1981 • *National Enquirer*, 11 août 1981, p. 23 • *Corpus Christi Caller-Times*, 13 septembre 1981 • *The Birmingham News*, 29 janvier 1989, p. 22 • *Unsolved*

Mysteries, saison 3, épisode 18, diffusé le 6 février 1991 • *Chronicle*, Houston, 15 septembre 1991 • *UFO Magazine*, vol. 13, n° 8, octobre 1998 (ce cas illustre la couverture) • *MUFON UFO Journal* n° 370, février 1999, p. 9 (Betty Cash est en couverture) • *Alien Hunters*, saison 2, épisode n° 8, cas 80103 : « *Alien Fallout* », diffusé le 14 janvier 2009.

XI. Colares : rencontres mortelles en Amazonie

Voici un cas solide, bénéficiant d'un faisceau de preuves difficilement contestables. À la fin des années 1970, le Nordeste brésilien devint le théâtre d'événements inédits, inquiétants, voire tragiques. Un grand nombre de villes furent impactées : Vigia, Belém, Ibitumba, Condeúba, Tapará... Mais c'est surtout à Colares, une petite île brésilienne située dans le delta du fleuve Amazone, que se sont concentrées ces étonnantes confrontations.

Tout commence véritablement en juillet 1977, lorsque des objets lumineux de toutes formes investissent le ciel. La panique s'empare rapidement de la population. Et la Force armée brésilienne, la FAB, doit alors intervenir.

Le lieu

Située dans l'État de Pará et dans la région du Nordeste, Colares est une île de 290 km², isolée du continent par le fleuve Guajará-Mirim. Elle compte environ 6 000 habitants, tandis que le siège de la municipalité en compte 2 000. La population est issue des communautés Mocajatuba, Fazenda, Jaçarateua, Arari ou Guajará. Ces communautés sont principalement composées de pêcheurs. La vie y est plutôt rude. La pauvreté y est endémique. On ne bénéficie de l'électricité qu'entre 18 et 21 heures, fournie par un groupe électrogène fonctionnant au gasoil. Les habitations sont souvent rudimentaires. La plupart des habitants de Colares ont un accès très limité à l'éducation. Beaucoup sont analphabètes.

Le Brésil de 1977

Depuis 1964 (et cela jusqu'en 1985), le Brésil vit sous un régime de dictature militaire de droite. Le gouvernement en place maintient son autorité de façon brutale.

Pour lutter contre les oppositions et guérillas de gauche, durant ces années 1970, le Brésil applique le plan Condor : une action menée par tous les gouvernements totalitaires d'Amérique du Sud (Argentine, Chili, Uruguay, Paraguay, Bolivie). Cette campagne d'assassinats et de tortures est menée avec la complicité de la CIA nord-américaine.

Le Brésil, alors frappé par une crise financière, voit la pauvreté et l'insécurité s'accroître. Les provinces rurales survivent, abandonnées. Dans le Nordeste, 6 millions de paysans vivent sans terre alors que 15 000 personnes sont propriétaires de la moitié de la superficie totale. L'écrivain et journaliste Eduardo Galeano note dans ces années-là : « Le nord-est du Brésil est actuellement la région la plus sous-développée de l'hémisphère occidentale. » Avant d'ajouter : « C'est sur le littoral fertile que sévit une faim endémique. Là où l'opulence s'étale avec le plus d'ostentation, la misère est la plus aiguë… » La haute corruption des militaires n'arrange rien à l'affaire.

Source

Eduardo Galeano, *Les Veines ouvertes de l'Amérique latine*, Plon-Terre humaine 1981.

Premières apparitions

Tout débute en juillet 1977, lorsque des habitants rapportent l'apparition soudaine de mystérieux objets célestes. On aperçoit ces objets dans les villages de Curupati, Urumajó, Itaçu ou Viseu (sur la rive du fleuve Gurupi). Les Brésiliens affirment que ces objets les paralysent à l'aide d'un rayon lumineux et sucent leur sang. C'est pour cela qu'ils les baptisent *Chupa-Chupa* (*chupar* signifie « sucer » en portugais).

Alertées, les autorités locales, dans un premier temps, n'y prêtent guère attention. Elles attribuent toute cette agitation à un phénomène « d'hystérie collective ». Le sergent Sabino do Nascimento Costa, responsable de la police de Viseu, s'en désintéresse. Le maire de Colares, Carlos Cardoso Santos, éclate de rire : « Ce sont des histoires totalement fantaisistes », déclare-t-il. Pour José Giambelli, prêtre de l'église du village, « [c'est] juste un produit de la folle imagination de cette population rurale ! Il n'y a rien de concret là-dedans. Ce sont des ragots que colportent, depuis 3 mois, des gens stupides qui vivent de l'autre côté du fleuve ! »

Pourtant, les témoignages s'accumulent. Le pêcheur Benedito Gonçalves dos Anjos Siqueira et son fils, Simão Manoel Raimundo Siqueira (17 ans), vivent un éprouvant face-à-face : « Il y a 10 jours, nous pêchions sur la rivière Gurupi, près de Ilha Nova, raconte Simão. Vers minuit, je regardais le ciel, le clair de lune était très beau. Soudain j'ai aperçu une étoile qui se déplaçait tout là-haut. Elle était très brillante, avec un éclat bien plus intense que les autres. On aurait dit qu'elle palpitait, comme si elle envoyait, par intermittences, des jets de lumière. J'ai averti mon père. C'est alors qu'elle s'est dirigée droit sur nous. Comme nous avions entendu parler de ces *Chupa-Chupa*, on a détaché notre filet et on a pagayé pour rejoindre la rive. Là, on s'est caché dans les buissons. On s'est sauvé, car on ne voulait pas que sa lumière puisse nous atteindre. Mon père, terrifié, a enfoui sa tête dans le sol. Il ne voulait rien voir. Moi, j'ai regardé l'objet. Il était très jaune. Il est descendu et s'est immobilisé à environ 4 mètres au-dessus de notre barque. Il avait la forme d'un tambourin, mais un peu plus gros. Il semblait fait de métal et n'avait ni hublots, ni ouvertures. Pendant 10 minutes, il a balayé toute la zone avec un projecteur, comme s'il fouillait l'endroit à la recherche de quelque chose. La lueur était si intense qu'elle produisait un éclat aveuglant sur les eaux de la rivière. Puis l'objet a repris de la hauteur et s'est finalement éloigné en direction de la ferme de Zé da Granja. »

Anastácio Costa confirme en relatant le cauchemar que vient de vivre son ami João de Brito résidant à Vila de Piriá : « Il y a quelques jours, mon ami João chassait. Il était 23 heures lorsqu'il décida de se mettre à l'affût parmi des broussailles, en attendant une proie. Il venait juste d'apercevoir un animal lorsque, d'un seul coup, une chose est apparue dans le ciel et a tiré un rayon de lumière sur l'animal qui s'est effondré. João était incapable de s'enfuir. Puis la lumière s'est dirigée sur lui. Il a eu l'impression qu'elle buvait toute son énergie. Il a cru mourir. L'objet volant était cylindrique et João pouvait distinguer des voix qui en sortaient, s'exprimant dans une langue inconnue. Puis, la chose s'est éloignée, laissant João désormais sans aucune force. Il s'est senti si faible qu'il a dû être hospitalisé. »

Que se passe-t-il donc dans le ciel du Nordeste ? On aperçoit de plus en plus ces objets cylindriques que certains baptisent *camburões*. Mais c'est le témoignage d'une institutrice, María Goretti, qui fait alors réagir les autorités. Lorsque celle-ci, bouleversée, déclare : « Un objet cylindrique et d'un éclat intense a éclairé ma maison et toute la zone alentour », sa déposition – émanant d'une personne jugée éduquée et respectable –, est alors prise au sérieux.

Accumulant les témoignages, les journalistes locaux mènent l'enquête. L'édition du 17 juillet du quotidien *O Estado do Maranhão* rapporte : « L'apparition d'un Ovni au-dessus de la ville de Pinheiro a causé stupeur et panique au sein de la population locale. Certains prétendent que cet objet s'approche des habitants pour les paralyser et leur prélever du sang. L'existence de ces Ovnis ne fait plus aucun doute. Un cameraman d'une station de télé a même pu filmer l'un d'eux… »

L'alarme est lancée. La nouvelle gagne rapidement la région puis le pays. C'est dans le ciel de Colores, au nord de la ville de Belém, que ces *Chupa-Chupa* improvisent une danse folle et se déchaînent littéralement sur la population.

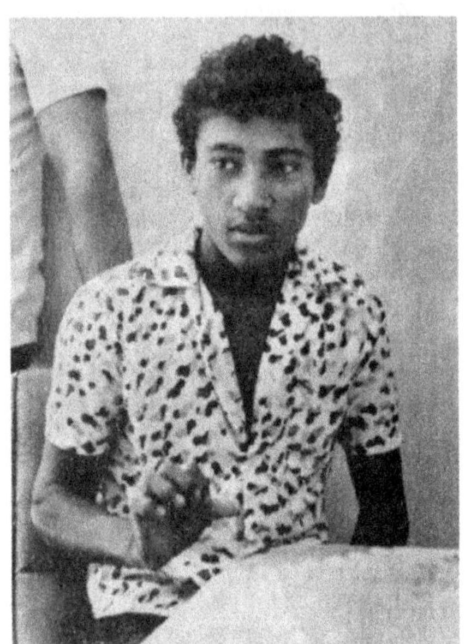

Simão viu a "luz diabólica".

Simão Manoel Raimundo Siqueira

Les Ovnis en question

Les objets aperçus sont, pour la plupart, de forme sphérique. On signale également des objets d'aspect cylindrique. Certains, plus rares, sont en forme de poisson ou de Y.

Les observations se font principalement de nuit.

La plupart des objets observés se déplacent du ciel vers la terre. Ou de l'océan vers le continent. Certains plongent ou surgissent des eaux du fleuve.

Au cours de leurs évolutions nocturnes, ces Ovnis survolent principalement les petites communautés côtières et rurales.

Ces objets paralysent les habitants en pointant sur eux un rayon vert. Ensuite un rayon rouge semble prélever sur ces victimes des petites quantités de sang.

Ayant une action paralysante, ces rayons lumineux peuvent traverser les toitures et les murs des habitations.

Les habitants les appellent *Foco* (« le feu »), *Luz Vampira* (« lumière vampire ») ou *Aparelho* (« appareil »). Mais c'est sous l'appellation de *Chupa-Chupa* qu'ils sont le plus souvent désignés.

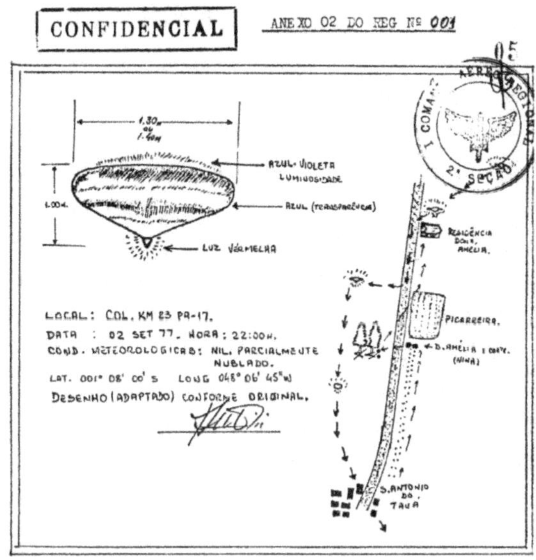

Exemple d'Ovni aperçu à Colares

Blessures infligées

Les victimes de ces *Chupa-Chupa* sont en général des adultes des deux sexes. Les blessures ne sont pas infligées de manière fortuite. Les membres de la FAB notent toutefois que les 2/3 des personnes touchées sont des femmes adultes.

Les lésions observées chez les personnes atteintes consistent en brûlures du premier degré, de 2 à 10 centimètres de longueur, situées le plus souvent sur la région thoracique.

Les femmes sont généralement touchées sur le sein gauche. Les hommes sur leur jambe ou leur bras gauche.

Les brûlures ne s'accompagnent pas de cloques. Et ne ressemblent pas aux brûlures classiques dues au contact du feu, d'une eau bouillante ou d'éléments très chauds. Elles ressemblent plutôt à des brûlures radioactives, comme celles produites par le cobalt. Cela sans processus infectieux.

La zone touchée est peu douloureuse. Les victimes ressentent une légère brûlure qui passe en quelques heures.

2 jours après la blessure, la peau de la victime se décolle. À ce stade, on remarque sur l'épiderme des points très proches, comme des points de suture ou des piqûres d'aiguille. Ces points disparaissent généralement au bout de 72 heures.

On note, quelques jours après l'incident, des chutes de cheveux ou de poils sur les régions touchées, ainsi qu'une desquamation de l'épiderme.

Après confrontation, les victimes des *Chupa-Chupa* se plaignent d'asthénie (faiblesse des membres inférieurs) et de vertiges, courbatures, tremblements, manque de courage, somnolence, enrouement, chute de cheveux, desquamation de la peau blessée et maux de tête fréquents. Cette symptomatologie a été constatée par les médecins traitants.

Des tests sanguins effectués sur certaines victimes indiquent une faible teneur en hémoglobine et une réduction de globules rouges.

Un état de panique

Fin juillet, la panique gagne Colares. Ces *Chupa-Chupa* terrorisent la population qui fuit se réfugier vers l'intérieur des terres. La vie de l'île est à l'arrêt. Pour prendre la mesure de ce réel traumatisme, voici, rapporté par l'enquêteur Fabrice Bonvin, le témoignage d'Ana Célia de Oliveira : « La nuit, les gens faisaient de grands feux en plein air pour tenter de prévenir les attaques des Ovnis. En raison des apparitions, les écoles furent fermées, de même que le poste de police. Les messes quotidiennes de 18 heures furent toutes annulées. Femmes et enfants restaient cloîtrés tandis que les hommes montaient la garde. Plus aucun pêcheur ne partait en mer, il n'y avait plus rien à manger sur l'île. Aussi, les gens se déplaçaient systématiquement en groupe. Dès 18 heures, quand la nuit commençait à tomber, les gens se regroupaient dans les maisons. À l'époque, nous avions l'électricité jusqu'à 21 heures. Parmi les survols d'Ovnis, je me souviens d'une observation où j'entendis un homme crier pour appeler notre attention. J'ouvris la porte et j'ai pu observer plusieurs Ovnis volant en formation pour se disperser ensuite dans le ciel. Les habitants de l'île tiraient en l'air avec leurs carabines pour faire fuir les Ovnis. Une fois, un Ovni a survolé le village à tout juste 15 mètres de hauteur. »

Face à la gravité des faits, le préfet de Vigia, puis les maires de Vigia et Colares envoient un courrier au premier commandement aérien régional de l'aéronautique de Belém, le COMAR. Ils sollicitent l'aide et l'intervention de l'armée. En attendant une réponse, le maire de Colares fournit des armes à feu aux villageois pour qu'ils puissent se défendre.

« Je n'ai jamais oublié la panique imprimée sur les visages des personnes qui affirmaient avoir été attaquées par ces lumières qui descendaient du ciel et faisaient couler leur sang », se souvient le journaliste Carlos Mendes. Dépêché pour couvrir les faits par le journal *O Estado do Pará*, il estime avoir interrogé 80 victimes.

Le capitaine Hollanda intervient

L'armée décide enfin d'intervenir. Elle confie cette mission à un homme qu'elle juge providentiel. Entré dans la légende sous le nom de Hollanda, ce capitaine des Forces aériennes s'appelle en réalité Uyrangê Bolívar Soares Nogueira de Hollanda Lima. Interviewé en 1997 par les journalistes de la revue brésilienne *UFO*, il confie que son intérêt pour les Ovnis remonte à son enfance.

« En 1952, précise-t-il, j'avais 12 ans et j'étais à la fenêtre de ma maison, à Belém, lorsque des objets très volumineux sont apparus dans le ciel et ont retenu mon attention. Il y avait une lumière vive sur toute la ville. Le lendemain, l'histoire a été publiée dans le journal. On a dit que ces objets s'étaient arrêtés au-dessus d'une fédération scoute lors d'un championnat de natation. En tous cas, tout le monde les a vus. C'est à ce moment-là qu'a débuté mon intérêt pour ce phénomène, bien avant que je ne m'engage dans l'armée. Et bien avant l'opération Prato. J'ai toujours cru en une vie extraterrestre et à la possibilité qu'"ils" aient la curiosité de nous observer. Nous sommes une planète dotée d'une vie intelligente qui devrait susciter l'intérêt des extraterrestres. »

Il précise : « Jusque-là, mon activité consistait à veiller à la sécurité de l'État. Et à garder un œil sur ce qui pouvait compromettre la sécurité nationale. Cela n'avait rien à voir avec les Ovnis ou les extraterrestres. Cependant, j'étais déjà au courant de certaines observations en Amazonie. Mais ces Ovnis n'étaient pas considérés comme une menace extérieure. Pour beaucoup, ce n'était qu'un phénomène douteux. Certains officiers – sans doute la plupart d'entre eux – voyaient les Ovnis comme une chose improbable et s'en moquaient. »

Le capitaine Hollanda connaît parfaitement ces terrains de jungle amazonienne. Il a, dans cet environnement hostile, traqué des factions rebelles à la dictature, luttant, selon ses termes, « contre les actions des terroristes et des partis communistes qui tentaient d'infiltrer le pays ». C'est, dit-on, un homme déterminé, pragmatique, d'une culture impressionnante. Un dur à cuire, en somme.

Voilà, comment pour lui, tout a commencé : « Je n'étais pas à Belém à ce moment-là, raconte-t-il. Bien qu'étant affecté dans cette ville, je suivais un cours à Brasilia. À mon retour, je me suis présenté au chef de la deuxième section du COMAR, le colonel Camilo Ferraz de Barros. Il m'a alors demandé : "Croyez-vous aux soucoupes volantes ?" C'était plutôt surprenant. Je ne savais même pas que des recherches sur le sujet étaient en cours. Et lorsque j'ai répondu oui, il a rétorqué : "Vous voilà donc en charge de cette affaire. " Il m'a transmis un dossier avec du matériel. C'était le début de l'opération que j'allais commander. Même si elle n'avait pas encore de nom. Je pense également que cela s'est produit parce que le commandant du 1er COMAR, le brigadier Protásio Lopes de Oliveira, à l'époque, était très intéressé et croyait aux objets volants non identifiés. Sinon... »

Le capitaine Hollanda

Operação Prato

Hollanda pousse les confidences : « C'est moi qui ai décidé d'appeler cette mission : *operação Prato* (« opération Assiette »). C'était mon idée. J'ai donné ce nom parce que le Brésil est le seul pays au monde qui désigne les Ovnis sous le terme de "disques". En France, on parle de soucoupes, ce qui signifie assiettes. Les Portugais les appellent des "plats volants". En Espagne, ce sont des *platillos voladores*, et le *platillo* est aussi un plat. Bref, même les Russes parlent de plats, jamais de disques, comme nous le faisons au Brésil ! Et comme dans les Forces armées, un agent doit nommer certaines opérations par un nom de code, cette mission ne pouvait échapper à la règle. Le but de l'opération, c'était qu'elle ne puisse pas être identifiée. On ne pouvait tout de même pas l'appeler "opération Disques volants". C'est pourquoi j'ai choisi le terme de *prato*.

» À mon retour de Brasilia, j'ai su que des agents avaient été envoyés pour enquêter sur ces apparitions d'Ovnis. On en voyait depuis un moment dans la région de Colares, cette île rattachée à la municipalité de Vigia. Le maire de la ville avait adressé une lettre au commandant de la COMAR disant que les Ovnis dérangeaient les pêcheurs. Certains d'entre eux n'étaient plus en mesure d'exercer leur activité, car ces objets survolaient leurs bateaux. Parfois, certains Ovnis plongeaient même tout près d'eux, dans les rivières et la mer. La population locale ne dormait plus, elle restait éveillée toute la nuit. Les hommes allumaient des feux, frappaient sur des bidons, tiraient des grands feux d'artifice pour tenter d'éloigner les envahisseurs. C'est la panique qui a poussé le maire à contacter l'armée pour demander de l'aide. Le général de brigade m'a ordonné d'enquêter sur ces événements.

» Nous formions une équipe et j'étais le patron. Nous avions 5 agents issus de la seconde division de la COMAR. Et puis, nous recevions beaucoup d'informations de gens sur le terrain qui apercevaient ces lumières. Ils nous ont beaucoup aidés. Parfois, je scindais mon équipe en 2 ou 3 groupes d'observation dans les bois. Bien sûr, nous restions constamment en contact les uns avec les autres, *via* la radio.

» Notre objectif ? Disons que je voulais vraiment avoir une preuve de tout ça. Je voulais éclaircir ce mystère. Tout le monde parlait de ces lumières et de ces objets que les habitants surnommaient *Chupa-Chupa*. L'armée de l'air avait besoin de savoir ce qu'il en était réellement puisque ces objets violaient l'espace aérien brésilien. Il était de ma responsabilité de découvrir ce qu'ils étaient vraiment.

» Qui étaient ces envahisseurs ? Je me disais : c'est peut-être le plumage d'un hibou reflétant la lumière de la lune. Ou quelque chose du genre... Je suis allé là-bas pour tirer tout ça au clair. Pendant au moins 2 mois, à mon retour de mission, je répétais à mon commandant que nous n'avions rien découvert. Ça, ce fut durant les 2 premiers mois de l'opération Prato, au cours desquels je n'ai rien vu qui puisse me faire changer d'opinion. Parfois, je séjournais une semaine dans la jungle et ne revenais que le dimanche, pour passer un peu de temps avec ma famille. À chaque retour, mon commandant demandait : "Avez-vous vu quelque chose ? " Je répondais invariablement : "J'ai aperçu des lumières étranges, mais rien d'extraterrestre." En fait, nous observions des lumières qui clignotaient, qui volaient à basse altitude, mais rien de vraiment singulier.

» On avait une méthodologie précise. On notait toujours le nom de la personne qui avait vécu l'expérience, l'endroit où cela s'était produit, la date, l'heure, etc. Nous décrivions en détail chaque fait recueilli. Si 3 cas se déroulaient la même nuit, nous entendions les 3 témoins successivement. Certaines des descriptions étaient banales, d'autres en revanche étaient vraiment étranges. Parfois, on enregistrait des rapports sur des choses dont il nous était impossible de prouver l'authenticité, comme des dématérialisations de murs de maison, ou de toits entiers.

» La première femme que j'ai interviewée à Colares, par exemple, m'a raconté des choses qui me semblaient absurdes. Nous avions quitté Belém en hélicoptère, juste pour auditionner cette victime qui avait été attaquée par un *Chupa-Chupa*. J'ai d'abord pu constater qu'elle avait une marque sur le sein gauche, une tache brune, comme s'il s'agissait d'une brûlure. Et il y avait 2 points qui perçaient son épiderme. Elle m'a raconté qu'elle était assise dans un hamac en train d'endormir un enfant. Tout à coup, l'environnement autour d'elle a commencé à changer de température. La dame a bien sûr trouvé ça bizarre. Mais elle ne se doutait pas de ce qui allait suivre. S'allongeant dans le hamac, elle vit alors que les tuiles du toit commençaient à devenir rougeâtres, couleur de braise. Elles sont devenues ensuite transparentes et elle pouvait voir le ciel à travers. C'était comme si ces tuiles s'étaient transformées en verre. Elle a pu voir le ciel et même les étoiles. À travers ce trou dans le plafond, la femme vit également une lumière verte qui brillait dans le ciel. C'était un Ovni. Un rayon rouge est sorti de l'objet, a frappé le sein gauche de cette habitante qui s'est aussitôt sentie engourdie. Il est tout de même curieux que la plupart du temps, les gens soient touchés du côté gauche. »

Le capitaine Hollanda les voit enfin

Deux mois d'enquêtes, de campements sauvages, à scruter compulsivement le ciel. Et peu de résultats. Et puis soudain, quittant la clandestinité, le phénomène semble vouloir s'exhiber et se mesurer avec les militaires de la FAB. Quelque chose vient de changer. Le capitaine Hollanda témoigne :

« Ce fut en effet étrange. Eux, quels qu'ils soient, savaient avec certitude les endroits où nous nous trouvions et ce que nous y faisions. Il semblait même qu'ils nous recherchaient, car lorsque nous nous y attendions le moins du monde, ils apparaissaient, juste là, au-dessus de nous. Cela faisait à peine un mois que nous venions de débarquer, et aussitôt installés dans ces lieux réputés pour leurs apparitions, voilà que des sondes spatiales venaient sans cesse nous observer. Parfois, les soldats se déplaçaient. Ces objets les escortaient. Ils nous accompagnaient quasiment tout le temps, comme s'ils étaient conscients de nos mouvements.

» Par exemple, dans le cas de Baía do Sol, quelque chose de particulier s'est produit. À cette époque, l'année scolaire se terminait et de nombreuses personnes restaient sur la plage, durant la nuit. Il y avait au moins 100 000 personnes au bord de l'eau ce week-end-là. Cependant, un objet est venu droit sur nous, dans un endroit très sombre, où il n'y avait que nous. Pourquoi est-il venu à notre rencontre, dans l'obscurité, alors qu'il y avait tant de monde à proximité, sur la plage ?

» Comme Baía do Sole est un endroit très favorable pour les observations d'Ovnis, nous avons commencé à fréquenter cette région assez régulièrement. Des amis du Service national d'information (SNI) ont désiré nous accompagner dans certaines de nos missions. Ces agents voulaient juste voir, avec notre équipe, ces choses voler. Ils savaient que nous faisions un travail sérieux... Ce jour-là, avec Milton Mendonça, un photographe, nous sommes arrivés à Baía do Sol, vers 18 heures, et nous avons installé notre équipement photographique. Nous nous sommes ensuite postés dans un endroit sombre et retiré, pour guetter ce qui pouvait se passer. Cependant, pour des raisons personnelles, je devais rentrer plus tôt dans la nuit. Je devais rejoindre Belém à 20 heures car j'avais un rendez-vous. Vers 18h30, 3 points lumineux sont apparus, alignés très haut dans le ciel, volant à grande vitesse. Je connais assez les avions pour dire que la vitesse de ces trucs était bien au-dessus de la moyenne. Les points filaient selon une direction ouest-est. À 19 heures, 2 autres objets étranges, clignotants, toujours en ligne, sont apparus l'un derrière l'autre, mais cette fois se déplaçant selon une direction nord-sud. Les agents du SNI n'étaient toujours pas là. Pourtant, nous nous étions fixé un rendez-vous à 18 heures pour partager cette veillée. J'ai donc attendu un peu plus longtemps. Puis j'ai commencé à démonter le matériel. Finalement, les gars sont arrivés. Ils ont demandé si quelque chose s'était passé durant leur absence. J'ai plaisanté en disant que j'avais pris rendez-vous avec les Ovnis à 18 heures et qu'ils s'étaient également présentés à 19 heures, car ces objets apparaissent toutes les heures. Un des agents a alors posé une question stupide : "À quelle heure doit-il en passer un autre ?" J'ai répondu que je ne savais pas, qu'on n'attendait pas un tram qui répondait à des horaires stricts. J'ai aussi dit aux hommes que s'ils voulaient voir des Ovnis, ils devraient rester là toute la nuit. À ce moment précis, alors que nous parlions, l'un d'eux s'est écrié : "Regardez ça, maintenant. Là-haut." Et là, le héros brésilien a tremblé sur sa base. Car il y avait un énorme vaisseau, juste là, au-dessus de nous. C'était un disque noir et sombre, à une altitude d'environ 150 mètres. Il se tenait exactement là où nous étions, totalement immobile. Une lumière, en son centre, passait du jaune à l'ambre. Et il faisait comme un bruit de climatiseur. Cela ressemblait au cliquetis d'une chaîne de vélo lorsque vous pédalez vers l'arrière. Ce truc était énorme, peut-être 30 mètres de diamètre. Nous l'avons regardé pendant un long moment. Puis il a émis une forte lumière jaune qui a éclairé le sol. Cela s'est répété environ 5 fois, à intervalles réguliers de 2 secondes. Éteint, allumé, éteint. C'était une lumière progressive, qui n'illuminait pas comme un flash. Mais qui augmentait et baissait simultanément. Nous avions le sentiment que n'importe quoi pouvait arriver. Il faisait sombre. Nous étions dans un endroit très isolé et personne ne connaissait notre position. Enfin juste nous et "eux" *[rires]*. Nous étions tous sidérés ! Je n'avais jamais rien vu de tel. Et pourtant cela faisait 2 mois qu'avait débuté notre opération. Jamais un tel vaisseau ne nous était apparu de la sorte. C'était tellement inhabituel que nous n'avons même pas pensé à sortir la caméra que nous venions de ranger. D'ailleurs elle était dans sa boîte et il aurait fallu du temps pour l'en retirer et l'assembler. On s'est juste contenté de regarder cet engin, terrifiés. Cette chose ahurissante qui éclairait tout autour de nous, avec une lumière jaune très intense qui parfois s'éteignait, et parfois s'allumait... Bien que cette observation fût d'une grande beauté, j'étais terrorisé. Je me sentais impuissant. »

OVNI : Les 12 dossiers que le Pentagone ne s'explique pas

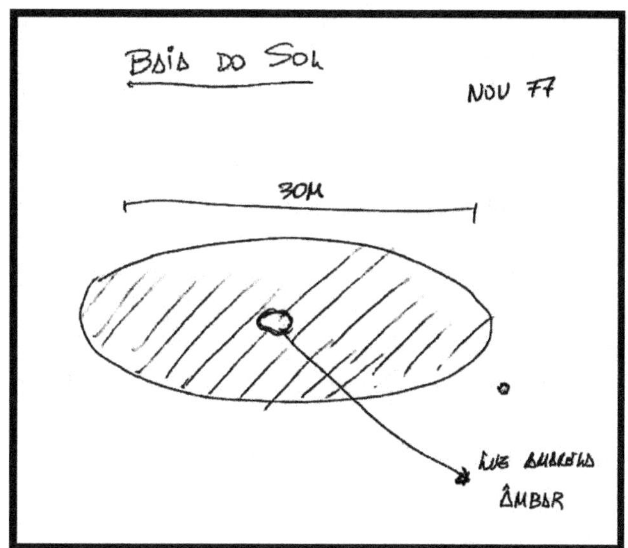

Ovni vu par le capitaine Hollanda

40 victimes et 2 morts

Poussés par la panique, les femmes et les enfants quittent l'île pour se réfugier dans leurs familles, à l'intérieur des terres. Fuient également le dentiste, les instituteurs et même le commissaire. Malgré ce brusque exode, la doctoresse Wellaide Cecim Carvalho de Oliveira, âgée de 24 ans, résiste et décide de rester à son poste. Elle se souvient pourtant de son arrivée sur l'île : « J'ai débarqué à Colares de manière tragique. La marée était basse et le ferry ne pouvait pas traverser le Guajará-Mirim, ce fleuve qui sépare l'île du continent. J'étais accompagnée d'un ami, originaire du coin. Incapables de traverser la rivière, nous avons dû utiliser un canoë. Alors que nous étions sur le point d'atteindre l'autre rive, juste au moment de descendre, le canot s'est renversé. J'ai failli me noyer car je ne sais pas nager. C'est mon ami qui m'a aidée. Et puis, en accostant sur l'île, nous sommes tombés sur une mangrove. Nous étions coincés dans la boue jusqu'au genou. Cela m'a causé des crises qui ont duré environ 6 mois. Disons que je suis arrivée naufragée sur mon lieu de travail... »

Dur débarquement. Mais déterminée, notre doctoresse prend rapidement les commandes de l'unité de santé, un établissement très sommaire qui comprend

1 infirmière diplômée, 12 infirmiers à ses ordres et 1 dentiste. Le docteur Carvalho assume à la fois les fonctions de médecin et de directrice de l'établissement.

Durant plus de 6 mois, elle soigne les habituels bobos des pêcheurs du coin. Ce sont généralement des accidents dûs aux raies pastenagues dont les plages sont infestées. Ou des parasitoses causées par la consommation de poisson cru.

Puis soudain, voilà que de nombreux patients débarquent, demandant de l'aide et affirmant être attaqués par des lumières célestes qui les traquent. Le docteur Carvalho est dubitative. Dans un premier temps, elle met cela sur le compte de l'hallucination ou de l'ébriété. Mais chose étrange, tous ces îliens présentent les mêmes symptômes :

- pression artérielle basse,

- brûlures, comme des coups de soleil, au niveau du visage, de la gorge et de la poitrine, se présentant sous la forme de taches violacées,

- petites perforations à l'intérieur de ces brûlures,

- perte locale de sensibilité,

- asthénie accompagnée d'un taux d'hémoglobine très bas.

Finalement intriguée, elle place ces malades en observation durant 4 ou 5 jours.

« J'ai soigné à peu près 40 personnes, raconte-t-elle. Majoritairement des adultes. Au début, j'ai pensé que soit ces gens étaient fous, soit qu'il s'agissait de croyances populaires. J'ai même pensé à de la sorcellerie. Mais après le cinquième cas, j'ai commencé à considérer tout cela sérieusement. J'ai regardé de plus près les blessures des victimes et j'ai vu des choses qui n'existaient pas dans mes livres médicaux... Pendant longtemps, le chef de la police, le prêtre et moi-même avons été les seuls professionnels à Colares. Quand les Ovnis se sont manifestés, de nombreuses personnes ont quitté l'île. Seulement 3 professionnels sont restés sur place. Il n'y avait plus de magasins ouverts. Nous avions peu de chose à manger, à part des œufs et de la farine de manioc. Les pêcheurs ne voulaient plus pêcher car ils avaient peur. »

Les victimes se succèdent dans le local sommaire de l'unité de santé. Confrontée à une véritable épidémie de brûlures, le docteur note, sans bien comprendre, la grande fatigue que ressentent ces hommes et ces femmes âgés de 18 à 50 ans.

Parmi ces 40 victimes, 2 vont décéder. Le docteur Carvalho s'en souvient. Un matin de septembre 1977, à 7h30 du matin, une femme l'attend à la porte du dispensaire. Très agitée, elle lui raconte qu'elle vient d'être attaquée et brûlée par un *Chupa-Chupa*. Elle ouvre alors son corsage et montre sur son sein gauche une importante tache rouge présentant de petites perforations. « J'essayais de la calmer, dit-elle. Je lui dis que ce n'était rien de sérieux et qu'elle ne devait pas se laisser impressionner. Je lui donnai 5 milligrammes de diazépam ; elle pouvait à peine lever le verre d'eau au niveau des lèvres. Elle se plaignait qu'elle avait du mal à respirer. Elle souffrait d'étourdissement et se sentait faible. Je réalisai plus tard que c'étaient là des symptômes caractéristiques, avec ces maux de tête et une diminution du nombre de globules rouges.

» 3 heures plus tard, je fus appelée d'urgence à son domicile. Je la trouvai dans un état de coma profond, le corps complètement rigide, perdant sa respiration. Elle n'avait pas de fièvre et n'avait pas vomi. J'essayai de la conduire à Belém dans ma voiture, une Coccinelle Volkswagen verte, mais je n'avais pas assez d'essence. Elle y fut donc conduite dans une voiture de la préfecture. J'attendis des nouvelles. Quelques heures plus tard, je reçus une déclaration médicale et un certificat de décès de l'institut médicolégal Renato Chaves indiquant un arrêt du cœur comme cause de sa mort. C'était une domestique âgée de 44 ou 45 ans... »

Puis elle ajoute : « L'homme qui est mort, en revanche, était plus jeune. C'était un pêcheur âgé de 32 ans. Il présentait les mêmes brûlures sur la poitrine. Le document émanant du Gouvernement n'a pas précisé la cause de son décès. Il n'y a pas eu d'autopsie car l'armée de l'air n'était pas autorisée à en pratiquer. Ces deux personnes sont mortes le jour même où elles ont été brûlées. L'homme est mort chez lui, à Colares, environ 2 heures après que je lui ai parlé. »

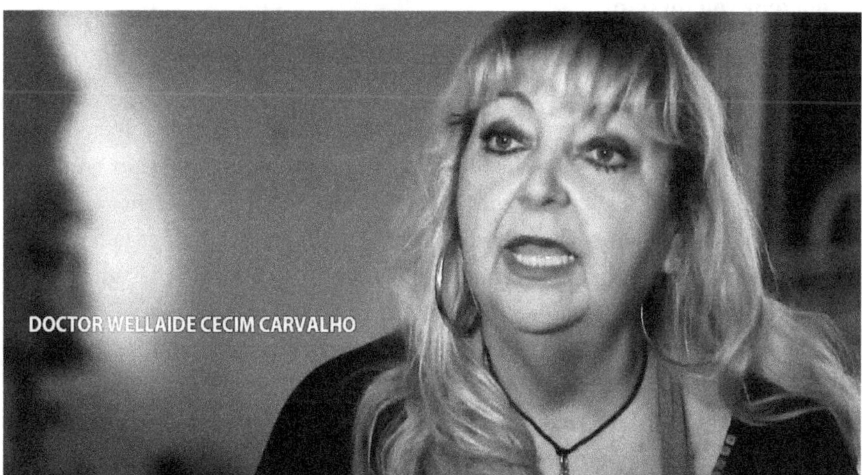

Des animaux brûlés

Selon le docteur Carvalho, « il y eut également des attaques dirigées contre des animaux. Les animaux étaient plus souvent ciblés que les êtres humains. Généralement, nous trouvions des animaux morts qui n'avaient plus de poils ou de plumes. À l'aube, certains étaient pris de convulsions et mouraient. Lorsqu'ils n'avaient pas été attaqués récemment, ils semblaient brûlés, secs et roussis, avec les yeux grands ouverts, comme s'ils avaient été placés vivants dans un four. Les lieux autour des scènes d'attaque sentaient le poil roussi. Personne n'eut le courage de manger ces bêtes, même si nous avions faim et n'avions rien d'autre pour nous nourrir. Personne n'a même essayé, car nous étions terrifiés. C'est à partir de là que nous avons commencé à pêcher le crabe...

» Les animaux attaqués étaient généralement des canards, des poulets, des cochons et des vaches. Ainsi que des chiens qui allaient droit dans la lumière émise par les objets pour voir ce que c'était. La forme de la mort était toujours la même : le lendemain, on les retrouvait secs et les yeux grands ouverts. J'estime que les *Chupa-Chupa* ont attaqué bien plus d'animaux que d'humains. C'est peut-être une information que les ufologues ne connaissent pas, car je n'ai jamais pensé que c'était intéressant. »

Le docteur voit un Ovni

Pour une scientifique, ces histoires semblent difficiles à croire. Jusqu'au jour où...

« En novembre 1977, j'ai vu un Ovni, raconte le docteur Carvalho. Il était à peu près 18 heures. Je revenais de chez un patient, accompagnée de mon employée de maison. Soudain, celle-ci se mit à tirer sur ma robe en répétant : "Docteur, docteur..." Je l'ai regardée, elle s'est aussitôt évanouie. À ce moment-là, en levant les yeux vers le ciel, j'ai pu voir la chose la plus belle et la plus fantastique de ma vie. C'était un objet cylindrique qui émettait une lumière très vive et volait très bas, au-dessus de la rue, en dansant, effectuant des boucles majestueuses. À ses extrémités, il y avait des lumières. Sur sa partie supérieure, un dôme de couleur rouge. Sa partie inférieure était violette. En se déplaçant, l'Ovni semblait laisser une traînée lumineuse qui a rapidement disparu. Au début, j'ai pensé qu'il allait atterrir sur la plage. Mais il s'est mis brusquement à monter droit vers le ciel et je l'ai vu disparaître dans le firmament. Je n'ai distingué aucune fenêtre ni ouverture sur la surface de l'objet. Je l'ai suivi des yeux dans un état proche de l'extase, tant cette vision était belle. Les gens près de la plage ont alors couru se barricader chez eux. Cette panique étant contagieuse, je me suis mise également à courir en soutenant ma bonne évanouie... Encore aujourd'hui, en fermant les yeux, je vois cet objet réapparaître. J'ai oublié beaucoup de choses depuis toutes ces années, mais cela, je ne l'oublierai jamais. »

Un bébé et un petit chien

Les *Chupa-Chupa* continuent leur étrange sarabande dans le ciel du Nordeste.

Date : 29 octobre 1977.
Lieu : Tapiapanema, un hameau de 4 maisons situé sur Mosqueiro Island, au bord du fleuve Pratiquara.
18 heures.

Sílvia Mara Trindade, 17 ans, est allongée près de Benedito Campos Trindade, son mari âgé de 24 ans. Ils se reposent de leur travail quotidien. Ils sont seuls car ce soir-là, le reste de la maisonnée s'est rendu au village de Mosqueiro, à 16 kilomètres de là.

La nuit vient de tomber. Aux alentours tout est calme et silencieux. Soudain, par une brèche de la fenêtre couverte d'un morceau de plastique, le couple remarque qu'un objet ovale, argenté, émet une lumière verdâtre, en forme de flash. Cette lumière pénètre alors dans la pièce où ils se trouvent et atteint Sílvia, enceinte de 5 mois, la plongeant dans une sorte de transe et d'engourdissement.

Panique car c'est un de ces *Chupa-Chupa* dont tout le monde parle ! Inquiet pour sa femme enceinte, Benedito vole à son secours. Il la prend dans ses bras pour l'éloigner de la fenêtre. Mais il est également touché par le faisceau de l'Ovni. « Je me suis senti bizarre, raconte-t-il. Je ne pouvais plus parler. Et Sílvia s'est évanouie ! »

Le cauchemar ne s'arrête pas là. Deux « créatures » pénètrent alors dans la maison, tenant un objet doré, comme une lanterne à pile. Ces êtres se concentrent à nouveau sur le corps de Sílvia, notamment sur son bras gauche et au niveau de son poignet. Atteintes par la lumière, les veines de la jeune fille gonflent et semblent sortir de son corps. Benedito appelle au secours. Tout en hurlant, il transporte sa femme dans le salon et tente de la cacher derrière un mur.

Alertés par les cris, José do Nascimento Sobral, leur voisin, accourt. Armé d'un fusil de chasse, il tire sur les deux « créatures », réussissant à les faire fuir.

Benedito et Sílvia se réfugie alors chez Sobral, à 500 mètres de leur domicile. Le jeune homme recouvre quelques forces. Mais Sílvia est dans un tel état qu'il n'y a pas une minute à perdre. Elle semble en effet au plus mal. Benedito la charge dans sa barque. Et tout en ramant, doit parcourir une quinzaine de kilomètres pour atteindre l'hôpital de Mosqueiro. Le trajet dure une bonne heure. Soudain l'Ovni est de retour ! Il suit le jeune couple, le talonne à une distance de 8 mètres et dirige son rayon sur la surface des flots. Il est totalement silencieux. Puis, aussi étrangement qu'il est apparu, il s'éloigne brusquement en survolant les arbres de la jungle et disparaît.

Arrivée à Mosqueiro, Sílvia est prise en charge par les médecins. On constate qu'elle a une ecchymose à l'intérieur du coude gauche. Et elle est si faible qu'elle doit rester plusieurs jours hospitalisée. 2 mois plus tard, c'est le drame : elle perd son bébé !

Suite à cette épreuve, Benedito fait une dépression nerveuse, pleurant fréquemment chaque fois qu'il évoque le sujet. Bien qu'on ne puisse pas l'avouer, Osmarina, sa mère pense que cela lui a causé « une faiblesse mentale ». Son épouse, elle, n'a jamais totalement recouvré la santé. Séparée de Benedito, elle vit désormais seule. Cette rencontre funeste causa une autre victime : une petite chienne nommée Vitória qui appartenait à Maria Raimunda de Souza (18 ans), une voisine. Benedito se souvient : « Je pouvais entendre Vitória aboyer pendant que je m'occupais de Sílvia. Maria, sa patronne, s'est alors précipitée vers elle. Un objet est passé au-dessus de l'animal et à l'aide d'un faisceau de lumière l'a frappé à la tête. La petite chienne s'est évanouie. Vitória a ensuite cessé d'aboyer et de s'alimenter. Plus personne ne l'a entendue japper. Et elle est morte 3 ou 4 semaines plus tard. »

Maria Raimunda de Sousa est terrifiée par ce qu'elle a vécu et refuse d'en parler. Depuis, elle passe des heures, accoudée à la fenêtre de sa maison, regardant le ciel, craignant que cela ne se reproduise.

Sílvia Mara Trindade et Benedito Campos Trindade

Et des humanoïdes...

Durant cette vague de 1977, les témoignages rapportant la présence d'ufonautes ou de créatures humanoïdes (comme ce fut le cas ici) sont plutôt rares. Toutefois le quotidien *O Estado* rapporte l'étrange observation de João Batista Souza, propriétaire de la Fazenda Nova Meliá, dans la campagne de Maranhão.

17 juillet 1977.

L'aube n'a pas encore pointé. Souffrant d'insomnie, João Batista Souza décide de faire un tour dans sa propriété. Alors qu'il se promène, il aperçoit soudain, à 200 mètres de distance, une boule de feu qui survole son terrain. Effrayé, il s'abrite derrière un buisson et assiste, bouche bée, à l'atterrissage de cette sphère. L'objet, selon ses dires, ressemble plutôt à « un chapeau de paille ». Une porte s'ouvre et en surgit une petite créature d'environ 1 mètre de haut. Dans sa main gauche, l'intrus tient une sorte de lanterne qui émet une lumière violette. Dans l'autre main, il transporte quelque chose que l'agriculteur est incapable d'identifier. Il est impossible de distinguer le visage de cet humanoïde qui est coiffé d'un casque muni d'antennes. Mais ce qui choque surtout notre témoin, c'est que le corps de cet être est totalement couvert de poils !

Un humanoïde blond

Novembre 1977, autre rencontre avec un humanoïde. Un pilote roule en voiture sur une piste non loin de Colares. La nuit est tombée, épaisse, oppressante dans ce territoire de jungle. Soudain, notre témoin aperçoit un objet en forme de disque descendre du ciel et atterrir derrière un bouquet d'arbres. Le capitaine Hollanda, qui surveillait les environs et récolta ce témoignage, raconte : « À ce moment, le pilote était seul sur la route, l'obscurité était totale, et l'homme était totalement terrifié ! C'est alors qu'il aperçut une silhouette qui se dirigeait vers lui. C'était en fait un "homme" blond, de grande taille, qui s'approcha de la voiture et plongea son regard dans celui de notre témoin. Horrifié, notre pilote se mit alors à pleurer. L'étranger aux cheveux blonds secoua la tête, examina la plaque minéralogique du véhicule, tourna les talons et disparut finalement en pénétrant dans l'épaisse végétation de la forêt. Quelques instants plus tard, un engin en forme de disque décolla et monta pour se fondre dans l'obscurité de la nuit. »

Source
Timothy Good, *Unearthly Disclosure*, Arrow Books, 2001.

Les Ovnis de Colares

Hollanda, témoin essentiel de cette vague de *Chupa-Chupa*, précise :
« Les apparitions de ces objets étaient quasi quotidiennes. Ils étaient très actifs. Nous avons conclu qu'il y avait 9 types d'Ovnis. Nous avons pu les identifier et les classer. Certains étaient des sondes, d'autres d'énormes vaisseaux d'où sortaient des objets plus petits. Tout cela est très bien documenté dans nos rapports.

» Pour enregistrer tout ça, nous avions des appareils photo professionnels Nikon, avec des téléobjectifs de 300 à 1 000 millimètres. C'était difficile de les manier. Ils étaient extrêmement précis et sensibles. Toute erreur, tout faux mouvement, et vous perdiez votre cible. Mais c'était un équipement de premier ordre. Nous possédions également des caméscopes et des magnétophones, au cas où un son intéressant aurait pu être enregistré.

Les rapports avec dessins, photos, croquis et le reste ont été préparés, classés, transmis au commandant et déposés au 1er COMAR, dans une salle qui leur fut réservée. Après cela, certains sont allés à Brasilia, comme on me l'a confié à l'époque. Cependant, pour autant que je sache, les échelons supérieurs restèrent sceptiques. Certains collègues ont même plaisanté sur les faits. »

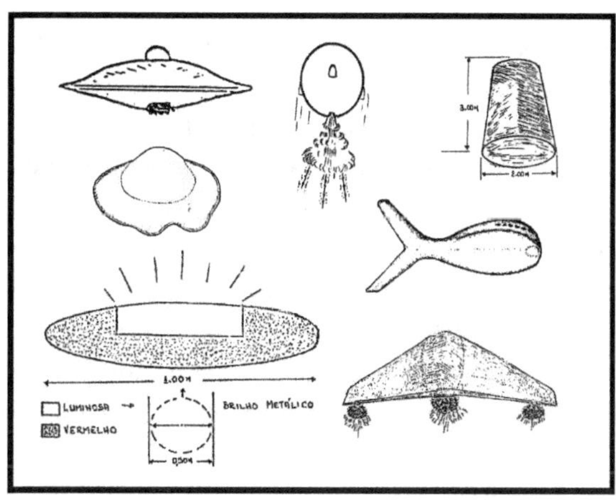

Ovnis aperçus dans le ciel du Nordeste brésilien

Des Oanis !

À Colores, les pêcheurs sont certes harcelés par des objets célestes… mais également par des Oanis, des objets aquatiques non identifiés. Le capitaine Hollanda témoigne : « Ce sont d'abord des pêcheurs qui m'ont rapporté des cas d'engins non identifiés sous l'eau. Franchement, je n'y croyais pas. Or, quelques semaines plus tard, j'observai moi-même une lumière bleue survolant de près une embarcation avant de plonger dans les profondeurs de l'embouchure de l'Amazone. C'est à ce moment-là que j'ai réalisé que les pêcheurs disaient la vérité. Ceux-ci indiquaient qu'il n'y avait ni éclaboussure, ni bruit quand les Ovnis entraient dans l'eau, à la manière d'une lame fendant les flots. »

Cela est confirmé par Rósio de Oliveira, un pêcheur de 34 ans. Celui-ci fit 9 observations entre le 4 et le 28 novembre 1977. Interviewé par l'enquêteur Bob Pratt, il raconte : « Les Ovnis surgissaient de partout : du ciel, de la baie, verticalement ou horizontalement. L'armée de l'air était présente et utilisait une radio, des téléobjectifs. Il arrivait fréquemment que les Ovnis stationnent au-dessus des samaumeiras, ces arbres de grande taille qui poussent sous les tropiques, comme s'ils s'accrochaient à leurs branches. Sur le moment, les arbres ne semblaient pas affectés. Ce n'est que quelques années plus tard qu'ils se sont mis à mourir mystérieusement...

» Nous avons aussi observé 3 ou 4 objets venant de plusieurs directions se fondre dans un objet plus imposant. Et tout cela dans le plus grand silence. Une autre fois, nous avons vus des Ovnis sortir de l'eau près de Ponta do Machadinho. C'étaient 8 lumières très intenses de couleur jaune, rouge et blanche qui émergeaient de l'eau, les unes après les autres. Ensuite, ces lumières ont survolé la baie, puis elles ont replongé dans les profondeurs, exactement d'où elles avaient surgi. »

Le chercheur Vitório Peret, qui lia une longue amitié avec Hollanda et participa à de nombreuses nuits de veille à Colares, dit avoir eu la chance de visionner deux vidéos tournées par les militaires dans les régions de Baía do Sol et Chapéu Virado. Voici son témoignage, publié en octobre 2013 dans le numéro 204 de la revue brésilienne *UFO* :

« Le premier enregistrement que j'ai pu voir durait 12 minutes. Mais nous n'en avons visionné que 22 secondes. Dans le film, on voyait un Ovni extrêmement lumineux se déplaçant la nuit dans la baie de Marajó, à très basse altitude. Selon les calculs des militaires, il devait être à 5 mètres de la surface de l'eau. Cet objet s'est alors approché d'un petit bateau. Le pêcheur qui se trouvait à l'intérieur a eu peur et a sauté par-dessus bord. Ensuite, l'engin a changé son angle de vol et a pénétré dans l'eau, dans une position verticale, connue en aviation sous le nom de "couteau".

» La seconde vidéo fut nettement plus spectaculaire. Elle était en noir et blanc et filmée cette fois de nuit. Un engin non identifié a effectué une manœuvre inverse : on le vit d'abord apparaître sous la surface de l'eau, c'était comme si les flots entraient en ébullition. Ensuite, il émit une luminosité blanchâtre et quelques secondes plus tard, on le vit surgir de l'eau. Cette scène a fortement impressionné toutes les personnes présentes dont le général Alfredo Moacyr de Mendonça Uchôa. Le général a comparé le nez du vaisseau à celui de l'avion Concorde qui, à cette époque, présentait l'aérodynamisme le plus avancé de l'aviation commerciale. Ensuite, en affichant sa pointe effilée, l'engin commença à émerger lentement. À mesure qu'il surmontait la résistance de l'eau, il devint de plus en plus lumineux. Puis il s'éleva, et en diagonale se dirigea en planant vers la ligne d'horizon avant de se fondre dans l'espace, sans faire le moindre bruit. C'était spectaculaire !

» Par la suite, j'ai participé aux veillées d'Ovnis avec Hollanda. C'était fin 1979, 1 an et 7 mois après la fin de l'opération Prato. Nous avons continué à mener des enquêtes dans la région et nous avons également effectué quelques observations. J'ai moi-même vu des Ovnis plonger dans les eaux de la baie de Marajó. En compagnie de Hollanda et d'autres soldats, j'ai vécu le plus bel épisode de ma vie lorsqu'un objet, venant de l'horizon, a effectué un vol fantastique, très bas en rasant la surface de l'eau. Il s'est arrêté pendant environ 2 minutes. Soudain, il fit une manœuvre rapide comme s'il montait les marches d'une échelle pour s'arrêter à nouveau. Et on le vit enfin descendre à la verticale et entrer dans l'eau tranquillement, très doucement. Cet engin était magnifique, de couleur rouge orangé. Il avait une forme lenticulaire et reflétait les premiers rayons du soleil. Cela s'est produit en 1981, un matin très tôt, à 5h05 exactement. »

Un face-à-face avec les militaires

Décembre 1977.

Hollanda raconte : « Tout pouvait nous arriver, je n'en fais aucun mystère. Cela aurait pu se passer dans les bois, dans la jungle, sur les plages, n'importe où. Nous étions en opération militaire et nous avions l'obligation de tout endurer. Tout était envisageable dans l'exercice de nos fonctions.

» Nous n'avions aucune arme, à aucun moment. Je n'ai d'ailleurs jamais pensé à prendre une arme à feu, même au cas où... Nous n'avons jamais envisagé d'en avoir besoin. Même lors des préparations de l'opération, lorsque nous discutions de logistique, de nourriture, de transport, de communication, cette éventualité ne fut pas évoquée.

» J'ai, une seule fois, envisagé que ce phénomène pouvait être dangereux. Il s'est passé quelque chose de très fort, à tel point que j'ai eu peur qu'un enlèvement puisse se produire. J'en ai parlé à très peu de monde. Mais j'ai raconté ce qui s'était passé à mon ami Rafael Sempere Durá. De m'être exposé à quelque chose d'aussi dangereux, celui-ci m'a grondé sévèrement. Il m'a dit avec colère : "Espèce de cinglé irresponsable ! Je suis ton ami et je t'interdis de faire une chose pareille."

» Le fait était vraiment sérieux. Lors de l'opération Prato, nous étions à bord d'un navire ancré sur la rive de la rivière Jari lorsqu'un énorme objet s'est approché de nous. Nous avons d'abord vu une lumière jaune vif, comme un soleil. Il était impossible de voir sa forme exacte car elle était trop éblouissante. Puis elle s'est éteinte. Du coup, nous avons pu voir que cet objet avait la forme étrange d'un ballon de football, pointu et large, mesurant environ 100 mètres. Un appareil translucide, avec des petites fenêtres sur toute sa longueur. Mais impossible de dire s'il y avait quelqu'un à l'intérieur, même si l'objet se déplaçait très lentement, et cela de façon visiblement intentionnelle. Cela s'est produit entre 23 heures et 23h30. Il y a de nombreuses années de cela, mais je me souviens de la date. Après cet épisode, nous avons commenté : "Quelle chose bizarre !" Puis vers 1 heure ou 1h30, l'Ovni est revenu. Cette fois, il n'était plus de la couleur du soleil : il était d'un bleu très soutenu. Il suivait la rive opposée de la rivière. Il était à 70 mètres de nous. Ce monstre bleu, bien qu'il émette une très forte lueur, pouvait être regardé directement sans vous blesser les yeux. Il n'y avait rien d'autre que cette lumière brillante. C'était incroyable. Nous nous sommes levés pour le regarder. J'avais vraiment peur, car il était très proche, juste de l'autre côté de la rivière... Cet objet est resté immobile durant environ 3 minutes. Pendant ce temps, nous le regardions en silence. Soudain, la lumière s'est éteinte et nous avons pu voir ce qu'il y avait derrière. C'était le même "ballon de football", debout, de 100 mètres de haut, immobile et sans fenêtre. Était-ce le même Ovni ? Je n'en sais trop rien. Tout le monde était effrayé. Une des personnes présentes a même demandé : "Et maintenant ? Si ces gars-là viennent pour nous enlever, que fait-on ?" Tout était nouveau pour nous. Et personne ne savait, à cet instant, ce qui pouvait arriver. »

Autre version. Selon l'ufologue brésilien Ademar José Gevaerd qui aurait recueilli les confidences de Hollanda, « celui-ci a décrit, alors qu'il se trouvait avec un commando sur la rivière Guajará-Mirim, sur le chemin du retour au camp, un navire cylindrique de 100 mètres de haut qui s'est pratiquement posé sur l'autre rive. Du haut de l'engin, une porte s'est ouverte, une créature extraterrestre est sortie et a flotté jusqu'à l'endroit où ils se trouvaient. Hollanda soupçonnait que c'était précisément le contact avec cet extraterrestre sur les rives de la rivière Guajará-Mirim, à la mi-décembre 1977, qui aurait été le facteur déterminant de la fermeture

---

  OVNI : Les 12 dossiers que le Pentagone ne s'explique pas

de l'opération Prato. Il a déclaré qu'après avoir signalé le fait à son supérieur, le brigadier Protásio Lopes de Oliveira, commandant du 1er commandement aérien régional (1er COMAR), il aurait reçu l'ordre de clore la mission ».

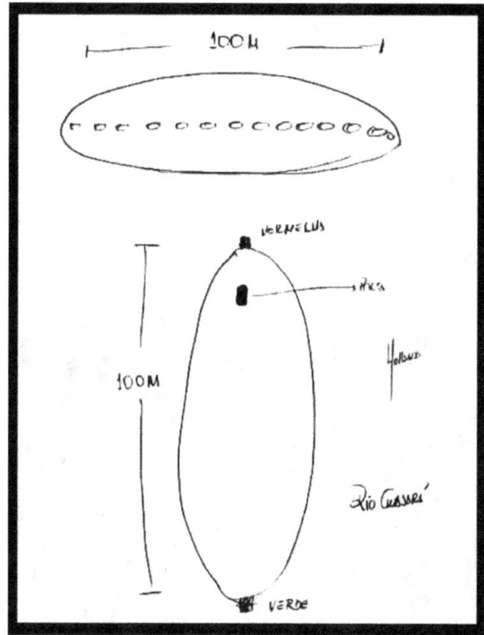

Dessin de l'Ovni par Hollanda

Les États-Unis prennent le relai

Effectivement, peu de temps après cette observation, l'Air Force brésilienne met fin à l'opération Prato. Elle aura duré 4 mois au total et sera reprise, de façon non officielle, par le gouvernement américain qui s'y intéresse de très près.

Les hautes instances demandent à Hollanda de garder le silence. Celui-ci déclare pourtant : « Lorsque j'ai informé mes supérieurs des contacts visuels que nous avions eus avec les Ovnis et leurs occupants, les choses ont changé. En fait, dès qu'il fut avéré que ces objets étaient réels, l'enquête a pris fin. »

Hollanda, amer, n'a jamais approuvé cette décision. « Mais, dit-il, j'ai simplement obéi aux ordres. » Avant d'ajouter : « Je soupçonne que le Brésil et les

États-Unis sont signataires d'un programme secret appelé *Projeto Uno*, auquel d'autres nations d'Amérique latine sont également affiliées. N'oubliez pas que ce sont les États-Unis qui nous ont alertés de la présence d'objets volants non identifiés dans notre espace aérien. ».

Près de 500 photos, 16 heures d'images filmées en super 8 mm et super 16 mm, ainsi qu'un rapport de 2 000 pages furent remis à l'état-major brésilien. Cela sans suite ni conclusion officielle. Selon l'enquêteur Vitório Peret, le matériel de l'opération Prato ne sera probablement jamais diffusé. Une partie aurait été détruite et de nombreuses images et rapports ne sont plus entre les mains des responsables de l'Air Force brésilienne. Il est, selon lui, très probable que tout fut communiqué et transféré aux États-Unis, le Pentagone s'intéressant de très près aux événements de Colares.

Photo extraite des dossiers de l'opération Prato, prise le 10 décembre 1977 à Baía do Sol

Hollanda quitte la scène

Des recherches ont toutefois continué sur place, mais de façon indépendante. À de nombreuses reprises, Hollanda participa à des veillées Ovni. À la suggestion du général Uchôa, un petit groupe d'étude baptisé *Projeto Alpha e Omega* fut créé et non officiellement enregistré. Vitório Peret fut l'un de ses 8 membres.

Qu'ont découvert de plus ces nouveaux enquêteurs ? Peu de choses en fait. Hollanda avait pourtant son hypothèse. Pour lui, ces objets venaient d'ailleurs. Il ajoutait : « À mon sens, ces Ovnis n'étaient pas hostiles aux populations, ils ne faisaient que collecter du matériel biologique. Le rayon vert paralysait, le rouge avait pour fonction d'extraire le sang. Moi-même, je disais aux gens : "N'utilisez pas d'armes ! Ne les attaquez pas ! Évidemment, vous pouvez considérer l'émission de ces rayons suceurs de sang comme une forme de violence, mais ce n'est rien d'autre qu'une collecte sans intention hostile." Je pense qu'ils souhaitaient fabriquer un antidote, un vaccin, une solution sérologique qui inhiberait toute incidence de maladie dans leur organisme étranger. Ils faisaient cela à partir du sang ou du matériel prélevé sur les humains. »

Hollanda, qui s'était remarié avec Cecília Maria Vianna de Aguiar, semblait vivre, après 36 ans d'activités militaires, une retraite tranquille dans sa maison de Cabo Frio. Mais, le 2 octobre 1997 à 23 heures, on le retrouva pendu avec la ceinture de sa robe de chambre, laissant des enfants de ses deux mariages. Selon ses proches, il était dépressif et aurait déjà fait trois autres tentatives de suicide. Pour d'autres, il aurait été « supprimé » pour avoir dévoilé d'importants secrets défense. Cela évidemment ajoute du mystère à cet épisode déjà fort intrigant.

Quoi qu'il en soit, depuis sa tragique disparition, les ufologues brésiliens ne cessent de lui rendre hommage, ainsi que toute la communauté ufologique mondiale, louant son inestimable contribution.

Il faut dire que l'opération Prato reste un exemple unique d'investigation sur ces mystérieux objets célestes. Pour l'ufologue brésilien Ademar José Gevaerd : « L'opération Prato fut la plus grande mission militaire jamais réalisée pour enquêter sur les Ovnis dans le monde. » Thiago Luiz Ticchetti, président de la Commission brésilienne des ufologues (CBU), confirme : « Ce qui m'impressionne le plus, c'est le fait que nous ayons enquêté sur quelque chose d'aussi incroyable et, encore aujourd'hui, nous ne sommes pas en mesure d'expliquer ce qui s'est passé. ».

Et que sont devenus ces *Chupa-Chupa* suceurs de sang ? Selon Vitório Peret, « aujourd'hui, ces objets lumineux sont encore vus par les riverains des zones intérieures. On aperçoit ces engins assez souvent mais sans qu'ils manifestent la même agressivité qu'à l'époque. Les événements sont identiques à ceux du passé, mais ces vaisseaux n'émettent plus les rayons ou les faisceaux de lumière qui ont causé tant de panique et infligé tant de dégâts aux victimes. Aujourd'hui, les habitants du secteur se sont habitués à la fréquence des apparitions et n'ont plus peur, même s'ils n'aiment pas en parler. Quiconque souhaiterait filmer ou photographier ces singulières lumières réussirait aisément, car ces événements ont toujours lieu dans la région ».

Sources

Jornal O Liberal, 11 juillet 1977, p. 24 • *O Estado de Pará,* 1er novembre 1977, p. 12, et 2 novembre 1977, p. 2 • *O Estado de Pará,* 21 mars 1978, p. 14 • *UFO documento* n° 2, août-septembre 1991, pp. 6-32 • Jacques Vallée, *Confrontations,* Robert Laffont, 1991 • Daniel Rebisso Giese, *Vampiros extraterrestres na Amazônia,* Falangola Editora, 1991 • *Flying Saucer Review,* vol. 39, n° 3, automne 1994, pp. 8-13 • *Flying Saucer Review,* vol. 4, n° 2, été 1996, pp. 5-10 • *Top Secret* n° 6, 2003, pp. 22-26 • *UFO* n° 101, Brésil, juillet 2004, pp. 8-26 • Bob Pratt, *Ovnis Danger. Appel à la vigilance,* Trajectoire, 2010 • *Nexus* n° 83, novembre-décembre 2012, pp. 84-95.

XII. Ovnis et pilotes : un pas de deux dans l'azur

Ce pas de deux dans l'azur, entre Ovnis et pilotes, est de l'histoire ancienne. Ce vieux couple occupe une place prépondérante dans la chronique ufologique, et cela depuis sa création. N'oublions pas qu'en 1947, un jeune pilote de 32 ans, Kenneth Arnold, nomma à son corps défendant le phénomène « soucoupe volante ». Et le légitima en l'incarnant sémantiquement.

Puis ce furent des pilotes, civils ou militaires, qui, les premiers, rapportèrent l'apparition d'engins volants non conventionnels, ouvrant ainsi l'ère contemporaine de ces fameux intrus. Certes, il fut un temps où parler d'Ovnis ne fut pas aisé. D'abord, parce que personne n'en possède ni n'en maîtrise la langue. Et que les plus hardis de ces croisés du ciel se virent rapidement menacés de sanction, privés de leur licence de vol et soumis systématiquement à une évaluation psychiatrique.

Pourtant, dès les années 1940, ces mystérieux objets célestes prirent forme dans les témoignages, aussi troublants ou subjectifs soient-ils. Et, parmi les rapports les plus fiables, il nous faut citer ceux des pilotes. Ce personnel, formé pour quadriller nos cieux, sait reconnaître tout objet ou singularité traversant leur couloir de vol. Et possède un matériel de détection sophistiqué et performant.

Enfin, point essentiel, les pilotes militaires sont les garants de la sécurité aérienne d'une nation. Réputés posséder à la fois une excellente vue et de solides réflexes, on ne pouvait rêver de meilleures sentinelles. Pourtant, durant des décennies, la plupart d'entre eux, confrontés à une cible radar non identifiable, se sont tus. Par crainte du ridicule. Et des blâmes, on l'a vu, infligés par leur hiérarchie. Heureusement, les temps changent. Depuis le 25 juin 2021, et la remise du rapport préliminaire du Pentagone, le gouvernement américain a décidé de prendre au sérieux les rapports d'objets volants non identifiés fournis par les pilotes militaires. Le directeur du Renseignement national encourage à présent tout personnel de bord à signaler ces PAN, terme choisi par le gouvernement pour les observations d'Ovni, dans le but de collecter des données supplémentaires. C'est donc là une volte-face radicale par rapport à la position précédente des hautes instances, qui impliquait souvent d'ignorer voire de décrédibiliser le phénomène.

En hommage à ces voltigeurs et valeureux pionniers, voici 2 cas qui désarçonnèrent, à l'époque, les responsables du Pentagone.

Le cas Thomas Mantell

Date : 7 janvier 1948.

Lieu : Franklin, une ville du comté de Simpson, dans l'État du Kentucky, aux États-Unis.

Ce jour-là, depuis 13h15, des dizaines de résidents de Maysville signalent la présence d'un drôle d'objet dans le ciel du Kentucky. Cet intrus, parfois stationnaire, émet une étonnante lumière rouge. 20 minutes plus tard, des habitants d'Owensboro et d'Irvington, toujours dans le Kentucky, appellent les forces de l'ordre pour signaler un engin similaire, « circulaire et mesurant entre 75 et 90 mètres de diamètre ».

À 13h45, l'objet en question, assez volumineux, survole la base aérienne de Godman, à Fort Knox. Le sergent Quinton A. Blackwell, opérateur de la tour de contrôle, contacte aussitôt ses supérieurs. Plusieurs officiers – dont le colonel Guy F. Hix, commandant en chef – peuvent l'observer à la jumelle. Cet intrus est décrit à la fois « comme un parachute sur la soie duquel le soleil se reflète », « un objet rond, bien plus blanc que les nuages tout proches » et « un cornet de glace au sommet rougeâtre ». Le colonel Hix dira : « Il était très blanc et ressemblait à un parapluie. Il faisait le quart d'une pleine lune. À travers les jumelles, on apercevait comme une lisière rouge à sa base et à son sommet. Il est resté là, stationnaire, plus d'une heure et demie. »

On demande aussitôt du renfort. Une escadrille de quatre jets Mustang, venant de la base de Marietta en Géorgie et se rendant dans le Kentucky, répond immédiatement présent et se porte volontaire pour se rapprocher de l'engin.

Le responsable de cette escadrille est le capitaine Thomas F. Mantell. Âgé de 25 ans, c'est un pilote chevronné qui s'est brillamment distingué durant la Seconde Guerre mondiale, notamment lors du débarquement de Normandie en juin 1944. Il fut l'un des premiers pilotes à bombarder la péninsule de Cherbourg. Et après une mission particulièrement périlleuse au-dessus des Pays-Bas, il fut décoré de la *Distinguished Flying Cross*, croix de service récompensant l'héroïsme et les réussites extraordinaires réalisées en vol aérien.

Mantell est suivi de 3 autres pilotes. L'un d'eux, le lieutenant Robert Hendricks lui fausse compagnie : « On nous a dit qu'un drôle d'objet se tenait tout là-haut. On nous a alors demandé de nous en approcher pour tenter de l'identifier. Je ne l'ai pas vu. Mais mes acolytes l'ont visiblement aperçu. Tom (Mantell) prenait sans cesse de l'altitude. Moi, j'ai dû regagner la base car je manquais d'oxygène. »

Mantell et ses 2 ailiers décident, eux, de prendre l'Ovni en chasse. S'engage alors une course-poursuite ébouriffante. Mantell oriente son appareil vers la cible et commence une ascension en spirales jusqu'à 14 000 pieds (4 267 mètres). Là, aux commandes de son P-51 Mustang, il aperçoit enfin l'intrus. Notre pilote déclare à la tour de contrôle : « Je vois l'objet, il est au-dessus de moi, je vais essayer de m'en approcher. Il semble métallique. Il est très grand. » Mais l'Ovni ne cesse de prendre de l'altitude. Alors, plein gaz, Mantell monte en ligne droite, le talonnant, résolu à ne pas le lâcher.

Les deux autres ailiers – le 1er lieutenant Albert Clements et le 2nd lieutenant B. A. Hammond – suivent tant bien que mal leur leader. Arrivés à 4 800 mètres d'altitude, le lieutenant Clements met son masque à oxygène. De façon inquiétante, l'air commence à se raréfier. D'autant plus que Mantell et Hammond, partis initialement pour un vol à basse altitude, n'ont pas embarqué l'équipement adéquat.

Les pilotes continuent leur périlleuse ascension. À la verticale de la ville de Bowling Green, leur altimètre indique 6 096 mètres. Clements a du mal à repérer la cible : « Je discernais un objet lumineux, très petit, et si distant qu'il m'était impossible de préciser sa forme, sa taille et sa couleur. Il se tenait à gauche, en dessous du soleil. » Mantell propose à ses hommes de suivre l'objet durant 10 minutes, en montant jusqu'à 25 000 pieds *[6 958 mètres]*. Et si cet Ovni s'avère impossible à atteindre : retour en groupe à la base.

Mais à 22 500 pieds, craignant de manquer d'oxygène, Clements et Hammond décident d'abandonner la traque. Ils tentent de joindre leur leader, mais n'obtiennent aucune réponse. Clements confie que la dernière vision qu'il eut de son chef, c'est « son avion qui montait directement vers le soleil ».

Drôle de spectacle

À Franklin, William C. Mayes, un habitant du coin, assiste à un étrange et inquiétant spectacle. Il aperçoit, très haut, un avion qui trace des cercles dans le ciel. Puis soudain, l'appareil se met à plonger. Au cours de sa descente, il émet un bruit terrifiant qui s'amplifie. Puis il explose avant même de toucher le sol. Aucune flamme ne sera visible.

Madame Carrie Phillips, occupée dans sa ferme de Franklin, entend soudain une explosion toute proche. Elle se rue à la fenêtre et tétanisée, voit un avion se crasher dans sa cour !

L'accident

Craignant le pire, dès 17 heures, l'US Air Force diligente une enquête. Mais très vite, ils apprennent la triste nouvelle : l'avion du capitaine Mantell s'est écrasé près de la ville de Franklin, à moins de 140 mètres d'une maison appartenant à la famille Phillips. L'US Air Force ayant contacté la police locale, l'officier de police Joe Walker débarque sur le site et le fait boucler.

Lorsque Walker découvre l'étendue des dégâts, le corps du capitaine Mantell, partiellement décapité, a été sorti de l'épave. Ayant été trouvé sanglé dans son cockpit, il est clair que notre pilote ne fit aucune tentative pour sauter en parachute et ainsi éviter une mort brutale. L'heure exacte de l'accident est établie par la montre de Mantell qui s'est arrêtée, lors de l'impact, à 15h18. Un affidavit signé par Harry W. Booker, coroner du comté, l'atteste. Et d'après les instruments de bord, l'avion serait monté jusqu'à une altitude de 9 000 mètres.

Triste spectacle : l'épave est éparpillée sur une zone d'environ 1,5 kilomètre. Il faudra un certain temps avant que l'empennage, une aile et l'hélice ne soient finalement retrouvés.

L'US Air Force botte en touche

Le soir même, le quotidien *Louisville Courrier* titre « Le capitaine Mantell et son avion F-51 détruits après avoir poursuivi une soucoupe volante ». L'émoi est palpable dans tout le pays. Les imaginations s'enflamment. On exige alors des explications.

Pour l'US Air Force, gênée par cette tragédie, l'hypothèse officielle est que Thomas Mantell a perdu la vie en poursuivant la planète Vénus qu'il aurait confondue avec un objet volant. Mais cette explication, invariablement servie pour chaque observation d'Ovni, a du mal à convaincre.

À la tête du *Project Grudge* (programme de l'US Air Force chargé d'étudier le phénomène OVNI entre 1949 et 1952), Edward J. Ruppelt découvre que cette explication fut proposée par un major du Pentagone, présenté comme un expert, mais ignorant tout des réalités de terrain. En 1952, à l'instigation d'un colonel des services de renseignement, Edward Ruppelt décide de rouvrir le « dossier Mantell ». Il s'adresse alors cette fois à un véritable expert, le consultant de l'US Air Force J. Allen Hynek. Celui-ci, assez penaud, avoue avoir soufflé l'explication de Vénus au major pour apaiser les tensions et le regrette. D'autant plus qu'à 15 heures, par temps clair, Vénus est difficilement visible. Et que ce 7 janvier, il y avait beaucoup de brume.

Ruppelt propose alors une seconde hypothèse. Selon les descriptions des témoins, il pense que Mantell aurait suivi un ballon Skyhook, ballon à haute altitude, pouvant monter jusqu'à 21 kilomètres, conçu pour recueillir des informations sur la haute atmosphère. Ces engins, utilisés à l'époque dans le plus grand secret par la Navy, étaient en polyéthylène et remplis d'hélium non combustible. On découvre effectivement qu'un ballon Skyhook fut lancé la veille, le 6 janvier, de Camp Ripley dans le Minnesota.

La presse n'est toujours pas convaincue. Elle note : « L'US Air Force ne prend pas en compte le fait que Mantell ait décrit un objet métallique. Et comment expliquer que ce ballon pouvait se déplacer à des vitesses bien plus rapides qu'un jet, puis s'arrêter un moment pour repartir ensuite aussi vite ? » Des scientifiques répondent alors que le matériau de ces ballons peut, selon certains angles du soleil, prendre un aspect de métal. Et qu'ils peuvent, selon les vents de la haute atmosphère, atteindre une vitesse de 640 km/h, effectuer d'étranges déplacements, comme négocier de brusques changements de cap ou rester totalement stationnaires.

Au final, voici ce qu'on peut lire dans le célèbre projet *Blue Book* : « L'opinion du commandement du renseignement technique des Forces aériennes est que le capitaine Mantell a perdu connaissance en raison d'un manque d'oxygène. Son avion a alors continué son ascension jusqu'à une altitude où, subissant une perte de puissance, il fut incapable de se stabiliser. L'avion a alors amorcé un virage sur sa gauche, puis son aile et son nez s'affaissant, il a alors plongé en une longue spirale serrée. Cette descente incontrôlée, à une vitesse excessive, a provoqué au final la désintégration de l'appareil. Nous pensons que le capitaine Mantell n'a jamais repris connaissance. Cela étant dû au fait qu'après le crash, le verrou de sa verrière était toujours en place, excluant toute tentative d'abandon de l'avion. L'Ovni fut en quelque sorte directement responsable du décès de ce pilote expérimenté, effectuant un vol à haute altitude sans la quantité d'oxygène adéquate.

2 hypothèses ont été avancées concernant la nature de l'Ovni. Soit Vénus, un des corps célestes les plus lumineux de notre ciel. Soit un grand ballon utilisé pour des vols expérimentaux à haute altitude et connu sous le nom de "Skyhook" ».

En revanche, pour le major Donald Keyhoe, pas de doute, Mantell a bien poursuivi une soucoupe extraterrestre... Il serait donc le premier martyr de l'ufologie.

Ballon, planète ou Ovni ? Chacun se fera son avis. Quoi qu'il en soit, l'« inaccessible étoile » de Mantell reste encore aujourd'hui formellement non identifiée. Et une réponse reste en suspens : pourquoi cet Icare aguerri a-t-il voulu voler plus haut, toujours plus haut, au-delà des limites du possible, de la sécurité ? Un de ses amis proches a tranché : « La seule chose à laquelle je peux penser, c'est qu'il est allé chercher quelque chose qu'il considérait comme plus important que sa vie et sa propre famille. »

National Guard pilot Thomas F. Mantell, Jr.

Sources

The APRO Bulletin, vol. 3, n° 2, 15 septembre 1954, pp. 8 • Edward Ruppelt, *Face aux soucoupes volantes*, Éditions France-Empire, 1956, pp. 48-59 • *UFO NYT*, janvier-février 1983, pp. 12-16 • *MUFON UFO Journal* n° 217, mai 1986, pp. 9-13, 17 • *MUFON UFO Journal* n° 264, avril 1990, pp. 18-19 • Jerome Clark, *The UFO Book*, Visible Ink, 1998, pp. 351-356 • Dossiers du Projet *Blue Book*, National Archives, Washington, Microfilm roll T-1206-2.

                     OVNI : Les 12 dossiers que le Pentagone ne s'explique pas

Risque de collision au-dessus du Texas

Date : 17 juillet 1957. Lieu : Amarillo, une ville du Texas, aux États-Unis. 22h15.

Croisant à 6 000 mètres d'altitude, le vol 21 de la TWA, en provenance de New York et à destination de Phoenix, ronronne. L'appareil, un Constellation 4 moteurs, vient de survoler la ville d'Amarillo, au nord du Texas. La visibilité est parfaite, voisine de 25 kilomètres. Le commandant G. M. Schemel contemple plus bas, dans les plis du relief, des centaines de maisons qui scintillent. Cette vision est apaisante. Le pays s'endort doucement.

À bord, également, tout est calme. Une partie des 34 passagers sont déjà assoupis. Dans le cockpit, le copilote effectue une vérification d'instruments lorsque, soudain, les lumières d'un appareil inconnu, surgissant de nulle part, se matérialisent à moins de 1 500 mètres de l'avion.

Tout va très vite. Ce mystérieux vaisseau fonce sur l'avion à une vitesse prodigieuse. Le commandant Schemel n'a d'autre solution que de piquer en catastrophe. L'Ovni passe au-dessus de lui, frôlant l'appareil, dans un chatoiement de lumières rouges et vertes.

À l'arrière, c'est la panique. Les passagers hurlent ! Schemel redresse rapidement l'avion, passe les commandes au copilote et se rue pour constater l'étendue des dégâts.

Parmi les passagers, c'est un désastre. Comme la plupart avaient ôté leur ceinture, ils ont été violemment projetés au plafond. Puis lorsque l'avion s'est stabilisé, ils sont retombés en tas, les uns sur les autres, au hasard des sièges et de la coursive.

Mary Clark, une dame âgée, le cuir chevelu entaillé, saigne abondamment. Elle gît, gémissante, sur un amas de chapeaux et de bagages au sol. 7 autres passagers, ainsi que l'hôtesse Dorothy Rekow, sont légèrement contusionnés. Et plusieurs personnes craquent, en proie à une véritable crise de nerfs.

Réintégrant le cockpit, Schemel reprend les commandes de l'appareil et contacte l'aéroport d'Amarillo. Il demande la permission d'atterrir en urgence. « Envoyez-moi des médecins et une ambulance ! », réclame-t-il. La dame âgée est aussitôt évacuée pour subir des soins d'urgence. L'hôtesse, blessée par la chute d'une valise, reprend courageusement son poste.

Dès le lendemain, la quasi-collision du vol 21 avec un Ovni se propage comme une traînée de poudre. Devant les demandes d'explication des journalistes et du public, L'US Air Force renâcle et biaise. Elle affirme que « cet objet mystérieux n'était en fait qu'un avion ordinaire que Schemel et son copilote n'ont pas su reconnaître ». Rien d'anormal donc. Évidemment, cela n'explique en rien la vitesse prodigieuse de l'intrus.

Après des recherches rondement menées, les enquêteurs de l'Aéronautique civile démontent l'explication de l'US Air Force. Il ne peut, en aucun cas, s'agir d'un « avion ordinaire » car aucun appareil n'était présent, ce soir-là, à moins de 80 kilomètres. L'aéronef le plus proche était un tanker USAF K-97 qui croisait, aux heures correspondantes, très au sud d'Amarillo. Cependant l'état-major, impatient d'évacuer le problème, fait comme d'habitude la sourde oreille. Circulez, il n'y a rien à voir !

Pourtant, depuis 1947, émanant de 60 pays, les rapports de pilotes militaires concernant des Ovnis, pleuvent. Et de hauts gradés tels que le général Paul Stehlin de l'armée de l'air française, le maréchal Sir George Jones de l'Air australien ou le général A. B. Melville de l'Union sud-africaine n'ont pas hésité à témoigner. Voilà pourquoi le public commence à s'intéresser de près à ces « soucoupes » qui narguent, à fleur de ciel, un personnel formé et compétent. Mais l'état-major boude. Ne sachant que faire de ce sujet qui l'embarrasse, il joue le mutisme et le désintérêt alors qu'en sous-main s'échangent bon nombre de documents et rapports déclarés confidentiels.

Le public réclame de plus en plus de transparence. Un sondage mené par l'institut Trendex New Poll révèle, le 27 juillet 1957, que 1 Américain sur 4 croit désormais que ces objets sont réels et viennent d'outre-espace.

Peu à peu, d'une volte parfois périlleuse, les Ovnis s'immiscent à la fois dans la conscience, le quotidien et l'appétence de plus en plus affirmée des citoyens du monde pour le mystère et l'inexpliqué.

Sources

UFO Investigator, vol. 1, n° 1, août-septembre 1957, p. 9 • *The APRO Bulletin*, septembre 1957, p. 3 • *Saucers*, vol. 5, n° 3, automne 1957, pp. 12-13 • Donald E. Keyhoe, *Les Étrangers de l'espace*, Éditions France-Empire, 1975, pp. 32-33.

Remerciements

Un merci particulier à Gilbert Attard et Patrice Seray pour leur générosité et leurs précieux documents.

Un grand merci à Marie-Laure, Chloé et Richard, Robert Dulbecco, Carlos Sottomayor, Franck Istasse, Virginie, Nour et Fayçal Anseur, Hortense Dufour, Marie Coppola, Johan et Estelle, Sioux et Kalie (love you!), Alain Pierre, Jean-Claude Moireau, Pascale Lafargue, Carla et les familles Harfouche et Venant, Pierre Lagrange, Yves Bacou, Josette Janoyer et toutes celles et ceux qui m'ont, depuis, encouragé.

Infinie reconnaissance à Bob Bellanca et Jean-Charles Gérard.

A warm and cosmic hug to Paola Harris.